深圳律师实务丛书

刑事诉讼实务一本通

主　编　张楠楠　甘定中
副主编　郭　良　刘运发　张秀兰

CRIMINAL PROCEDURE PRACTICE HANDBOOK

法律出版社
LAW PRESS · CHINA
北京

图书在版编目（CIP）数据

刑事诉讼实务一本通 / 张楠楠，甘定中主编；郭良，刘运发，张秀兰副主编. -- 北京：法律出版社，2025.
（深圳律师实务丛书）. -- ISBN 978-7-5244-0265-7

Ⅰ. D925.204

中国国家版本馆 CIP 数据核字第 2025J7N066 号

刑事诉讼实务一本通
XINGSHI SUSONG SHIWU YIBENTONG

张楠楠　甘定中　主　编
郭　良　刘运发　张秀兰　副主编

策划编辑　朱轶佳
责任编辑　朱轶佳
装帧设计　鲍龙卉

出版发行　法律出版社
编辑统筹　司法实务出版分社
责任校对　王晓萍
责任印制　胡晓雅
经　　销　新华书店

开本　710 毫米×1000 毫米　1/16
印张　20.5　　**字数**　326 千
版本　2025 年 8 月第 1 版
印次　2025 年 8 月第 1 次印刷
印刷　三河市龙大印装有限公司

地址：北京市丰台区莲花池西里 7 号（100073）
网址：www.lawpress.com.cn
投稿邮箱：info@lawpress.com.cn
举报盗版邮箱：jbwq@lawpress.com.cn
销售电话：010-83938349
客服电话：010-83938350
咨询电话：010-63939796

书号：ISBN 978-7-5244-0265-7　　**定价**：78.00 元

凡购买本社图书，如有印装错误，我社负责退换。电话：010-83938349

深圳律师实务丛书
编委会

本书编委会

主　　编：张楠楠　甘定中

副 主 编：郭　良　刘运发　张秀兰

编写组成员（按姓氏的拼音字母排序）：

李丽珍　林若微　刘占磊

邢婷婷　张梓健　庄爱梅

回归专业　潜心钻研
促进高质量发展

斗转星移，继往开来。深圳市律师协会自 2012 年启动“深圳律师实务丛书”（以下简称丛书）出版工作以来，至今已出版实务专著 48 部，内容涵盖诸多专业领域，全面展现了深圳律师业务的研究成果和实务经验，已成为深圳市律师协会推进行业专业化建设的品牌项目。

鼓励和引导律师著书立说是深圳市律师协会推动律师专业化的一项长期性的重点工作。丛书旨在充分发挥深圳市律师协会的业务指导作用，通过鼓励深圳律师和深圳市律师协会各专业委员会撰写实务专著，可以有效提升律师业务水平，增强律师业务能力，保证律师服务质量，以专业引领和成果共享助推深圳律师行业高质量发展。

本套丛书凝集着深圳律师的心血与经验，展现了深圳律师的专业水平。本套丛书在律师业务的众多领域，汇集了深圳律师的业务成果，总结了深圳律师的执业经验，体现了深圳律师的专业能力，彰显了深圳律师的职业精神。这一本本专著必将成为深圳律师专业化发展史上一颗颗璀璨的明珠，永远镶嵌在深圳律师专业化发展的史册上。

2023 年是全面贯彻落实党的二十大精神的开局之年，深圳律师要深学细悟笃行党的二十大精神，让党的二十大精神在深圳律师行业落地生花，要以习近平法治思想为指引，大兴专业研究之风，切实回归专业，潜心研究，深挖专业和实务问题，以高品质的法律服务保障行业的高质量发展。开展业务和实务研究不能脱离实际，必须密切关注经济社会发展和法治建设，聚焦其中的热点、难点、堵点问题，深入开展有针对性的研究，进而提出应用对策与实践指引，也期待深圳律师能输出更多的法律实务研究成果，并能形成专著与同行共享，这本身也是律师业务领域的一种先行示范。

希望本套丛书成为广大实习人员、执业律师期待、必备的好工具，也希望未来能够出版更多、更好的供律师们学习提高、掌握律师实务知识与技能的好专著！

张　斌

深圳市律师协会会长

2023 年 1 月 9 日

编写说明

"79刑法"发布之后,《刑法》经历了15次修改;2018年,《刑事诉讼法》又进行了第3次修正,增加了《监察法》与《刑事诉讼法》的衔接,建立了刑事缺席审判制度,同时将认罪认罚从宽制度、刑事审判速裁程序等正式纳入刑事诉讼程序。随着刑事实体法与程序法律法规的日益复杂与完善,非法律专业人士遇到刑事法律问题常常会觉得茫然无措,即便有强大的互联网的帮助,也难以准确而又清晰地查找到自己所需要的法律知识。基于此,我们决定编辑出版一本将专业问题通俗化,对深奥、复杂的刑事法律问题给予简单、直截了当地解读与指引的大众普法读物。

我们汇合了一批或拥有公、检、法机关工作经历或从各高等法学院校毕业后从事刑事诉讼与辩护工作多年的专业法律人士,编辑了这本《刑事诉讼实务一本通》,将目前现实生活中最常遇到的一些刑事法律问题汇编成册,也包括一部分最常见的刑法知识点,便于有需要的人士一册在手,即可迅速查找到最直接、最有效的法律知识,寻找到快速解决刑事法律疑难问题的方向与抓手,为大家释疑解惑。也可以给法律专业人士提供一个比较准确、全面的参考答案,便于帮助到有需要的人群。

全书共分六个篇章、两个附录,列举了司法实务中最常见的168个法律问题进行解答、解析,给出建议与提示,并将最重要的法律依据予以摘录引用,对于这些问题的解答,既是本书编写团队试图提供一个解决问题的专业化思路与方法,也是对我国法治建设成果的一次展示。

鉴于法律规定的相对滞后性，以及具体案件的独特与复杂性，同时加上编辑过程相对仓促，本书对法律问题的理解与认知也难免存在各种不足与疏漏，敬请各界法律同仁批评指正。

广东知恒律师事务所
《刑事诉讼实务一本通》编委会
2025 年 6 月 16 日

本书序一

人生最重要且最艰难时刻的一份行动指南

日本著名刑辩律师、前法官秋山贤三先生在其著作《法官因何错判》中指出："法官和律师的共同点都是从事法律工作，都会与普通市民相遇在他们一生中最重要且最艰难的时刻。"[1]这句话道出了一个深刻的共识：无论在哪个国家和地区，当一个人面临国家专门机关的刑事追诉时，对当事人本人及其亲属而言，都称得上人生中最重要、最艰难的时刻，需要认真面对和应对。

从实际情况来看，绝大多数面临刑事追诉的当事人及其亲属，都是人生第一次遇到这种事，既无经验，也缺乏相关专业知识。因而，陷入恓惶无措的境地，这是最常见的现象。更严重的是，有的人"病急乱投医"，诉诸托关系、找门路"捞人"，不仅于事无补，还上当受骗，甚至涉嫌行贿等违法犯罪。这样的例子在实践中不胜枚举，有的家属不仅没把当事人"捞"出来，还把自己送进了看守所，令人同情惋惜。

因此，当公民面临刑事追诉时，第一点是不能慌乱，要通过合法、正当的路径和手段去做好应对。但对于人生第一次面临刑事追诉的非法律专业人士而言，做到这一点并不容易。首要的建议当然是找一个专业靠谱的律师，通过律师与公安司法机关沟通、交涉，并在律师的指导下做一些有助于案件

---

〔1〕［日］秋山贤三：《法官因何错判》，曾玉婷译，法律出版社2019年版，第1页。

解决的事情。而在这个过程中，如果当事人及其亲属能够了解一些刑事法律和实务知识，对于找到合适的律师并且与律师顺畅沟通、协同作战，当然是一件非常有益的事情。

张楠楠、甘定中主编的《刑事诉讼实务一本通》一书，就是一本具备这种功能，满足这种需求的书。它是一本专业人士写给非专业人士看的书，由于作者都是专业的刑事律师，而且具有在公、检、法机关任职的工作经历，本书在内容上具有专业性、准确性。同时，在问题提炼、写作体例和语言表述上，充分考虑到了非专业人士的阅读需求，所列 168 个问题均系实践中最为常见、最需要解决的问题，作者在解答时不仅给出答案，而且予以详尽解析，并提出具体建议与提示，附上相关法律规定，表述上也深入浅出、通俗易懂。

本书的上述特点，决定了它具有独特的实用价值。对于面临刑事追诉的当事人及其亲属而言，它是一份难得的行动指南；对于律师，尤其是初涉刑事业务的青年律师而言，它是一份有益的业务指引；对于普通公民而言，它是一部学习刑事法律和实务知识的普法读本。相信本书的出版对于满足社会公众需求、普及刑事法律知识、弘扬刑事法治精神，均具有积极意义。

本书主编张楠楠、甘定中都是我在尚权律师事务所的老同事，长期深耕刑事业务领域，专业造诣和敬业精神均令人称赞。而今，他们能够深切体察普通公民在面临刑事追诉这一“最重要且最艰难的时刻”的迫切需求，不辞辛苦主持编撰本书，为学林添新，为无助者施助，为困惑者指路。感佩之余，特郑重予以推介。

是为序。

北京市尚权律师事务所主任　毛立新

2025 年 6 月 29 日

本书序二

对公平正义的渴望是人类的出厂设置，无需被灌输，只需要被激活

这是一本通俗读物。语言简洁、文字流畅，适合普通读者阅读，也可以供律师同行与法律同仁在办案当中进行查询。作品编者请我作序，我是作为一个命题作文，也作为一名学习者来写这篇文字的。

作为一名在法律“战线”上耕耘了数十年的“老兵”，我经历了《刑法》《刑事诉讼法》的多次修正、修订，见证了数十年来我国法律制度的快速发展与不断完善，也看到了法律队伍，包括律师队伍的迅速壮大。因为常年从事刑事辩护及相关刑事法律业务，我热忱期待刑事法律制度日臻健全与完善，也希望更多的公民、社会大众学法懂法、知法守法，共同努力，将我国建设成为社会治安稳定，公民个人的生命与财产权有保障，司法公正、社会正义、公共安全的富足、文明的社会。

《法的门前》一书的编著邓子滨在该书序言中说：一个国家只有不侵犯“坏人”的权利，才能更好地保护“好人”。虽然关于“好人”“坏人”的说法并不科学，但是按照我们的传统思维，从某种角度上说，刑事辩护可以说是一项保护“坏人”权利的工作。法律规范的基本原则之一就是公平公正，任何一种法律制度与法律体系，无论是英美法系还是大陆法系，都是建立在平等、公正原则之下的法律制度。只有不侵犯“坏人”的权利，才能真正做到保护好“好人”的权利，这是一枚硬币的两面。刑事诉讼法就是从程序上保障犯罪嫌疑人或被告人依法享有相关诉讼权利，通过程序上的公平公正以实

现案件最终的实体公正的刑事法律制度。

本书的目的就是普及刑事诉讼的一些基本常识。本人多年来办理了大量的刑事案件，始终站在办案第一线，办案之余也积极参与了省市律协，以及全国律协的行业协会工作，特别是刑事专业委员会的工作，既与业内同行有广泛的交流与研讨，也与公、检、法等部门的司法工作人员有较为广泛深入的业务交流与互动，深感在法律制度的建设与完善过程中，学习法律规则、了解法律精神，是用好法律、执行好法律的基础。

在现实生活中，不少犯罪嫌疑人及其家属因为对现有法律制度与相关规则的不了解而"病急乱投医"；有的同行也因为法律制度规范的日新月异而没有及时更新与学习，导致专业水平参差不齐。有的犯罪嫌疑人及其家属一旦遇到突发的刑事风险，不知所措，不知道应及时聘请律师提供专业的法律服务，而是去社会上寻找各种所谓的"能人"去"捞人"，结果是劳民伤财、竹篮打水一场空；有的同行也因为对刑事诉讼相关程序规定不甚了了，或是贻误了时机，或是抓不准辩护的方向与重点。因此，这样的一本刑事诉讼的普及性读物"顺时应景"，及时推出很有必要。

公正，是人类社会的一个永恒的话题。为英国法学家丹宁勋爵的《法律的正当程序》作序的刘庸安在该书序言中如是说。改革开放四十多年来，我们国家在大力发展经济的同时，在法律建设方面也取得了长足的进步，社会的公平正义越来越引起了人们热切的关注。各项法律制度的出台、法律规范的完善，包括即将进行的第四次《刑事诉讼法》的修改，都在逐步推进与完善公民的保护制度，助推社会的公平正义。《刑事诉讼实务一本通》一书，可以说是为社会大众提供的打开刑事诉讼这扇"法之门"的一把"钥匙"或者说是一个"通道"。

本书的好处是通俗易懂、条目清晰、有问有答，全书 168 个问题，基本囊括了常用的刑事诉讼程序要点，如"什么叫'黄金三十七天'""刑事案件可以私了""什么是'自首'""什么是'立功'""什么是'取保候审'"，等等，既作了简要解答，也列举了现行有效的法律依据，便于读者清晰、明确地了解这些基本知识。特别是其中所提出的"建议与提示"，更是给出了一些切实可行的指引与建设性意见。本书作为一本实用性读物，对法律理论没有过多的涉及，或许稍嫌粗浅，但作为一种普通常识读本，瑕不掩瑜。

中国政法大学罗翔教授曾说，"对公平正义的渴望是人类的出厂设置，无需被灌输，只需要被激活”，此表述很生动、形象。随着社会的发展进步，广大人民群众的公平正义感已经在“快速奔驰的法治列车”上被大大地激活了。英国思想家约翰·埃默里克·爱德华·达尔伯格－阿克顿在其所著的《自由与权力》一书中说，“制度不是一种目的而是一种手段”，帮助大家更好地了解我们当下的刑事诉讼制度，是为了让每一个公民，包括犯罪嫌疑人、被告人更好地维护好自己的合法权益，亦可助推我们国家的法治建设。这应该是本著作最大的目标与价值所在。

此为本人应编者之邀约欣然而作之序。

广东旭晨律师事务所主任　郑剑民

2025 年 6 月 18 日

自序

法立于上，教弘于下

2024年春节前的一天，事务所刑事中心团队的几个同事私下聊起刑事中心的工作，甘定中律师提出：近几年同行们纷纷在出版刑事辩护专著，我们的专业水准和实操经验不遑多让，是不是也可以写一本书？既总结一下我们作为专业刑事律师多年来办理刑事案件的一些办案心得，也做一些法律知识的普及与推广工作，争取将专业性、普及性、独创性和社会意义融于一体。这一提议得到中心张楠楠主任、庄爱梅秘书长和大家的支持。

那段时间，由甘律师牵头，大家一起琢磨定什么主题、写什么问题既能体现专业性，又能达到助力公众学法用法的目的。几经商议，决定着重于普通老百姓常常感到困惑的、带有普及性的刑事诉讼知识普及读物，“刑事诉讼实务一本通”这个主题就这样确定下来了。主意已定，2024年1月10日，我们便组建了编辑微信群，成立编辑委员会，开始列课题，定方向，分类、分组编写等工作。至2024年6月15日，经编辑小组反复研讨、反复修改、精心编排，本书终于形成了今天呈现给大家的样子。

刑法学的发展与刑事诉讼活动的进行，必然涉及对当事人诉讼权利的维护及律师制度的建设。刑事诉讼过程中，当事人面临公、检、法三家强大的公权力，这个过程既涉及公民权利保护措施的执行与落实，又涉及具体案件的诉讼过程中当事人如何应对，还涉及如何将每一项诉讼权利落实到办案的各个环节中。让律师参与刑事辩护，是赋予普通公民私权保护手段，让专业的律师协助不懂法律的刑事案件犯罪嫌疑人了解法律制度、理解法律精神，并在法律的框架内维护自己的权益，以避免因公权力行使的过分强大与私权保护的过于薄弱而带来实质不公平、不公正。概言之，刑事辩护的意义就是促进国家法律的正确实施，维护当事人的合法权益。

欧阳修早在《论大理寺断狱不当子》中就提出，“刑在禁恶，法本原情”。这句话的意思是，刑罚的目的在于禁止罪恶，法律的真谛在于推究实情。也就是说，执法要本着实事求是的精神，探明每一个案子的真相，以便正确判决与量刑。而要做到这一点，既离不开司法办案人员的依法办案，也离不开社会各界的支持与关心，当然也需要涉案各方的积极参与，包括辩护律师的积极辩护。

“自然公平的第一个原则是：必须给予诉讼当事人各方充分的机会来陈述本方的理由。这意味着必须将诉讼程序告知他们，并及时通知其任何可能受到的指控，以便于他们行使权利”，英国著名法学家彼得·斯坦如是说。

但仅有法庭上律师的帮助与辩护恐怕还不够，如何在法庭内外尽可能地帮助普通公民应对突发的刑事风险，法律知识的普及与推广也有重要意义。陈寿在《三国志·魏书》中指出，“法立于上，教弘于下”。我们不仅要有规范系统的法律体系，也要有广泛深入的法治教育与传播。这是我们考虑出版本书的初衷，也是我们希望能达到的一个目的。

古希腊著名哲学家柏拉图说，“法律是一切人类智慧聪明的结晶，包括一切社会思想和道德”。愿本书能让公民在学法、懂法、用法的过程中有所启迪，有所助益。

《刑事诉讼实务一本通》编委会

2025 年 6 月 16 日

目　录

第一篇　常　识

1　家人被带走了怎么办？ …… 3
2　家人因涉嫌犯罪被刑事拘留了，家属没有收到通知怎么办？ …… 6
3　犯罪嫌疑人的家属什么时候可以聘请律师？ …… 7
4　家人被带走了，怎样知道被关在哪里了？ …… 9
5　家属可以去看望被羁押在看守所的家人吗？ …… 10
6　是不是只要被刑事拘留就一定会被判刑坐牢？ …… 12
7　拘留所、看守所与监狱有什么区别？ …… 15
8　刑事案件聘请律师有没有用？ …… 16
9　家属如何给被羁押的犯罪嫌疑人送钱送物？ …… 19
10　除犯罪嫌疑人本人外，还有哪些人可以委托辩护律师？ …… 19
11　犯罪嫌疑人或家属应选择怎样的刑事案件律师？ …… 21
12　刑事案件律师怎么收费？ …… 22
13　家属委托律师需要提供哪些材料？ …… 23
14　律师会见时，办案机关人员可否在场监督旁听？ …… 24
15　律师能不能带家属一起去会见？ …… 25
16　犯罪嫌疑人可否委托家属担任其辩护人？ …… 27
17　刑事拘留和逮捕有什么不同？ …… 28
18　取保候审、监视居住过程中，突然接到办案机关的电话让过去怎

么办？ …………………………………………………………………… 32
19 什么是法律援助律师，法律援助律师对案件有帮助吗？ ………… 33
20 家属如何探望服刑人员？可以给服刑人员送哪些物品？ ………… 35
21 服刑人员服刑期间，服刑人员及其家属可以委托律师处理哪些事务？ …………………………………………………………………… 36
22 犯罪记录会对犯罪人员未来的生活和工作有哪些影响？ ………… 37
23 犯罪嫌疑人被羁押后，可以与家属打电话、通信吗？ ……………… 39
24 怎么申请法律援助律师？ ……………………………………………… 39
25 犯罪嫌疑人或服刑人员的配偶可以申请离婚吗？ ………………… 41
26 如果原来指派了法律援助律师，后面家属又自己聘请了律师，怎么办？ …………………………………………………………………… 42
27 刑事案件可以“私了”吗？ ……………………………………………… 43
28 犯罪嫌疑人、被告人是否就是通常说的罪犯？ …………………… 45
29 什么是追诉时效？ …………………………………………………… 46
30 我国各类刑事案件的侦查管辖是怎么分工的？ …………………… 48
31 公、检、法机关办案由谁来监督？ ……………………………………… 51
32 什么是“黄金 37 天”？ ………………………………………………… 51

第二篇　公安与侦查

33 传唤和拘传有什么不同？ ……………………………………………… 57
34 询问和讯问有什么差别？ ……………………………………………… 58
35 行政拘留、司法拘留、刑事拘留有什么不同？ ……………………… 60
36 接到警方电话通知要求到公安局配合调查，可以不去吗？ ……… 63
37 警察突然上门要将家人带走，可以阻止吗？ ……………………… 68
38 侦查人员突然上门搜查，可以要求他们出示证件吗？ …………… 71
39 侦查人员要收走相关物品，可以要求其出具收条吗？ …………… 73
40 被扣押的物品可以取回吗？ …………………………………………… 74
41 刑事拘留一般多长时间？ ……………………………………………… 75
42 侦查人员问的问题一定要回答吗？ ………………………………… 77

43　讯问笔录内容和自己说的不一致，怎么办？ …………………… 79
44　律师会见的内容主要有哪些？ …………………………………… 80
45　侦查阶段律师可以做哪些工作？ ………………………………… 82
46　什么是自首？自首有什么作用？ ………………………………… 83
47　涉嫌犯罪的人准备投案（自首）应该向什么地方投案（自首）？ …… 84
48　自动投案途中被警方抓获，算不算自首？ ……………………… 86
49　什么是立功？立功有什么用？ …………………………………… 88
50　什么是取保候审？取保候审有哪些条件？ ……………………… 89
51　家属能为犯罪嫌疑人申请取保候审吗？ ………………………… 91
52　什么时候可以申请取保候审？ …………………………………… 92
53　取保候审后是不是就没事了？ …………………………………… 93
54　取保候审后需要遵守哪些规定？ ………………………………… 94
55　取保候审的期限是多长？到期了怎么办？ ……………………… 96
56　取保候审的保证金可以退吗？ …………………………………… 98
57　侦查阶段办案机关的办案期限有多久？ ………………………… 99
58　公民人身权益、财产权益受到侵害，可以向哪里报案？ ……… 100
59　什么是监视居住？ ……………………………………………… 101
60　监视居住的期限是多长？ ……………………………………… 103
61　公安机关拘留人的时候要不要出示手续？要不要通知家属？ …… 104
62　公安机关逮捕人的时候要不要出示手续？要不要通知家属？ …… 104
63　公安机关进行搜查有什么规定与要求？ ……………………… 106
64　公安机关查封扣押书证、物证有什么规定与要求？ ………… 108
65　公安机关办理刑事案件，询问证人有什么规定与要求？ …… 110
66　什么是通缉？ …………………………………………………… 111
67　什么案件的律师会见犯罪嫌疑人需要经过侦查机关的批准？ …… 114
68　什么情况下公安机关应当撤销案件？ ………………………… 114
69　公安部门执法过程中，公众能否拍照？ ……………………… 117
70　怎么保护案发现场？ …………………………………………… 119
71　危害国家安全罪由哪个部门侦查？ …………………………… 120

第三篇　逮捕与审查起诉

72　犯罪嫌疑人、被告人被批准逮捕后，还可不可以申请取保候审？ …… 125
73　什么是逮捕？ …… 126
74　什么是羁押必要性审查？ …… 128
75　什么是审查起诉阶段？ …… 131
76　律师在审查起诉阶段可以起什么作用？ …… 133
77　案件进入审查起诉阶段后都会被起诉吗？ …… 135
78　审查起诉阶段一般为多长时间？ …… 137
79　什么是检察院决定不起诉？ …… 138
80　案卷材料可否给犯罪嫌疑人的家属看？ …… 140
81　如果案件不起诉，是不是就表示无罪，当事人也没有案底？ …… 140
82　检察院“退侦”是什么意思？ …… 142
83　检察院把案件退回公安局补充侦查，是好事还是坏事？ …… 143
84　什么是量刑建议？ …… 144
85　法院会采纳检察院的量刑建议吗？ …… 146
86　什么是认罪认罚具结书？ …… 147
87　不签署认罪认罚具结书会有什么后果？ …… 149
88　不同阶段的认罪认罚，有什么不一样？ …… 151
89　被告人签署认罪认罚具结书时必须有律师在场吗？ …… 152
90　已经签署认罪认罚具结书，在庭审中可以反悔吗？ …… 152
91　刑事案件是否涉案人员全部归案后才会被起诉？ …… 153
92　值班律师有没有辩护权？ …… 156

第四篇　监委与职务犯罪

93　监委办理什么案件？ …… 161

94　监委办案有期限吗？最长多久结案？ …… 163
95　监委办理的案件，有哪几种结果？ …… 165
96　监委留置人员，要经过什么程序作出？ …… 166
97　监委留置人员，应该多久通知其单位和家属？ …… 168
98　监委留置的最长时间是多少？ …… 170
99　留置、刑事拘留，如何折抵刑期？ …… 170
100　被留置人员律师可以会见吗？ …… 172
101　监委办案期间可以聘请律师提供哪些法律帮助？ …… 172
102　律师什么时候可以会见相关人员？ …… 173
103　什么是监委的“初步核实”？可以采取什么措施？ …… 174
104　监察机关是否可以采取查封、冻结措施？有无期限规定？ …… 176

第五篇　法庭审理

105　案件移送到法院审理后，有哪些流程？ …… 181
106　法院庭审分哪几个阶段？ …… 182
107　法院审判阶段（一审期间）的期限是多长？ …… 184
108　什么是申请回避权？ …… 185
109　什么是庭前会议？ …… 187
110　犯罪嫌疑人（被告人）认罪认罚，又全额退赃、退赔，可以被判无罪吗？ …… 189
111　零口供是否会被判有罪？ …… 190
112　什么是公开审判制度？ …… 192
113　法院审理案件时，有时会看到有人民陪审员，他们是什么身份？ …… 192
114　法院对什么案件可以不公开审理？ …… 194
115　哪些案件必须由律师担任辩护人？ …… 196
116　刑事被告人或其家属可否选择审理案件的法官？ …… 198
117　法庭审理为什么会有速裁程序、简易程序、普通程序？ …… 199

118 法庭开庭审理后多长时间会作出判决？ …… 201
119 到了法院审理阶段，还可不可以聘请律师？最多可以聘请几位律师？ …… 202
120 法庭审理过程中如果将简易程序又转换为普通程序？是否对当事人不利？ …… 204
121 法庭审理中公诉人表现强势，自己聘请的律师太柔弱，要不要更换律师？ …… 205
122 什么是程序辩护？什么是实体辩护？ …… 206
123 程序辩护有意义吗？ …… 208
124 什么是无罪辩护？什么是罪轻辩护？ …… 210
125 法庭审理会开几次庭？案件简单，法院已经开过一次庭的，为什么又通知开庭？ …… 211
126 缓刑是什么意思？是不用坐牢吗？ …… 212
127 法院判处罚金，是否属于以罚代刑？ …… 213
128 法院开庭审理前已经取保候审、没有羁押的，是否意味着会被判处缓刑或者无罪？ …… 215
129 什么是排除非法证据？如何排除非法证据？ …… 216
130 什么是刑事和解与刑事谅解？ …… 221
131 什么是缺席审判程序？ …… 222
132 什么是自诉案件？ …… 224
133 自诉案件和公诉案件的举证原则有什么区别？ …… 226
134 什么类型的刑事案件，被害人可以提起附带民事诉讼？ …… 226
135 刑事附带民事诉讼案件，法院是否可以查封、扣押或冻结被告人的财产？ …… 229
136 刑事附带民事诉讼案件，刑事部分和民事部分是合并审理还是分开审理？ …… 231
137 铁路公安、铁路法院、军事法院，这些单位有什么特殊性？归哪里管理？ …… 232
138 什么是未成年人犯罪？ …… 234
139 对未成年人犯罪审理应贯彻什么方针与政策？ …… 236

140 什么是刑事诉讼中的强制医疗？ …… 239
141 我国刑事案件实行几审终审制？ …… 241
142 什么是刑事审判的二审程序，审理期限是多久？ …… 242
143 上诉不加刑是什么意思？ …… 244
144 外国人在我国犯罪，我国有没有管辖权？ …… 245

第六篇　刑罚与刑事执行

145 什么是管制刑？对管制的判决如何执行？ …… 249
146 什么是拘役？对拘役的判决如何执行？ …… 250
147 对宣告缓刑的判决，在缓刑考验期内如何执行刑罚？哪些情形会撤销缓刑？ …… 251
148 对有期徒刑的判决如何执行？ …… 253
149 对无期徒刑的判决如何执行？ …… 254
150 对死刑缓期二年执行的判决如何执行？ …… 255
151 对死刑立即执行的判决如何执行？ …… 257
152 对未成年人判处无期徒刑、有期徒刑的判决如何执行刑罚？ …… 258
153 对未成年判处管制、拘役、宣告缓刑的判决如何执行？ …… 261
154 对依法不负刑事责任的精神病人的强制医疗如何执行？ …… 262
155 什么是剥夺政治权利？如何执行？ …… 264
156 什么是没收财产？如何执行？ …… 266
157 法院判处罚金是什么意思？如何执行？ …… 267
158 刑事附带民事诉讼的判决如何执行？ …… 269
159 哪些情形可以暂予监外执行？ …… 270
160 哪些情形可以减刑？ …… 272
161 服刑过程中的减刑由哪个部门负责？ …… 274
162 被减刑后，是否还会被撤销减刑？ …… 274
163 符合哪些条件可以假释？ …… 276
164 哪些情形会被撤销假释？ …… 277
165 法院作出判决后，多久会将犯罪分子送交监狱？ …… 278

166 什么是生效判决？ …… 280
167 服刑中的人可以结婚吗？ …… 281
168 犯罪嫌疑人被拘留或被判刑后，还可以行使民事权利吗？ …… 282

附录 1 法律文书样式 …… 285

附录 2 引用法律规定 …… 305

第一篇

常　识

1 家人被带走了怎么办?

答 家人万一被带走,家属(指犯罪嫌疑人的近亲属,夫、妻、父、母、子、女、同胞兄弟姊妹,以下同)先不要太慌张。首先要了解办案的是哪个地区的哪个机关,然后看是否可以联系到办案机关,了解大致情况,是什么性质的案件,人在哪里。

如果是行政拘留(含治安拘留),可以直接与办案机关联系会见事宜等,必要时可以聘请律师帮助会见。

如果是各级监察委员会(以下简称监委)将人带走,可以与监委直接联系,了解更多的情况与信息,必要时聘请律师提供法律帮助。

但如果是被公安机关刑事拘留,则很可能涉嫌刑事犯罪。此时除确认办案机关及人被羁押在何处之外,家属很难了解到太多的详细情况。这时候家属要考虑尽快聘请律师提供专业的法律服务,包括委托律师尽快去会见,进一步了解案情,以争取尽快取保候审或确认是否涉嫌犯罪等,安排进一步的工作。家属此时自己能够做的就是了解羁押场所能否寄送生活物资,以及寄存生活费用的方法与途径,尽可能地照顾被羁押家人的生活。

解析 如果是行政拘留(含治安拘留),被拘留人员只是因违法行为被短时间的拘禁留置,并不涉及犯罪,自由度相对较高,经拘留所安排,家属是可以会见的。

如果是监委将人带走并留置在特定场所,此时家属能向监委了解到的情况和信息并不多,也无法进行会见,但可以委托律师提供法律咨询服务,了解一些应对方法与措施。如果是被调查人涉嫌职务犯罪被移送到检察院审查起诉,此时家属可以委托律师会见、展开辩护工作等。

如果是因涉嫌犯罪被刑事拘留,法律规定,除有碍侦查或者无法通知的情形外,办案机关应当在24小时以内通知被拘留人的家属。如果已收到办案机关的电话通知领取拘留通知书,或是已经收到拘留通知书,家属可以先前往该办案单位简单了解情况。如果只是听说家人被拘留,但没有收到刑事拘留通知书,家属可以带上能够证明亲属关系的证件或有关证明材料,前往当地派出所进行查询。如果已经确认家人被刑事拘留及其羁押地点,建议家属及时委托律师介入。法律规定,案件在侦查阶段只能委托律师作为辩护人,也只有律师才能会见犯罪嫌疑人。因此,家人被刑事拘留之后,家属应该尽快委托律师,只有这样才能及时让律师会见,及时了解案件的情况,进而采取下一步措施。同时,家人被刑事拘留之后肯定非常慌张、无助,通过律师的会见,也能让他知道家里人正在关心他,心里也能安定一些。再者,律师是法律专业人士,无论是处理案件,还是跟公、检、法机关沟通,都要更为专业。

此外,由于看守所的条件相对艰苦,家属或委托律师可以去看守所给犯罪嫌疑人存点钱,让其购买一些食品,改善下生活,也有助于其平复心情。

建议与提示 如果家人被刑事拘留或者被监察机关带走,家属首先要调整好心态,做好打"持久战"的思想准备。因为刑事案件、监察案件的处理,都有严格的办案期限及办案程序,要遵守相关规定。建议家属委托律师介入,让律师提供专业的法律帮助。

法律依据

《刑事诉讼法》

第三十四条 犯罪嫌疑人自被侦查机关第一次讯问或者采取强制措施之日起,有权委托辩护人;在侦查期间,只能委托律师作为辩护人。被告人有权随时委托辩护人。

侦查机关在第一次讯问犯罪嫌疑人或者对犯罪嫌疑人采取强制措施的时候,应当告知犯罪嫌疑人有权委托辩护人。人民检察院自收到移送审查起诉的案件材料之日起三日以内,应当告知犯罪嫌疑人有权委托辩护人。人民法院自受理案件之日起三日以内,应当告知被告人有权委托辩护人。犯罪嫌疑人、被告人在押期间要求委托辩护人的,人民法院、人民检察院和公安机关应当及时转达其要求。

犯罪嫌疑人、被告人在押的,也可以由其监护人、近亲属代为委托辩护人。

辩护人接受犯罪嫌疑人、被告人委托后,应当及时告知办理案件的机关。

第三十九条 辩护律师可以同在押的犯罪嫌疑人、被告人会见和通信。其他辩护人经人民法院、人民检察院许可,也可以同在押的犯罪嫌疑人、被告人会见和通信。

辩护律师持律师执业证书、律师事务所证明和委托书或者法律援助公函要求会见在押的犯罪嫌疑人、被告人的，看守所应当及时安排会见，至迟不得超过四十八小时。

危害国家安全犯罪、恐怖活动犯罪案件，在侦查期间辩护律师会见在押的犯罪嫌疑人，应当经侦查机关许可。上述案件，侦查机关应当事先通知看守所。

辩护律师会见在押的犯罪嫌疑人、被告人，可以了解案件有关情况，提供法律咨询等；自案件移送审查起诉之日起，可以向犯罪嫌疑人、被告人核实有关证据。辩护律师会见犯罪嫌疑人、被告人时不被监听。

辩护律师同被监视居住的犯罪嫌疑人、被告人会见、通信，适用第一款、第三款、第四款的规定。

第八十五条 公安机关拘留人的时候，必须出示拘留证。

拘留后，应当立即将被拘留人送看守所羁押，至迟不得超过二十四小时。除无法通知或者涉嫌危害国家安全犯罪、恐怖活动犯罪通知可能有碍侦查的情形以外，应当在拘留后二十四小时以内，通知被拘留人的家属。有碍侦查的情形消失以后，应当立即通知被拘留人的家属。

《监察法》

第三条 各级监察委员会是行使国家监察职能的专责机关，依照本法对所有行使公权力的公职人员（以下称公职人员）进行监察，调查职务违法和职务犯罪，开展廉政建设和反腐败工作，维护宪法和法律的尊严。

第十九条 对可能发生职务违法的监察对象，监察机关按照管理权限，可以直接或者委托有关机关、人员进行谈话，或者进行函询，要求说明情况。

第二十四条 被调查人涉嫌贪污贿赂、失职渎职等严重职务违法或者职务犯罪，监察机关已经掌握其部分违法犯罪事实及证据，仍有重要问题需要进一步调查，并有下列情形之一的，经监察机关依法审批，可以将其留置在特定场所：

（一）涉及案情重大、复杂的；

（二）可能逃跑、自杀的；

（三）可能串供或者伪造、隐匿、毁灭证据的；

（四）可能有其他妨碍调查行为的。

对涉嫌行贿犯罪或者共同职务犯罪的涉案人员，监察机关可以依照前款规定采取留置措施。

留置场所的设置、管理和监督依照国家有关规定执行。

第五十条 采取管护或者留置措施后，应当在二十四小时以内，通知被管护人员、被留置人员所在单位和家属，但有可能伪造、隐匿、毁灭证据，干扰证人作证或者串供等有碍调查情形的除外。有碍调查的情形消失后，应当立即通知被管护人员、被留置人员所在单位和家属。解除管护或者留置的，应当及时通知被管护人员、被留置人员所在单位和家属。

被管护人员、被留置人员及其近亲属有权申请变更管护、留置措施。监察机关收到申请后，应当在三日以内作出决定；不同意变更措施的，应当告知申请人，并说明不同意的理由。监察机关应当保障被强制到案人员、被管护人员以及被留置人员的饮食、休息和安全，提供医疗服务。对其谈话、讯问的，应当合理安排时间和时长，谈话笔录、讯问笔录由被谈话人、被讯问人阅看后签名。

被管护人员、被留置人员涉嫌犯罪移送司法机关后，被依法判处管制、拘役或者有期徒刑的，管护、留置一日折抵管制二日，折抵拘役、有期徒刑一日。

《行政处罚法》

第九条 行政处罚的种类：

（一）警告、通报批评；

（二）罚款、没收违法所得、没收非法财物；

（三）暂扣许可证件、降低资质等级、吊销许可证件；

（四）限制开展生产经营活动、责令停产停业、责令关闭、限制从业；

（五）行政拘留；

（六）法律、行政法规规定的其他行政处罚。

2 家人因涉嫌犯罪被刑事拘留了，家属没有收到通知怎么办？

答 家属没有收到通知的原因可能是犯罪嫌疑人涉嫌危害国家安全罪、恐怖活动的犯罪；或者同案的犯罪嫌疑人可能逃跑、隐匿、毁弃或伪造证据的,还有可能是公安机关无法通知到家属,或者通知仍然在邮寄途中。

解析 法律规定,涉嫌危害国家安全罪、恐怖活动犯罪的犯罪嫌疑人;或者被拘留的人还有同案的犯罪嫌疑人尚未被抓获,为防止同案犯罪嫌疑人可能逃跑、隐匿、毁灭证据,以及与其他犯罪嫌疑人串供、订立攻守同盟等情况,公安机关可能会暂时不通知家属,以保障侦查工作的顺利进行。

此外,如果被拘留人没有提供真实的姓名、住址,或者没有家属的工作单位、通讯方式等信息,公安机关可能无法通知到家属。如果家属的电话无法联系,或者邮寄地址错误,家属也可能无法及时收到通知。

建议与提示 家人被刑事拘留,如果家属暂时没有收到通知,或者较长时间没有收到通知,可以及时向当地公安机关咨询,亦可尽快聘请律师予以帮助。

法律依据

《刑事诉讼法》

第八十五条 公安机关拘留人的时候,必须出示拘留证。

拘留后,应当立即将被拘留人送看守所羁押,至迟不得超过二十四小时。除无法通知或者涉嫌危害国家安全犯罪、恐怖活动犯罪通知可能有碍侦查的情形以外,应当在拘留后二十四小时以内,通知被拘留人的家属。有碍侦查的情形消失以后,应当立即通知被拘留人的家属。

3 犯罪嫌疑人的家属什么时候可以聘请律师?

答 从犯罪嫌疑人被侦查机关第一次讯问或者采取强制措施之日起,家属就可以聘请律师担任辩护人。被告人有权随时委托辩护人。

解析 具体来说,当犯罪嫌疑人被拘留后,公安机关应当在24小时以内通知家属。从犯罪嫌疑人被侦查机关第一次讯问或者采取强制措施之日起,家属就可以聘请律师担任辩护人。法律规定,在侦查期间只能委托律师作为辩护人。

建议与提示 律师介入的时间越早越好，因为这样可以尽早为家属和犯罪嫌疑人提供法律帮助，避免错过取保候审等流程处理的最佳时机。在侦查阶段，律师可以会见犯罪嫌疑人，为其提供法律咨询与帮助，使其对其自己的行为性质、接受讯问时享有的权利、侦查中的违法行为如何处理等有明确的认识，并主张与保护其基本权利，如实客观陈述事实，防止对其不利的虚假供述的出现。

法律依据

《刑事诉讼法》

第三十四条 犯罪嫌疑人自被侦查机关第一次讯问或者采取强制措施之日起，有权委托辩护人；在侦查期间，只能委托律师作为辩护人。被告人有权随时委托辩护人。

侦查机关在第一次讯问犯罪嫌疑人或者对犯罪嫌疑人采取强制措施的时候，应当告知犯罪嫌疑人有权委托辩护人。人民检察院自收到移送审查起诉的案件材料之日起三日以内，应当告知犯罪嫌疑人有权委托辩护人。人民法院自受理案件之日起三日以内，应当告知被告人有权委托辩护人。犯罪嫌疑人、被告人在押期间要求委托辩护人的，人民法院、人民检察院和公安机关应当及时转达其要求。

犯罪嫌疑人、被告人在押的，也可以由其监护人、近亲属代为委托辩护人。

辩护人接受犯罪嫌疑人、被告人委托后，应当及时告知办理案件的机关。

第九十三条 公安机关逮捕人的时候，必须出示逮捕证。

逮捕后，应当立即将被逮捕人送看守所羁押。除无法通知的以外，应当在逮捕后二十四小时以内，通知被逮捕人的家属。

第九十四条 人民法院、人民检察院对于各自决定逮捕的人，公安机关对于经人民检察院批准逮捕的人，都必须在逮捕后的二十四小时以内进行讯问。在发现不应当逮捕的时候，必须立即释放，发给释放证明。

4 家人被带走了，怎样知道被关在哪里了？

答 正常情况下，公安机关在执行刑事拘留后，会在24小时以内通知被拘留人的家属，拘留通知书上面会告知羁押地点。如果家属没有接收到通知，可以带上能够证明亲属关系的证件或有关证明材料，前往当地派出所进行查询。

解析 法律规定，除无法通知或者涉嫌危害国家安全犯罪、恐怖活动犯罪，通知可能有碍侦查的情形外，公安机关应当在执行刑事拘留后24小时以内通知被拘留人的家属。因此，在执行刑事拘留后，正常情况下公安机关都会通知被拘留人的家属，拘留通知书上面会告知名字、涉嫌罪名、羁押时间、羁押地点及办案机关。

实践中，办案机关一般会电话通知家属领取拘留通知书，无法电话联系的，一般会根据犯罪嫌疑人提供的收件地址和收件人，或者其身份证上的地址进行挂号信邮寄，但邮寄时间较慢，也可能存在邮寄地址错误或者户籍地没有人接收信件的情形，从而导致家属没有及时接收到通知或根本接收不到通知。在这种情况下，家属如果想要尽快了解犯罪嫌疑人被关在哪里，可以带上能够证明亲属关系的证件或有关证明材料，前往当地派出所进行查询。

建议与提示 因实践中存在各种导致家属无法及时得知犯罪嫌疑人被拘留信息的情况，必要时家属应尽快聘请律师，寻求专业的法律帮助。

法律依据

《刑事诉讼法》

第八十五条 公安机关拘留人的时候，必须出示拘留证。

拘留后，应当立即将被拘留人送看守所羁押，至迟不得超过二十四小时。除无法通知或者涉嫌危害国家安全犯罪、恐怖活动犯罪通知可能有碍侦查的情形以外，应当在拘留后二十四小时以内，通知被拘留人的家属。有碍侦查的情形消失以后，应当立即通知被拘留人的家属。

第九十三条 公安机关逮捕人的时候，必须出示逮捕证。

逮捕后,应当立即将被逮捕人送看守所羁押。除无法通知的以外,应当在逮捕后二十四小时以内,通知被逮捕人的家属。

《公安机关办理刑事案件程序规定》

第一百二十七条第一款 除无法通知或者涉嫌危害国家安全犯罪、恐怖活动犯罪通知可能有碍侦查的情形以外,应当在拘留后二十四小时以内制作拘留通知书,通知被拘留人的家属。拘留通知书应当写明拘留原因和羁押处所。

第一百四十五条第一款 对犯罪嫌疑人执行逮捕后,除无法通知的情形以外,应当在逮捕后二十四小时以内,制作逮捕通知书,通知被逮捕人的家属。逮捕通知书应当写明逮捕原因和羁押处所。

5 家属可以去看望被羁押在看守所的家人吗?

答 不可以。但符合《刑事诉讼法》第33条、第39条相关规定的除外。

解析 法律规定,在侦查阶段,只能委托律师担任犯罪嫌疑人的辩护人。所以在此阶段只能委托律师会见犯罪嫌疑人。审查起诉阶段、审判阶段,犯罪嫌疑人、被告人可以委托自己的亲属作为辩护人,此时,担任辩护人的亲属经办案机关许可,可以会见犯罪嫌疑人。

如果是正在被执行刑罚或者依法被剥夺、限制人身自由的亲属不得担任辩护人。如果是被开除公职和被吊销律师、公证员执业证书的亲属,其为犯罪嫌疑人、被告人近亲属的,可以担任辩护人。

建议与提示 根据《刑事诉讼法》的规定,亲属担任辩护人申请会见在押犯罪嫌疑人、被告人时,须向办案机关提交书面申请并获得许可。相较于律师凭"三证"(律师执业证书、律师事务所证明、委托书)直接会见的程序,此类会见在审批时限和手续办理上更为复杂。实践中,建议优先委托律师辩护,以保障诉讼权利的有效行使。家人如果被关押,在未经法院审判或所作出的判决未发生法律效力之前,家属往往无法见到被关押的家人。如果想要了解家人的情况,建议直接委托律师担任辩护人。

法律依据

《刑事诉讼法》

第三十三条 犯罪嫌疑人、被告人除自己行使辩护权以外，还可以委托一至二人作为辩护人。下列的人可以被委托为辩护人：

（一）律师；

（二）人民团体或者犯罪嫌疑人、被告人所在单位推荐的人；

（三）犯罪嫌疑人、被告人的监护人、亲友。

正在被执行刑罚或者依法被剥夺、限制人身自由的人，不得担任辩护人。

被开除公职和被吊销律师、公证员执业证书的人，不得担任辩护人，但系犯罪嫌疑人、被告人的监护人、近亲属的除外。

第三十四条 犯罪嫌疑人自被侦查机关第一次讯问或者采取强制措施之日起，有权委托辩护人；在侦查期间，只能委托律师作为辩护人。被告人有权随时委托辩护人。

侦查机关在第一次讯问犯罪嫌疑人或者对犯罪嫌疑人采取强制措施的时候，应当告知犯罪嫌疑人有权委托辩护人。人民检察院自收到移送审查起诉的案件材料之日起三日以内，应当告知犯罪嫌疑人有权委托辩护人。人民法院自受理案件之日起三日以内，应当告知被告人有权委托辩护人。犯罪嫌疑人、被告人在押期间要求委托辩护人的，人民法院、人民检察院和公安机关应当及时转达其要求。

犯罪嫌疑人、被告人在押的，也可以由其监护人、近亲属代为委托辩护人。

辩护人接受犯罪嫌疑人、被告人委托后，应当及时告知办理案件的机关。

第三十九条 辩护律师可以同在押的犯罪嫌疑人、被告人会见和通信。其他辩护人经人民法院、人民检察院许可，也可以同在押的犯罪嫌疑人、被告人会见和通信。

辩护律师持律师执业证书、律师事务所证明和委托书或者法律援助公函要求会见在押的犯罪嫌疑人、被告人的，看守所应当及时安排会见，至迟不得超过四十八小时。

危害国家安全犯罪、恐怖活动犯罪案件，在侦查期间辩护律师会见在押的犯罪嫌疑人，应当经侦查机关许可。上述案件，侦查机关应当事先通知看守所。

辩护律师会见在押的犯罪嫌疑人、被告人，可以了解案件有关情况，提供法律咨询等；自案件移送审查起诉之日起，可以向犯罪嫌疑人、被告人核实有关证据。辩护律师会见犯罪嫌疑人、被告人时不被监听。

辩护律师同被监视居住的犯罪嫌疑人、被告人会见、通信，适用第一款、第三款、第四款的规定。

6 是不是只要被刑事拘留就一定会被判刑坐牢？

答 不是的，只有经法院判处实刑后才需要坐牢。

解析 刑事拘留是公安机关、检察院对直接受理的案件，在侦查过程中，遇到法定的紧急情况时，对现行犯或者重大嫌疑分子所采取的临时剥夺其人身自由的强制方法。刑事拘留只是一种强制措施，而非刑事处罚手段。只有经法院判处实刑的犯罪分子才需要坐牢。因此，被刑事拘留并不代表一定会坐牢，如以下几种情形：

(1)如果侦查机关经过侦查认为犯罪嫌疑人没有犯罪事实或对犯罪嫌疑人不予追究刑事责任，应当撤销案件并释放在押的犯罪嫌疑人。

(2)如果案件已移送公诉机关审查起诉，公诉机关经审查认为犯罪嫌疑人没有犯罪事实或者对犯罪嫌疑人不予追究刑事责任，应当作出不起诉决定。对于犯罪情节轻微，依照《刑法》规定不需要判处刑罚或者免除刑罚的，可以作出不起诉决定。检察院作出不起诉决定的，应当立即释放在押的被不起诉人。

(3)如果案件已经起诉至法院，法院经审理认为被告人不构成犯罪或对被告人不予追究刑事责任，应当宣告无罪或者免除刑事处罚，并立即释放在押的被告人。

建议与提示 如果家人被刑事拘留，不要慌张，首先可以向办案机关简单了解案件情况或者委托律师向办案机关了解情况。由于案件侦查阶段只能委托律师作为辩护人，且只有律师才能会见当事人，建议先委托律师进行会见，以便家属进一步了解情况。通过律师会见，也可以让犯罪嫌疑人知道有家里人在关心他的情况，给他带来一定的心理安慰。

法律依据

《刑事诉讼法》

第十六条　有下列情形之一的，不追究刑事责任，已经追究的，应当撤销案件，或者不起诉，或者终止审理，或者宣告无罪：

（一）情节显著轻微、危害不大，不认为是犯罪的；

（二）犯罪已过追诉时效期限的；

（三）经特赦令免除刑罚的；

（四）依照刑法告诉才处理的犯罪，没有告诉或者撤回告诉的；

（五）犯罪嫌疑人、被告人死亡的；

（六）其他法律规定免予追究刑事责任的。

第一百六十三条　在侦查过程中，发现不应对犯罪嫌疑人追究刑事责任的，应当撤销案件；犯罪嫌疑人已被逮捕的，应当立即释放，发给释放证明，并且通知原批准逮捕的人民检察院。

第一百七十七条　犯罪嫌疑人没有犯罪事实，或者有本法第十六条规定的情形之一的，人民检察院应当作出不起诉决定。

对于犯罪情节轻微，依照刑法规定不需要判处刑罚或者免除刑罚的，人民检察院可以作出不起诉决定。

人民检察院决定不起诉的案件，应当同时对侦查中查封、扣押、冻结的财物解除查封、扣押、冻结。对被不起诉人需要给予行政处罚、处分或者需要没收其违法所得的，人民检察院应当提出检察意见，移送有关主管机关处理。有关主管机关应当将处理结果及时通知人民检察院。

第一百七十八条　不起诉的决定，应当公开宣布，并且将不起诉决定书送达被不起诉人和他的所在单位。如果被不起诉人在押，应当立即释放。

第二百条　在被告人最后陈述后，审判长宣布休庭，合议庭进行评议，根据已经查明的事实、证据和有关的法律规定，分别作出以下判决：

（一）案件事实清楚，证据确实、充分，依据法律认定被告人有罪的，应当作出有罪判决；

（二）依据法律认定被告人无罪的，应当作出无罪判决；

（三）证据不足，不能认定被告人有罪的，应当作出证据不足、指控的犯罪不能成立的无罪判决。

第二百六十条 第一审人民法院判决被告人无罪、免除刑事处罚的，如果被告人在押，在宣判后应当立即释放。

《人民检察院刑事诉讼规则》

第二百四十二条 人民检察院在侦查过程中或者侦查终结后，发现具有下列情形之一的，负责侦查的部门应当制作拟撤销案件意见书，报请检察长决定：

（一）具有刑事诉讼法第十六条规定情形之一的；

（二）没有犯罪事实的，或者依照刑法规定不负刑事责任或者不是犯罪的；

（三）虽有犯罪事实，但不是犯罪嫌疑人所为的。

对于共同犯罪的案件，如有符合本条规定情形的犯罪嫌疑人，应当撤销对该犯罪嫌疑人的立案。

第三百六十五条 人民检察院对于监察机关或者公安机关移送起诉的案件，发现犯罪嫌疑人没有犯罪事实，或者符合刑事诉讼法第十六条规定的情形之一的，经检察长批准，应当作出不起诉决定。

对于犯罪事实并非犯罪嫌疑人所为，需要重新调查或者侦查的，应当在作出不起诉决定后书面说明理由，将案卷材料退回监察机关或者公安机关并建议重新调查或者侦查。

《公安机关办理刑事案件程序规定》

第一百八十六条 经过侦查，发现具有下列情形之一的，应当撤销案件：

（一）没有犯罪事实的；

（二）情节显著轻微、危害不大，不认为是犯罪的；

（三）犯罪已过追诉时效期限的；

（四）经特赦令免除刑罚的；

(五)犯罪嫌疑人死亡的;

(六)其他依法不追究刑事责任的。

对于经过侦查,发现有犯罪事实需要追究刑事责任,但不是被立案侦查的犯罪嫌疑人实施的,或者共同犯罪案件中部分犯罪嫌疑人不够刑事处罚的,应当对有关犯罪嫌疑人终止侦查,并对该案件继续侦查。

7 拘留所、看守所与监狱有什么区别?

答 拘留所、看守所与监狱的区别在于各自职能、性质和关押的对象不一样。

解析 拘留所是国家行政羁押机关,用于短时间拘禁留置因具有违法行为而被行政机关作出行政拘留(含通常所说的治安拘留)的人员及法院决定司法拘留的人员。拘留所的自由度相对较高,被拘留人员经拘留所安排,可以随时会见家属。

看守所是刑事羁押机关,用于暂时性羁押因涉嫌刑事犯罪而被刑事拘留、被检察院作出批准逮捕的犯罪嫌疑人(被告人),以及剩余刑期在3个月以下的已决犯。

监狱是国家刑罚执行机关,所羁押的对象是被判处死刑缓期2年执行、无期徒刑、有期徒刑的罪犯。如果被判处有期徒刑的罪犯在被交付执行刑罚前,剩余刑期在3个月以下,则由看守所代为执行。

建议与提示 若家人被拘留,家属应第一时间了解人被羁押在何处,才能进一步了解事情的严重程度,应及时向专业人士咨询了解。

法律依据

《监狱法》

第二条 监狱是国家的刑罚执行机关。

依照刑法和刑事诉讼法的规定,被判处死刑缓期二年执行、无期徒刑、有期徒刑的罪犯,在监狱内执行刑罚。

第十五条 人民法院对被判处死刑缓期二年执行、无期徒刑、有期徒刑的罪犯，应当将执行通知书、判决书送达羁押该罪犯的公安机关，公安机关应当自收到执行通知书、判决书之日起一个月内将该罪犯送交监狱执行刑罚。

罪犯在被交付执行刑罚前，剩余刑期在三个月以下的，由看守所代为执行。

《中华人民共和国看守所条例》

第二条第一款 看守所是羁押依法被逮捕、刑事拘留的人犯的机关。

《拘留所条例》

第二条 对下列人员的拘留在拘留所执行：

（一）被公安机关、国家安全机关依法给予拘留行政处罚的人；

（二）被人民法院依法决定拘留的人。

第五条 县级以上地方人民政府根据需要设置拘留所。拘留所的设置和撤销，由县级以上地方人民政府公安机关提出意见，按照规定的权限和程序审批。

《拘留所条例实施办法》

第四十八条 拘留所保障被拘留人在拘留期间的通信、会见权利。被拘留人应当遵守拘留所的通信、会见管理规定。

8 刑事案件聘请律师有没有用？

答 刑事案件聘请律师肯定是有用的，例如，在公安侦查阶段及时申请取保候审，或者在检察院审查批准逮捕过程中申请作出不予逮捕决定。

解析 律师在实践中所起的作用因具体案件情形的不同而有一定的差异。某些案件虽然案情简单、事实清楚、证据充分，但是出于稳定犯罪嫌疑人心态的目的，法律知识的辅导是有帮助且有必要的。律师的会见，也是连接家属与犯罪嫌疑人之间情感的桥梁。

对于绝大多数案件，案件当中往往存在事实是否清楚，指控犯罪的证据是否充分，犯罪情节中有无从轻、减轻处罚情节，犯罪嫌疑人在团伙案件中是属于主犯还是从犯，等等，影响案件定罪、量刑的因素，专业律师及时有效的辩护，可以为犯罪嫌疑人提供有效的法律帮助。

建议与提示 一旦犯罪嫌疑人或其家属遇到刑事案件，一定要通过如司法局法律援助中心、律师协会公示等正规聘请口碑好、经验丰富的专业刑辩律师。专业律师能够帮助当事人准确理解法律程序、有效维护诉讼权利，其执业经验对于把握案件关键节点具有重要作用。

法律依据

《刑事诉讼法》

第三十四条第一款 犯罪嫌疑人自被侦查机关第一次讯问或者采取强制措施之日起，有权委托辩护人；在侦查期间，只能委托律师作为辩护人。被告人有权随时委托辩护人。

第三十七条 辩护人的责任是根据事实和法律，提出犯罪嫌疑人、被告人无罪、罪轻或者减轻、免除其刑事责任的材料和意见，维护犯罪嫌疑人、被告人的诉讼权利和其他合法权益。

第三十八条 辩护律师在侦查期间可以为犯罪嫌疑人提供法律帮助；代理申诉、控告；申请变更强制措施；向侦查机关了解犯罪嫌疑人涉嫌的罪名和案件有关情况，提出意见。

第三十九条 辩护律师可以同在押的犯罪嫌疑人、被告人会见和通信。其他辩护人经人民法院、人民检察院许可，也可以同在押的犯罪嫌疑人、被告人会见和通信。

辩护律师持律师执业证书、律师事务所证明和委托书或者法律援助公函要求会见在押的犯罪嫌疑人、被告人的，看守所应当及时安排会见，至迟不得超过四十八小时。

危害国家安全犯罪、恐怖活动犯罪案件，在侦查期间辩护律师会见在押的犯罪嫌疑人，应当经侦查机关许可。上述案件，侦查机关应当事先通知看守所。

辩护律师会见在押的犯罪嫌疑人、被告人，可以了解案件有关情况，提供法律咨询等；自案件移送审查起诉之日起，可以向犯罪嫌疑人、被告人核实有关证据。辩护律师会见犯罪嫌疑人、被告人时不被监听。

辩护律师同被监视居住的犯罪嫌疑人、被告人会见、通信，适用第一款、第三款、第四款的规定。

第四十条 辩护律师自人民检察院对案件审查起诉之日起，可以查阅、摘抄、复制本案的案卷材料。其他辩护人经人民法院、人民检察院许可，也可以查阅、摘抄、复制上述材料。

第四十一条 辩护人认为在侦查、审查起诉期间公安机关、人民检察院收集的证明犯罪嫌疑人、被告人无罪或者罪轻的证据材料未提交的，有权申请人民检察院、人民法院调取。

第四十二条 辩护人收集的有关犯罪嫌疑人不在犯罪现场、未达到刑事责任年龄、属于依法不负刑事责任的精神病人的证据，应当及时告知公安机关、人民检察院。

第四十三条 辩护律师经证人或者其他有关单位和个人同意，可以向他们收集与本案有关的材料，也可以申请人民检察院、人民法院收集、调取证据，或者申请人民法院通知证人出庭作证。

辩护律师经人民检察院或者人民法院许可，并且经被害人或者其近亲属、被害人提供的证人同意，可以向他们收集与本案有关的材料。

《律师法》

第二十八条 律师可以从事下列业务：

（一）接受自然人、法人或者其他组织的委托，担任法律顾问；

（二）接受民事案件、行政案件当事人的委托，担任代理人，参加诉讼；

（三）接受刑事案件犯罪嫌疑人、被告人的委托或者依法接受法律援助机构的指派，担任辩护人，接受自诉案件自诉人、公诉案件被害人或者其近亲属的委托，担任代理人，参加诉讼；

（四）接受委托，代理各类诉讼案件的申诉；

（五）接受委托，参加调解、仲裁活动；

（六）接受委托，提供非诉讼法律服务；

（七）解答有关法律的询问、代写诉讼文书和有关法律事务的其他文书。

9 家属如何给被羁押的犯罪嫌疑人送钱送物？

答 通常而言，家属可以通过线上或羁押场所的接待窗口送钱送物，有的羁押场所可以邮寄物品。

解析 犯罪嫌疑人被羁押之后，因为各地羁押场所的伙食标准不尽相同，硬件设施条件也可能有差别，家属可以根据各地羁押场所的不同情况以及其相关规定，给犯罪嫌疑人寄送钱物。

建议与提示 各地羁押场所的要求不尽相同，建议家属提前电话咨询看守所，了解其具体规定。例如，眼镜镜片须为树脂镜片，镜框须为全塑料镜架，不能带有任何金属；衣物不能有金属拉链、金属纽扣等任何金属制品；鞋子不能带有鞋带，等等。

法律依据

《中华人民共和国看守所条例》

第十一条 看守所收押人犯，应当对其人身和携带的物品进行严格检查。非日常用品应当登记，代为保管，出所时核对发还或者转监狱、劳动改造机关。违禁物品予以没收。发现犯罪证据和可疑物品，要当场制作记录，由人犯签字捺指印后，送案件主管机关处理。

对女性人犯的人身检查，由女工作人员进行。

第二十四条 人犯应当自备衣服、被褥。确实不能自备的，由看守所提供。

第三十条 人犯近亲属给人犯的物品，须经看守人员检查。

10 除犯罪嫌疑人本人外，还有哪些人可以委托辩护律师？

答 除犯罪嫌疑人本人外，犯罪嫌疑人、被告人在押的，可以由其监护人、近亲属代为委托辩护人，也可以由法律援助机构指派辩护律师。

解析 当事人的监护人，也是当事人的法定代理人，当事人的近亲属包括配偶、父母、子女、同胞兄弟姊妹，依法享有为当事人委托辩护人的权利；

当事人经济困难、当事人没有监护人或者其近亲属不愿意帮助的，当事人及其近亲属可以向法律援助机构提出申请，对符合法律援助条件的，法律援助机构应当指派律师提供辩护。

建议与提示 不是任何案件都能申请到法律援助。申请法律援助需要达到一定的条件。

法律依据

《刑事诉讼法》

第三十三条 犯罪嫌疑人、被告人除自己行使辩护权以外，还可以委托一至二人作为辩护人。下列的人可以被委托为辩护人：

（一）律师；

（二）人民团体或者犯罪嫌疑人、被告人所在单位推荐的人；

（三）犯罪嫌疑人、被告人的监护人、亲友。

正在被执行刑罚或者依法被剥夺、限制人身自由的人，不得担任辩护人。

被开除公职和被吊销律师、公证员执业证书的人，不得担任辩护人，但系犯罪嫌疑人、被告人的监护人、近亲属的除外。

第三十四条第三款 犯罪嫌疑人、被告人在押的，也可以由其监护人、近亲属代为委托辩护人。

第三十五条第一款 犯罪嫌疑人、被告人因经济困难或者其他原因没有委托辩护人的，本人及其近亲属可以向法律援助机构提出申请。对符合法律援助条件的，法律援助机构应当指派律师为其提供辩护。

第一百零八条 本法下列用语的含意是：

（一）“侦查”是指公安机关、人民检察院对于刑事案件，依照法律进行的收集证据、查明案情的工作和有关的强制性措施；

（二）“当事人”是指被害人、自诉人、犯罪嫌疑人、被告人、附带民事诉讼的原告人和被告人；

（三）“法定代理人”是指被代理人的父母、养父母、监护人和负有保护责任的机关、团体的代表；

（四）“诉讼参与人”是指当事人、法定代理人、诉讼代理人、辩护人、证

人、鉴定人和翻译人员;

(五)“诉讼代理人”是指公诉案件的被害人及其法定代理人或者近亲属、自诉案件的自诉人及其法定代理人委托代为参加诉讼的人和附带民事诉讼的当事人及其法定代理人委托代为参加诉讼的人;

(六)“近亲属”是指夫、妻、父、母、子、女、同胞兄弟姊妹。

11 犯罪嫌疑人或家属应选择怎样的刑事案件律师?

答 专业能力和敬业态度,是选择刑事案件律师的最重要因素。

解析 当事人和家属在选择办理刑事案件的律师时,可以参考以下几个方面:

(1)专业领域。选择具有丰富刑事辩护经验的律师,了解律师的专业领域,以及过往经验是否涉及同类刑事案件。可以通过查看律师的个人简介、执业经历、典型案例等方面了解律师的专业能力。

(2)律师资质。首先核实律师的执业资格,确保律师具有合法的执业证书。

(3)口碑和评价。了解律师的口碑和客户评价,可以通过亲朋好友的推荐、网络评价等途径了解律师的业务水平和职业道德。

(4)沟通能力。当事人可以通过与律师的沟通交流,自我作出判断,以确认是否委托该律师。

(5)费用问题。当事人或者家属通过与律师交谈,可以向其了解律师行业的收费标准和其个人的收费习惯,双方通过协商确认。

(6)敬业态度。敬业态度好的律师,能够为当事人提供耐心、细致的法律服务。可以通过与律师的接触和交流,观察律师的敬业态度和专业素养。

(7)成功案例。通过朋友介绍或者网络检索,或者由该律师自我推荐办结的刑事案件,以及其在类似案件中的表现。这可以作为评估律师能力和经验的一个重要参考。

综合以上几个方面,当事人和家属便可以选择一位专业、有经验、值得信赖的刑事案件律师,为维护自己的合法权益提供相应的法律服务。

建议与提示 实践中，有的当事人与家属只问律师与公、检、法的关系，而不看律师的品行与实际办案能力；有的当事人喜欢爱夸海口、为其案件打包票的律师；还有的当事人一味地寻找价格低廉的律师，这些都是不可取的。

法律依据

《刑事诉讼法》

第三十三条 犯罪嫌疑人、被告人除自己行使辩护权以外，还可以委托一至二人作为辩护人。下列的人可以被委托为辩护人：

（一）律师；

（二）人民团体或者犯罪嫌疑人、被告人所在单位推荐的人；

（三）犯罪嫌疑人、被告人的监护人、亲友。

正在被执行刑罚或者依法被剥夺、限制人身自由的人，不得担任辩护人。

被开除公职和被吊销律师、公证员执业证书的人，不得担任辩护人，但系犯罪嫌疑人、被告人的监护人、近亲属的除外。

12 刑事案件律师怎么收费？

答 刑事案件律师收费的方式一般包括：计时收费、计件收费（含按阶段收费）。

解析 刑事案件律师的收费因地区、案件类型和律师经验等因素而异。收费的参考因素包括：案件的复杂程度、工作量的大小、律师可能承担的风险和责任、律师的社会信誉和工作水平等。

计时收费，根据律师个人执业年限、执业的资历、专业程度，以及办理同类刑事案件的情况，计时的标准不完全相同，同时计时收费还可能与律师的社会声望、在律所的职务等有关。

计件收费（含按阶段收费），当事人或家属可以将整个案件交给律师办理，双方确定相应的收费数额；也可以按公安侦查阶段、检察院审查起诉阶段、法院审理阶段，分阶段确定收费数额。

建议与提示 当事人与家属选择律师，涉及收费问题时，可以根据所认可的律师能力以及个人的支付能力，确定最终的支付费用并参照国家有关部门的相关规定，如目前最新的文件规定是司法部、国家发展和改革委员会、国家市场监督管理总局发布的《关于进一步规范律师服务收费的意见》的通知（司发通〔2021〕87号）。

法律依据

《律师法》

第五十九条 律师收费办法，由国务院价格主管部门会同国务院司法行政部门制定。

司法部、国家发展和改革委员会、国家市场监督管理总局《印发〈关于进一步规范律师服务收费的意见〉的通知》

律师服务收费项目、收费方式、收费标准等原则上由律师事务所制定。在制定律师服务费标准时，律师事务所应当统筹考虑律师提供服务耗费的工作时间、法律事务的难易程度、委托人的承受能力、律师可能承担的风险和责任、律师的社会信誉和工作水平等因素。

13 家属委托律师需要提供哪些材料？

答 家属委托律师需要办理授权手续，签署委托代理合同，因此需要提供相关的证明材料。

解析 家属委托律师具体需要提供以下材料：

（1）近亲属关系证明。如结婚证、户口簿或亲属关系证明等，以证明委托人与犯罪嫌疑人或被告人的亲属关系。

（2）委托人的身份证复印件。委托人的身份证原件由律师当面核实。

（3）犯罪嫌疑人或被告人的身份信息材料。如身份证复印件或户口簿。

(4)授权委托书。委托人须出具授权委托书,明确委托期限、授权事项。

(5)与律师事务所签订的委托合同。合同明确约定双方的权利和义务。

建议与提示 经常办理刑事案件的律师都知道家属需要提供哪些材料,才可以顺利地办理案件的相关事务,家属应积极给予配合。各地办理会见手续的要求不尽相同,因此,具体需要哪些材料律师会告知。

法律依据

《律师法》

第二十五条第一款 律师承办业务,由律师事务所统一接受委托,与委托人签订书面委托合同,按照国家规定统一收取费用并如实入账。

14 律师会见时,办案机关人员可否在场监督旁听?

答 不可以。

解析 律师依法享有会见权,并享有会见犯罪嫌疑人或者被告人时不被监听的权利,因此律师会见时,办案机关人员是不可以在场监督旁听的。

建议与提示 虽然法律规定律师会见不受监听,但因为刑事案件的保密性及律师执业要求的严谨性,律师执业活动应严格遵循刑事诉讼法、律师职业管理相关规范,如不得诱导当事人翻供,不得利用会见的机会与当事人通风报信,不得在会见时传递纸条,有的羁押场所还有禁止律师吸烟等规定。

司法实务中,无论律师还是当事人家属,在严格遵守法律规定的同时,还应了解具体会见场所的相关内部规定,尽可能予以遵守与配合。若相关内部规定确实违反相关法律规定,损害律师执业权益,律师可事后向有关部门与单位反映或投诉,并可依法控告、申诉。

法律依据

《刑事诉讼法》

第三十九条第四款 辩护律师会见在押的犯罪嫌疑人、被告人，可以了解案件有关情况，提供法律咨询等；自案件移送审查起诉之日起，可以向犯罪嫌疑人、被告人核实有关证据。辩护律师会见犯罪嫌疑人、被告人时不被监听。

《律师法》

第三条 律师执业必须遵守宪法和法律，恪守律师职业道德和执业纪律。

律师执业必须以事实为根据，以法律为准绳。

律师执业应当接受国家、社会和当事人的监督。

律师依法执业受法律保护，任何组织和个人不得侵害律师的合法权益。

第三十三条 律师担任辩护人的，有权持律师执业证书、律师事务所证明和委托书或者法律援助公函，依照刑事诉讼法的规定会见在押或者被监视居住的犯罪嫌疑人、被告人。辩护律师会见犯罪嫌疑人、被告人时不被监听。

15 律师能不能带家属一起去会见？

答 律师不能带家属一起会见犯罪嫌疑人或被告人，但经批准担任案件辩护人的家属可以辩护人的身份会见犯罪嫌疑人或被告人（公安侦查阶段不允许）。

解析 根据目前我国的法律规定，家属是不能跟律师一起去会见犯罪嫌疑人或被告人的。例外的情况是：当案件进入审查起诉阶段、审判阶段的时候，当事人可以委托自己的家属作为辩护人，只有在这种情况下，家属才有可能见到犯罪嫌疑人或被告人。

建议与提示 家人如果被拘留，建议家属尽快委托律师担任辩护人，让律师及时会见，以便于在第一时间给犯罪嫌疑人或被告人提供法律支持，进行法律辅导。委托律师担任辩护人是最快捷、最稳妥的方式。

法律依据

《刑事诉讼法》

第三十三条 犯罪嫌疑人、被告人除自己行使辩护权以外，还可以委托一至二人作为辩护人。下列的人可以被委托为辩护人：

（一）律师；

（二）人民团体或者犯罪嫌疑人、被告人所在单位推荐的人；

（三）犯罪嫌疑人、被告人的监护人、亲友。

正在被执行刑罚或者依法被剥夺、限制人身自由的人，不得担任辩护人。

被开除公职和被吊销律师、公证员执业证书的人，不得担任辩护人，但系犯罪嫌疑人、被告人的监护人、近亲属的除外。

第三十四条 犯罪嫌疑人自被侦查机关第一次讯问或者采取强制措施之日起，有权委托辩护人；在侦查期间，只能委托律师作为辩护人。被告人有权随时委托辩护人。

侦查机关在第一次讯问犯罪嫌疑人或者对犯罪嫌疑人采取强制措施的时候，应当告知犯罪嫌疑人有权委托辩护人。人民检察院自收到移送审查起诉的案件材料之日起三日以内，应当告知犯罪嫌疑人有权委托辩护人。人民法院自受理案件之日起三日以内，应当告知被告人有权委托辩护人。犯罪嫌疑人、被告人在押期间要求委托辩护人的，人民法院、人民检察院和公安机关应当及时转达其要求。

犯罪嫌疑人、被告人在押的，也可以由其监护人、近亲属代为委托辩护人。

辩护人接受犯罪嫌疑人、被告人委托后，应当及时告知办理案件的机关。

16 犯罪嫌疑人可否委托家属担任其辩护人?

答 在侦查阶段犯罪嫌疑人不可以委托家属担任其辩护人,但在审查起诉阶段、审判阶段其可以委托符合条件的家属担任其辩护人。

解析 法律规定,在侦查阶段犯罪嫌疑人只能委托律师担任辩护人。但是在审查起诉阶段、审判阶段犯罪嫌疑人可以委托自己的亲属作为辩护人。

要注意的是,正在被执行刑罚或者依法被剥夺、限制人身自由的亲属不得担任辩护人。被开除公职和被吊销律师、公证员执业证书的近亲属以外的亲属,也是不能担任辩护人的。

建议与提示 法律针对家属愿意或要求担任辩护人的情况作出了相应的特别规定。但因为刑事案件的复杂性及法律规范的日益繁杂,笔者建议家属在自己担任辩护人的同时,仍然聘请一名专业的律师同时担任辩护人,以为自己的亲人提供更专业的法律服务。

法律依据

《刑事诉讼法》

第三十三条 犯罪嫌疑人、被告人除自己行使辩护权以外,还可以委托一至二人作为辩护人。下列的人可以被委托为辩护人:

……

(三)犯罪嫌疑人、被告人的监护人、亲友。

正在被执行刑罚或者依法被剥夺、限制人身自由的人,不得担任辩护人。

被开除公职和被吊销律师、公证员执业证书的人,不得担任辩护人,但系犯罪嫌疑人、被告人的监护人、近亲属的除外。

第三十四条 犯罪嫌疑人自被侦查机关第一次讯问或者采取强制措施之日起,有权委托辩护人;在侦查期间,只能委托律师作为辩护人。被告人有权随时委托辩护人。

侦查机关在第一次讯问犯罪嫌疑人或者对犯罪嫌疑人采取强制措施的

时候,应当告知犯罪嫌疑人有权委托辩护人。人民检察院自收到移送审查起诉的案件材料之日起三日以内,应当告知犯罪嫌疑人有权委托辩护人。人民法院自受理案件之日起三日以内,应当告知被告人有权委托辩护人。犯罪嫌疑人、被告人在押期间要求委托辩护人的,人民法院、人民检察院和公安机关应当及时转达其要求。

犯罪嫌疑人、被告人在押的,也可以由其监护人、近亲属代为委托辩护人。

辩护人接受犯罪嫌疑人、被告人委托后,应当及时告知办理案件的机关。

17 刑事拘留和逮捕有什么不同?

答 刑事拘留和逮捕都发生于刑事案件的诉讼程序中,两者的相同点都是被采取强制羁押措施,两者的不同点是决定机关不同、关押期限不同、适用条件不同。

解析 刑事拘留和逮捕的不同主要有以下三点:

(1)两者的决定机关不同。刑事拘留的决定机关一般是公安机关和检察院;逮捕的决定机关是检察院和法院。

(2)两者的关押期限不同。刑事拘留最长只能关押 37 天;而逮捕之后的关押时间是整个法定的办案期间。

(3)两者的适用条件不同。刑事拘留的条件为对象是现行犯或者重大嫌疑分子、有法定的某种紧急情形;逮捕的条件为有证据证明有犯罪事实,可能判处徒刑以上的刑罚,采取取保候审、监视居住等方法尚不足以防止具有社会危险性的事件发生。

建议与提示 无论是被采取刑事拘留措施,还是被采取逮捕措施,均建议第一时间咨询与聘请专业的律师提供法律帮助及代为辩护。两者都可能涉嫌犯罪,通过律师的会见与跟进,可以对是否可能不构成犯罪,是否可能被判处刑罚,是否可能申请取保候审,作出大致判决,甚至尽快争取无罪撤销案件等。通过律师会见,给予犯罪嫌疑人法律帮助,进行法律辅导,亦可以帮助犯罪嫌疑人自己作出一定的预判，比较准确、清晰地陈述涉案事实，从而有利于办案机关真正地查清案件事实。

对于被决定逮捕的犯罪嫌疑人，说明其有犯罪事实、社会危险性大、可能被判处徒刑以上的刑罚。聘请律师提供专业的法律帮助与服务，可以尽可能地为犯罪嫌疑人争取从轻、减轻处罚。例如，有无法定的自首、视为自首的情节，有无法定的、酌定的从轻、减轻处罚情节，有无与受害人一方进行和解的可能与必要，公诉机关的定罪是否得当，量刑建议是否合理等，辩护律师都可以及时与办案机关进行协商沟通，为犯罪嫌疑人争取公正的裁判。

法律依据

《刑事诉讼法》

第八十一条 对有证据证明有犯罪事实，可能判处徒刑以上刑罚的犯罪嫌疑人、被告人，采取取保候审尚不足以防止发生下列社会危险性的，应当予以逮捕：

（一）可能实施新的犯罪的；

（二）有危害国家安全、公共安全或者社会秩序的现实危险的；

（三）可能毁灭、伪造证据，干扰证人作证或者串供的；

（四）可能对被害人、举报人、控告人实施打击报复的；

（五）企图自杀或者逃跑的。

批准或者决定逮捕，应当将犯罪嫌疑人、被告人涉嫌犯罪的性质、情节，认罪认罚等情况，作为是否可能发生社会危险性的考虑因素。

对有证据证明有犯罪事实，可能判处十年有期徒刑以上刑罚的，或者有证据证明有犯罪事实，可能判处徒刑以上刑罚，曾经故意犯罪或者身份不明的，应当予以逮捕。

被取保候审、监视居住的犯罪嫌疑人、被告人违反取保候审、监视居住规定，情节严重的，可以予以逮捕。

第八十二条 公安机关对于现行犯或者重大嫌疑分子，如果有下列情形之一的，可以先行拘留：

（一）正在预备犯罪、实行犯罪或者在犯罪后即时被发觉的；

（二）被害人或者在场亲眼看见的人指认他犯罪的；

（三）在身边或者住处发现有犯罪证据的；

（四）犯罪后企图自杀、逃跑或者在逃的；

（五）有毁灭、伪造证据或者串供可能的；

（六）不讲真实姓名、住址，身份不明的；

（七）有流窜作案、多次作案、结伙作案重大嫌疑的。

《公安机关办理刑事案件程序规定》

第一百二十四条 公安机关对于现行犯或者重大嫌疑分子，有下列情形之一的，可以先行拘留：

（一）正在预备犯罪、实行犯罪或者在犯罪后即时被发觉的；

（二）被害人或者在场亲眼看见的人指认他犯罪的；

（三）在身边或者住处发现有犯罪证据的；

（四）犯罪后企图自杀、逃跑或者在逃的；

（五）有毁灭、伪造证据或者串供可能的；

（六）不讲真实姓名、住址，身份不明的；

（七）有流窜作案、多次作案、结伙作案重大嫌疑的。

第一百三十一条 对被拘留的犯罪嫌疑人审查后，根据案件情况报经县级以上公安机关负责人批准，分别作出如下处理：

（一）需要逮捕的，在拘留期限内，依法办理提请批准逮捕手续；

（二）应当追究刑事责任，但不需要逮捕的，依法直接向人民检察院移送审查起诉，或者依法办理取保候审或者监视居住手续后，向人民检察院移送审查起诉；

……

第一百三十二条第一款 人民检察院决定拘留犯罪嫌疑人的，由县级以上公安机关凭人民检察院送达的决定拘留的法律文书制作拘留证并立即执行。必要时，可以请人民检察院协助。拘留后，应当及时通知人民检察院。

第一百三十三条 对有证据证明有犯罪事实，可能判处徒刑以上刑罚的犯罪嫌疑人，采取取保候审尚不足以防止发生下列社会危险性的，应当提请批准逮捕：

（一）可能实施新的犯罪的；

（二）有危害国家安全、公共安全或者社会秩序的现实危险的；

（三）可能毁灭、伪造证据，干扰证人作证或者串供的；

（四）可能对被害人、举报人、控告人实施打击报复的；

（五）企图自杀或者逃跑的。

对于有证据证明有犯罪事实，可能判处十年有期徒刑以上刑罚的，或者有证据证明有犯罪事实，可能判处徒刑以上刑罚，曾经故意犯罪或者身份不明的，应当提请批准逮捕。

公安机关在根据第一款的规定提请人民检察院审查批准逮捕时，应当对犯罪嫌疑人具有社会危险性说明理由。

第一百三十五条 被取保候审人违反取保候审规定，具有下列情形之一的，可以提请批准逮捕：

（一）涉嫌故意实施新的犯罪行为的；

（二）有危害国家安全、公共安全或者社会秩序的现实危险的；

（三）实施毁灭、伪造证据或者干扰证人作证、串供行为，足以影响侦查工作正常进行的；

（四）对被害人、举报人、控告人实施打击报复的；

（五）企图自杀、逃跑，逃避侦查的；

（六）未经批准，擅自离开所居住的市、县，情节严重的，或者两次以上未经批准，擅自离开所居住的市、县的；

（七）经传讯无正当理由不到案，情节严重的，或者经两次以上传讯不到案的；

（八）违反规定进入特定场所、从事特定活动或者与特定人员会见、通信两次以上的。

第一百三十六条 被监视居住人违反监视居住规定，具有下列情形之一的，可以提请批准逮捕：

（一）涉嫌故意实施新的犯罪行为的；

（二）实施毁灭、伪造证据或者干扰证人作证、串供行为，足以影响侦查工作正常进行的；

（三）对被害人、举报人、控告人实施打击报复的；

（四）企图自杀、逃跑，逃避侦查的；

（五）未经批准，擅自离开执行监视居住的处所，情节严重的，或者两次

以上未经批准,擅自离开执行监视居住的处所的;

(六)未经批准,擅自会见他人或者通信,情节严重的,或者两次以上未经批准,擅自会见他人或者通信的;

(七)经传讯无正当理由不到案,情节严重的,或者经两次以上传讯不到案的。

第一百四十六条第一款 人民法院、人民检察院决定逮捕犯罪嫌疑人、被告人的,由县级以上公安机关凭人民法院、人民检察院决定逮捕的法律文书制作逮捕证并立即执行。必要时,可以请人民法院、人民检察院协助执行。执行逮捕后,应当及时通知决定机关。

18 取保候审、监视居住过程中,突然接到办案机关的电话让过去怎么办?

答 积极面对,根据办案机关的要求配合办案机关的工作。

解析 取保候审和监视居住属于刑事诉讼期间对犯罪嫌疑人的临时性强制措施,前者的期限不超过 12 个月,后者的期限不超过 6 个月。在取保候审和监视居住期间不得中断对案件的侦查、起诉和审理。对于确有犯罪事实的犯罪嫌疑人仍然要依法追究其刑事责任。

因此,在取保候审或监视居住过程中接到办案机关的电话让过去很正常,应该按要求在规定的时间到办案机关接受传讯。

传讯有以下几种可能:没有犯罪事实或取保候审、监视居住期限到期,案件撤销办理解除手续;发现新的案件线索需要核实;案件进入下一个阶段,需要办理交接手续;犯罪嫌疑人违反取保候审或监视居住期间的规定,需要变更强制措施。

建议与提示 取保候审和监视居住都是犯罪嫌疑人暂时获得的相对自由的阶段,因此这个阶段的犯罪嫌疑人还不是法律意义上自由的人,如果其不能很好地按照办案机关的要求配合工作,很有可能被取消取保候审或监视居住重新收押进看守所,得不偿失,因此一定要慎重处理。

法律依据

《刑事诉讼法》

第六十六条 人民法院、人民检察院和公安机关根据案件情况，对犯罪嫌疑人、被告人可以拘传、取保候审或者监视居住。

第七十一条 被取保候审的犯罪嫌疑人、被告人应当遵守以下规定：

……

（三）在传讯的时候及时到案；

……

第七十七条 被监视居住的犯罪嫌疑人、被告人应当遵守以下规定：

……

（三）在传讯的时候及时到案；

……

第七十九条 人民法院、人民检察院和公安机关对犯罪嫌疑人、被告人取保候审最长不得超过十二个月，监视居住最长不得超过六个月。

在取保候审、监视居住期间，不得中断对案件的侦查、起诉和审理。对于发现不应当追究刑事责任或者取保候审、监视居住期限届满的，应当及时解除取保候审、监视居住。解除取保候审、监视居住，应当及时通知被取保候审、监视居住人和有关单位。

19 什么是法律援助律师，法律援助律师对案件有帮助吗？

答 法律援助律师是一个特殊的律师职位，其最大的特点是无偿性。无论是广义的法律援助律师还是狭义的法律援助律师，只要从事了法律援助服务，就不能收取当事人的律师费用。那么，法律援助律师对案件有帮助吗？答案是肯定的。

解析 广义的法律援助律师包括社会律师，他们在接受法律援助机构的指派后，为特定案件提供法律援助服务。同时，广义的法律援助律师也涵盖了那些专门从事法律援助服务的法律援助专职律师。而狭义的法律援助律师,也称公职律师或援助专职律师,他们受聘于法律援助机构或政府其他部门,并通过了法律职业资格考试,取得了相应的资格证书,专门从事法律援助事业。这类人员的编制属于国家行政或事业单位,享受相应的待遇。

法律援助律师在处理一般性和可操作性不强的案件时,能够发挥重要作用。然而,他们大多是年轻律师,可能在经验上与一些资深律师有所差距,但并不代表他们的专业能力不足。当然,对于十分重要的法律问题,当事人仍然可以选择自己聘请律师。

法律援助律师的存在主要是解决公民在法律知识方面的欠缺,体现人权保护政策,特别是保障那些没有足够经济能力聘请执业律师的公民的辩护权。法律援助律师不仅提供法律咨询,还代表当事人进行诉讼,确保当事人的合法权益得到保障。同时,法律援助也是政府的职能之一,体现了政府对公民权益的关注和保护。

建议与提示 需要注意的是,法律援助一般只对符合法律援助条件的对象进行,不是所有公民都可以申请的。根据《法律援助法》的规定,法律援助的条件包括援助对象经济困难,且属于法律援助案件范围两个方面。并需要向法律援助机构提出申请。

法律依据

《法律援助法》

第二十五条 刑事案件的犯罪嫌疑人、被告人属于下列人员之一,没有委托辩护人的,人民法院、人民检察院、公安机关应当通知法律援助机构指派律师担任辩护人:

(一)未成年人;

(二)视力、听力、言语残疾人;

(三)不能完全辨认自己行为的成年人;

(四)可能被判处无期徒刑、死刑的人;

(五)申请法律援助的死刑复核案件被告人;

(六)缺席审判案件的被告人;

(七)法律法规规定的其他人员。

其他适用普通程序审理的刑事案件,被告人没有委托辩护人的,人民法院可以通知法律援助机构指派律师担任辩护人。

第二十六条 对可能被判处无期徒刑、死刑的人，以及死刑复核案件的被告人，法律援助机构收到人民法院、人民检察院、公安机关通知后，应当指派具有三年以上相关执业经历的律师担任辩护人。

第二十七条 人民法院、人民检察院、公安机关通知法律援助机构指派律师担任辩护人时，不得限制或者损害犯罪嫌疑人、被告人委托辩护人的权利。

20 家属如何探望服刑人员？可以给服刑人员送哪些物品？

答 家属探望服刑人员，既是国家法律政策对公民权利的保护，也是对服刑人员进行人文关怀，以及给予有效帮助教育的手段与途径。我国法律规定，服刑人员的家属在符合一定条件的情况下，经过批准后可以探望正在服刑的亲属。并可根据服刑人员的需要以及监管场所的规定，给服刑人员提供衣物、学习用品等。

解析 在司法实践中，家属探望服刑人员需遵守相应的规定，并履行一些必要程序。例如，家属在探望前需要向服刑人员所在监狱或看守所提出申请，并根据规定的时间和地点进行探望。家属给服刑人员送的物品通常受到严格的限制，具体要求需视各监狱或看守所的规定。家属在进入监狱或看守所时，需要经过安全检查，以确保不携带违禁品进入。在探望过程中，家属和服刑人员都应遵守保密原则，不得泄露监狱或看守所的内部管理信息，以及其他服刑人员的个人隐私。

建议与提示 家属在探望前，应详细了解所在监狱或看守所的探望规定和物品携带要求，以免出现问题。家属应根据服刑人员的需要，提前为其准备符合规定的物品，如衣物、学习用品等。不要携带违禁品，以免给服刑人员带来麻烦。

此外，家属在探望过程中，应保持积极乐观的心态，鼓励服刑人员积极改造，重拾信心。同时，也要关注服刑人员的心理状态，必要时可为其寻求专业的心理帮助。

法律依据

《监狱法》

第四十七条 罪犯在服刑期间可以与他人通信，但是来往信件应当经过监狱检查。监狱发现有碍罪犯改造内容的信件，可以扣留。罪犯写给监狱的上级机关和司法机关的信件，不受检查。

第四十八条 罪犯在监狱服刑期间，按照规定，可以会见亲属、监护人。

第四十九条 罪犯收受物品和钱款，应当经监狱批准、检查。

《中华人民共和国看守所条例》

第二十八条 人犯在羁押期间，经办案机关同意，并经公安机关批准，可以与近亲属通信、会见。

21 服刑人员服刑期间，服刑人员及其家属可以委托律师处理哪些事务？

答 服刑人员及其家属可以委托律师处理的事务主要包括：法律咨询、申诉与控告、财产处理、民事纠纷调解与诉讼代理、刑事申诉与再审申请，以及协助家属与服刑人员的日常沟通等。

解析 从法律层面分析，服刑人员虽然人身自由受限，但其合法权益仍受法律保护。律师作为法律专业人士，可以为服刑人员及其家属提供法律指导，维护他们的合法权益。同时，律师在处理相关法律事务时，必须遵守保密原则，不得泄露服刑人员的个人信息和案件详情。

建议与提示 服刑人员及其家属可以要求受委托律师在法律允许的范围内提供相应的帮助，以最大限度地帮助服刑人员的教育与改造。

法律依据

《律师法》

第二十八条 律师可以从事下列业务：

(一)接受自然人、法人或者其他组织的委托，担任法律顾问；

(二)接受民事案件、行政案件当事人的委托，担任代理人，参加诉讼；

(三)接受刑事案件犯罪嫌疑人、被告人的委托或者依法接受法律援助机构的指派，担任辩护人，接受自诉案件自诉人、公诉案件被害人或者其近亲属的委托，担任代理人，参加诉讼；

(四)接受委托，代理各类诉讼案件的申诉；

(五)接受委托，参加调解、仲裁活动；

(六)接受委托，提供非诉讼法律服务；

(七)解答有关法律的询问、代写诉讼文书和有关法律事务的其他文书。

第三十一条 律师担任辩护人的，应当根据事实和法律，提出犯罪嫌疑人、被告人无罪、罪轻或者减轻、免除其刑事责任的材料和意见，维护犯罪嫌疑人、被告人的诉讼权利和其他合法权益。

22 犯罪记录会对犯罪人员未来的生活和工作有哪些影响？

答 犯罪记录是指公民个人因违反刑事法律而被判处刑罚，司法机关予以记录在案。这一记录将对公民个人未来的生活和工作产生深远影响，包括但不限于就业限制，社会评价降低，企业经营受限，担任法定代表人身份、高级管理人员职务受限，甚至影响个人出入境及子女参军等。因此，公民个人应严格遵守法律，避免犯罪行为的发生。

解析 犯罪记录对犯罪人员未来的生活和工作的影响主要体现在以下几个方面：

(1)就业限制。许多职业和行业对从业者有严格的背景审查要求，有犯罪记录的人往往无法从事这些职业，如公务员、法官、检察官、警察等。即使从事其他行业，也可能因犯罪记录而在求职过程中遭受歧视。

(2)社会评价降低。犯罪记录可能导致相关个人在社会上的声誉受损，被他人视为不诚信或危险分子。这种负面评价可能影响到个人的社交圈、人际关系，甚至影响个人贷款、征信等。

(3)企业经营受限。包括终身禁止再次进入某行业工作；不得再担任企业法定代表人，不得再进入国有独资企业或国有控股公司担任企业董事、监事、高级管理人员。

(4)出入境方面的影响。被判刑的人如果有《出境入境管理法》第 12 条规定情形之一的，则不允许出境。

(5)子女参军方面的影响。根据我国《征兵政治审查工作规定》，若家庭成员存在被刑事处罚的情况，子女在政审环节可能视为不合格。

建议与提示 面对曾经的犯罪记录，服刑归来的人员要认识到自己过去的行为给社会造成的不良影响，加强自我学习与修养，以积极的心态重新接受社会的人和事，在学习、生活与工作各方面注意自己的言行举止，以实际行动回归社会，好好地服务社会。

服刑人员释放之后，其家属可以从多方面给予其包容、支持和帮助，帮助他们缓解心理压力，使其积极面对未来。家属应在具体的工作与生活上给予他们热心的支持与帮助，包括重新就业、安排好生活，回归家庭等。鼓励他们积极参与各类社会活动，帮助其稳定个人情绪、建立个人自信，从而使其感受到社会与家庭的温暖，重拾生活信心。虽然曾经的犯罪记录会给服刑归来人员的生活带来种种影响和限制，但总的来说，社会对改过自新的人是包容和接纳的，只要遵纪守法，积极努力工作，一样可以拥有幸福稳定的生活。

法律依据

《监狱法》

第三十六条 罪犯释放后，公安机关凭释放证明书办理户籍登记。

第三十七条 对刑满释放人员，当地人民政府帮助其安置生活。

刑满释放人员丧失劳动能力又无法定赡养人、扶养人和基本生活来源的，由当地人民政府予以救济。

第三十八条 刑满释放人员依法享有与其他公民平等的权利。

23 犯罪嫌疑人被羁押后,可以与家属打电话、通信吗?

答 犯罪嫌疑人因涉嫌刑事犯罪被羁押后,不可以和家属打电话,但可以和家属通信,通信内容不能涉及案情。

解析 由于电话内容无法控制,通话人员的身份也无法确认,犯罪嫌疑人被羁押后,为避免影响案件的侦查或审理,不允许其与家属打电话。

建议与提示 家属在与犯罪嫌疑人的通信中,应当避免提及与案件有关的内容。因为看守所会对信件内容进行实质审查,如果只是家庭成员日常生活情况的交流,看守所会转交信件;但如果信件内容涉及具体的案情,可能影响案件的侦查或审理,以及有可能对在押人员产生不良情绪影响,一般都不会转交。

法律依据

《中华人民共和国看守所条例》

第二十八条 人犯在羁押期间,经办案机关同意,并经公安机关批准,可以与近亲属通信、会见。

24 怎么申请法律援助律师?

答 刑事案件的犯罪嫌疑人、被告人因经济困难或者其他原因没有委托辩护人的,其本人及其近亲属可以向法律援助机构申请法律援助,也可以直接拨打12348法律援助热线提出申请。犯罪嫌疑人、被告人也可以向值班律师提出代理、刑事辩护等法律援助申请。如果是被羁押的犯罪嫌疑人、被告人,可以由其法定代理人或者近亲属代为提出法律援助申请。

解析 法律援助申请应当采用书面形式,填写申请表;以书面形式提出申请确有困难的,可以口头申请,由法律援助机构的工作人员或者代为转交申请的有关机构的工作人员作书面记录。

申请应符合以下条件:(1)申请人系公民或者符合法定条件的其他当事

人;(2)申请事项属于法律援助范围;(3)符合经济困难标准或者其他法定条件。

建议与提示 具体的申请流程可能因地区而异,所以最好在所在地的法律援助中心查询具体的申请要求和流程。

法律依据

《刑事诉讼法》

第三十五条第一款 犯罪嫌疑人、被告人因经济困难或者其他原因没有委托辩护人的,本人及其近亲属可以向法律援助机构提出申请。对符合法律援助条件的,法律援助机构应当指派律师为其提供辩护。

《法律援助法》

第二十四条 刑事案件的犯罪嫌疑人、被告人因经济困难或者其他原因没有委托辩护人的,本人及其近亲属可以向法律援助机构申请法律援助。

第三十九条 被羁押的犯罪嫌疑人、被告人、服刑人员,以及强制隔离戒毒人员等提出法律援助申请的,办案机关、监管场所应当在二十四小时内将申请转交法律援助机构。

犯罪嫌疑人、被告人通过值班律师提出代理、刑事辩护等法律援助申请的,值班律师应当在二十四小时内将申请转交法律援助机构。

《办理法律援助案件程序规定》

第十一条 因经济困难申请代理、刑事辩护法律援助的,申请人应当如实提交下列材料:

(一)法律援助申请表;

(二)居民身份证或者其他有效身份证明,代为申请的还应当提交有代理权的证明;

(三)经济困难状况说明表,如有能够说明经济状况的证件或者证明材料,可以一并提供;

(四)与所申请法律援助事项有关的其他材料。

填写法律援助申请表、经济困难状况说明表确有困难的,由法律援助机构工作人员或者转交申请的机关、单位工作人员代为填写,申请人确认无误后签名或者按指印。

符合《中华人民共和国法律援助法》第三十二条规定情形的当事人申请代理、刑事辩护法律援助的，应当提交第一款第一项、第二项、第四项规定的材料。

第十四条 法律援助机构应当对法律援助申请进行审查，确定是否具备下列条件：

（一）申请人系公民或者符合法定条件的其他当事人；

（二）申请事项属于法律援助范围；

（三）符合经济困难标准或者其他法定条件。

25 犯罪嫌疑人或服刑人员的配偶可以申请离婚吗？

答 可以去法院提起离婚诉讼。

解析 离婚有两种方式，一是去民政部门协议离婚，二是去法院诉讼离婚。

由于人被羁押后大都关在看守所或服刑机构，人身自由受到限制，无法到民政部门办理离婚手续，其配偶可以去法院提起离婚诉讼，法院立案后会在看守所或服刑机构内开庭审理，对是否准予离婚作出判决。

建议与提示 因为犯罪嫌疑人被羁押或在服刑机构服刑，离婚程序相对要麻烦些，建议聘请律师帮助。

法律依据

《民事诉讼法》

第二十三条 下列民事诉讼，由原告住所地人民法院管辖；原告住所地与经常居住地不一致的，由原告经常居住地人民法院管辖：

（一）对不在中华人民共和国领域内居住的人提起的有关身份关系的诉讼；

（二）对下落不明或者宣告失踪的人提起的有关身份关系的诉讼；

（三）对被采取强制性教育措施的人提起的诉讼；

（四）对被监禁的人提起的诉讼。

《民法典》

第一千零七十九条 夫妻一方要求离婚的，可以由有关组织进行调解或者直接向人民法院提起离婚诉讼。

人民法院审理离婚案件，应当进行调解；如果感情确已破裂，调解无效的，应当准予离婚。

有下列情形之一，调解无效的，应当准予离婚：

（一）重婚或者与他人同居；

（二）实施家庭暴力或者虐待、遗弃家庭成员；

（三）有赌博、吸毒等恶习屡教不改；

（四）因感情不和分居满二年；

（五）其他导致夫妻感情破裂的情形。

一方被宣告失踪，另一方提起离婚诉讼的，应当准予离婚。

经人民法院判决不准离婚后，双方又分居满一年，一方再次提起离婚诉讼的，应当准予离婚。

26 如果原来指派了法律援助律师，后面家属又自己聘请了律师，怎么办？

答 对于此种情况，应当及时通知办案机关及原来的法律援助律师，让聘请律师及时向办案机关提交委托材料，以确保聘请律师能顺利开展辩护工作。

解析 如果家属自行聘请了律师，应当及时通知办案机关，这样才能让聘请律师尽早介入案件，开展辩护工作。同时，应当及时通知原来的法律援助律师，终止法律援助，让法律援助律师与聘请律师尽早做好案件交接事宜，以便聘请律师能够及时了解案情并开展工作，也能避免不必要的误解和冲突，影响聘请律师开展辩护工作。

建议与提示 当司法实践中还出现了因家属已经聘请了律师参与辩护，而司法机关又指定法律援助的律师参与辩护的冲突情况。对于发生此种情况时该如何处理的问题，家属可向律师咨询，亦可及时将家里已经聘请律师的情况及时告知法律援助机构，避免因为律师之间的冲突而影响辩护工作效果。

法律依据

《法律援助法》

第四十八条　有下列情形之一的，法律援助机构应当作出终止法律援助的决定：

……

（六）受援人自行委托律师或者其他代理人；

（七）受援人有正当理由要求终止法律援助；

（八）法律法规规定的其他情形。

法律援助人员发现有前款规定情形的，应当及时向法律援助机构报告。

27　刑事案件可以"私了"吗？

答　"私了"也就是私下和解，刑事案件是否可以"私了"，要看是什么性质的刑事案件。自诉案件可以私下和解，公诉案件不能私下和解。公诉案件中，只有法律明确规定的部分案件，被告人可以与被害人和解，从而获得检察院的不起诉决定或法院从宽处罚的结果。

解析　自诉案件包括以下三类：

（1）告诉才处理的案件包括侮辱、诽谤案（但严重危害社会秩序和国家利益的除外），暴力干涉婚姻自由案，虐待案，侵占案；

（2）被害人有证据证明的轻微刑事案件包括故意伤害案，非法侵入住宅案，侵犯通信自由案，重婚案，遗弃案，生产、销售伪劣商品案（但严重危害社会秩序和国家利益的除外），侵犯知识产权案（但严重危害社会秩序和国家利益的除外）等属于《刑法》分则第四章、第五章规定的，对被告人可能判处3年有期徒刑以下刑罚的案件；

（3）被害人有证据证明对被告人侵犯自己人身、财产权利的行为应当依法追究刑事责任，而公安机关或者检察院不予追究被告人刑事责任的案件。

自诉案件的被害人没有向法院提起诉讼的，当然可以自行私下和解。如果已经提起诉讼，在法院宣告判决前，被害人仍可以同被告人自行和解或者撤回自诉。对于前两项自诉案件，法院也可以进行调解。

公诉案件是不能私下和解的。法律规定的下列公诉案件被告人可以与被害人和解：(1)因民间纠纷引起，涉嫌《刑法》分则第四章、第五章规定的犯罪，可能判处3年有期徒刑以下刑罚的案件；(2)除渎职犯罪以外的，可能判处7年有期徒刑以下刑罚的过失犯罪案件。

但上述案件双方和解并不代表这些案件因此结束。双方当事人达成和解协议后，可以获得以下几种处理结果：(1)公安机关向检察院提出从宽处理的建议，检察院向法院提出从宽处罚的建议；(2)检察院对于犯罪情节轻微，不需要判处刑罚的案件，作出不起诉的决定；(3)法院对被告人从宽处罚。

建议与提示 家人若涉嫌刑事案件，如果有被害人，建议积极与被害人协商赔偿并争取获得被害人的谅解，以争取最好的处理结果，或聘请律师提供专业的法律帮助。

法律依据

《刑事诉讼法》

第二百八十八条 下列公诉案件，犯罪嫌疑人、被告人真诚悔罪，通过向被害人赔偿损失、赔礼道歉等方式获得被害人谅解，被害人自愿和解的，双方当事人可以和解：

（一）因民间纠纷引起，涉嫌刑法分则第四章、第五章规定的犯罪案件，可能判处三年有期徒刑以下刑罚的；

（二）除渎职犯罪以外的可能判处七年有期徒刑以下刑罚的过失犯罪案件。

犯罪嫌疑人、被告人在五年以内曾经故意犯罪的，不适用本章规定的程序。

第二百八十九条 双方当事人和解的，公安机关、人民检察院、人民法院应当听取当事人和其他有关人员的意见，对和解的自愿性、合法性进行审查，并主持制作和解协议书。

第二百九十条 对于达成和解协议的案件，公安机关可以向人民检察院提出从宽处理的建议。人民检察院可以向人民法院提出从宽处罚的建议；对于犯罪情节轻微，不需要判处刑罚的，可以作出不起诉的决定。人民法院可以依法对被告人从宽处罚。

28 犯罪嫌疑人、被告人是否就是通常说的罪犯？

答 犯罪嫌疑人和被告人并不等同于通常所说的罪犯。

解析 在法律程序中，这三个术语具有不同的含义，分别说明如下：

（1）犯罪嫌疑人。在刑事诉讼中，因涉嫌犯罪而被侦查机关立案侦查，但其犯罪事实尚未被法院依法判决确认的人。此时，他们只是基于一定的证据被怀疑实施了犯罪行为。

（2）被告人。在刑事诉讼进入审判阶段后，被检察机关向法院提起公诉或自诉人直接向法院提起自诉，指控其实施犯罪行为并要求追究其刑事责任的人。被告人在法律上仍然是未被最终判定有罪的状态。

（3）罪犯。经过法院审理，判决其触犯《刑法》，构成犯罪，并依法判处刑罚的人。只有当判决生效，即经过一审判决且不上诉或二审、终审维持原判后，被告人才会成为法律意义上的罪犯。

建议与提示 需要注意的是，无论是日常交流还是媒体报道中，都应谨慎使用这些术语，避免在法院判决前就将犯罪嫌疑人或被告人称为罪犯，因为这可能侵犯当事人名誉权，影响案件的公正审判。尊重法律程序的每一个阶段，坚持无罪推定原则，是维护司法公正的重要方面。

法律依据

《刑事诉讼法》

第十二条 未经人民法院依法判决，对任何人都不得确定有罪。

29 什么是追诉时效?

答 这是一项刑法制度。通俗地说,是指对于犯罪嫌疑人,如果国家未在有效的时限内对其行使拘留、逮捕、审判的权力,该项权力便告失效的制度,即不得再对该犯罪嫌疑人进行刑事追究。

但是该项制度对犯罪嫌疑人的适用在法律上有严格的限制,且在几种特殊情形下,犯罪嫌疑人会丧失这项权利:(1)在追诉期限以内又犯罪的,前罪追诉的期限从犯后罪之日起计算;(2)在检察院、公安机关、国家安全机关立案侦查或者在法院受理案件以后,逃避侦查或者审判的,不受追诉期限的限制;(3)被害人在追诉期限内提出控告,法院、检察院、公安机关应当立案而不予立案的,不受追诉期限的限制。

解析 法律规定,在有效期内,国家如果不行使刑事追诉权和刑罚执行权,超过期限刑事追诉权和刑罚执行权即归于消灭,对犯罪人就不能再追诉或者执行刑罚。可以说,这是一项刑罚消灭的重要制度。

我国《刑法》规定,犯罪经过下列期限不再追诉:法定最高刑为不满 5 年有期徒刑的,经过 5 年;法定最高刑为 5 年以上不满 10 年有期徒刑的,经过 10 年;法定最高刑为 10 年以上有期徒刑的,经过 15 年;法定最高刑为无期徒刑、死刑的,经过 20 年。如果 20 年以后认为必须追诉的,须报请最高人民检察院核准。

举例来说,《刑法》第 303 条第 1 款规定的赌博罪,"以营利为目的,聚众赌博或者以赌博为业的,处三年以下有期徒刑、拘役或者管制,并处罚金"。这里规定的最高刑期不满 5 年,即某犯罪嫌疑人的赌博行为如果在其犯罪行为终了之后经过了 5 年,便不得再对其追诉。

但是发生了追诉期限的延长、中断,或被害人在追诉时效内进行了控告而司法机关未予立案的,不受此限。

这项制度是世界各国共通的一个法律制度,其设置主要基于以下几个方面的考虑:第一,维护社会关系的稳定。犯罪后经过一定时期,因犯罪破坏的某一社会秩序以及失衡的公众心理已经得到恢复,如再重新追究旧案,重提积怨,反而容易引发不安定因素,不利于社会稳定。第二,敦促司法机关提高工作效率,对犯罪人要及时追诉,及时行使诉权。第三,时间久远之后，证据有湮灭的问题，在司法资源有限的情况下，当前发生的犯罪更值得司法机关重点打击。

总之，设立这样一项制度，既符合适用刑罚的目的，又有利于司法机关开展工作和稳定社会秩序。同时，为了防止少数犯罪分子利用时效制度逃避法律制裁，《刑法》在规定时效时，同时规定了时效中断、延长等相应的限制措施。

建议与提示 对于过了追诉期未被追究的犯罪嫌疑人，不要因为法律有这样的规定而心存侥幸，以为可以因此逃避法律的制裁；而对于在追诉期内被追究刑事责任的，自然是应该依法接受法律的审判。对于严重违反国家法律制度，严重侵犯公民人身与财产权益的犯罪分子，国家要求相关司法机关应当及时进行查处，以维护社会治安，保护公民人身与财产权益。同时对于有被害人的案件，法律也赋予了被害人积极控告与检举揭发的权利。因此打击犯罪、保护公民个人权益、维护社会稳定，也是一项综合社会治理工程。

法律依据

《刑法》

第八十七条 犯罪经过下列期限不再追诉：

（一）法定最高刑为不满五年有期徒刑的，经过五年；

（二）法定最高刑为五年以上不满十年有期徒刑的，经过十年；

（三）法定最高刑为十年以上有期徒刑的，经过十五年；

（四）法定最高刑为无期徒刑、死刑的，经过二十年。如果二十年以后认为必须追诉的，须报请最高人民检察院核准。

第八十八条 在人民检察院、公安机关、国家安全机关立案侦查或者在人民法院受理案件以后，逃避侦查或者审判的，不受追诉期限的限制。

被害人在追诉期限内提出控告，人民法院、人民检察院、公安机关应当立案而不予立案的，不受追诉期限的限制。

第八十九条 追诉期限从犯罪之日起计算；犯罪行为有连续或者继续状态的，从犯罪行为终了之日起计算。

在追诉期限以内又犯罪的，前罪追诉的期限从犯后罪之日起计算。

30 我国各类刑事案件的侦查管辖是怎么分工的?

答 一般刑事案件由公安机关侦查;司法工作人员的渎职犯罪由检察院立案侦查;公职人员的职务犯罪案件由监委负责调查;自诉案件由法院直接受理。

解析 2018年《刑事诉讼法》修改后,刑事案件的管辖发生了较大变化,主要是过去由检察院自行侦查的贪污贿赂等职务犯罪案件,转由国家监委调查。

检察机关自行侦查的范围限于“在对诉讼活动实行法律监督中”发现的侵犯公民权利、损害司法公正的犯罪,这包含两层意思:一方面,表明赋予检察机关部分职务犯罪侦查权是为了更好地行使法律监督、诉讼监督权;另一方面,也表明这一权力具有诉讼监督的性质。

修改后的《刑事诉讼法》规定检察机关侦查的职务犯罪主要有三个特点:一是犯罪主体限于司法工作人员。根据《刑法》第94条的规定,司法工作人员是指有侦查、检察、审判、监管职责的工作人员。二是犯罪行为限于发生在司法活动中,这是对犯罪行为方式的限定,即有关人员利用职权实施的侵犯公民权利、损害司法公正的犯罪。三是发现途径限定在检察机关在对诉讼活动进行监督的过程中。

具体包括14个罪名:非法拘禁罪(《刑法》第238条第1款,非司法工作人员的除外);非法搜查罪(《刑法》第245条,非司法工作人员的除外);刑讯逼供罪(《刑法》第247条);暴力取证罪(《刑法》第247条);虐待被监管人罪(《刑法》第248条);滥用职权罪(《刑法》第397条,非司法工作人员滥用职权侵犯公民权利、损害司法公正的情形除外);玩忽职守罪(《刑法》第397条,非司法工作人员玩忽职守侵犯公民权利、损害司法公正的情形除外);徇私枉法罪(《刑法》第399条第1款);民事、行政枉法裁判罪(《刑法》第399条第2款);执行判决、裁定失职罪(《刑法》第399条第3款);执行判决、裁定滥用职权罪(《刑法》第399条第3款);私放在押人员罪(《刑法》第400条第1款);失职致使在押人员脱逃罪(《刑法》第400条第2款);徇私舞弊减刑、假释、暂予监外执行罪(《刑法》第401条)。

上述14个罪名之外的所有行使公权力的公职人员的犯罪行为,由各级监委负责调查。

刑事自诉案件，则一律由法院直接受理。

建议与提示 鉴于刑事诉讼活动严格的管辖分工与程序要求，各类刑事诉讼活动必须严格依照法律规定进行。任何部门都不得随意越权行使管辖权。

相关涉案当事人及其家属遇到家人被羁押的情况，可及时向专业人士请教与咨询，亦可依法聘请律师提供专业的法律帮助。

法律依据

《宪法》

第一百二十七条 监察委员会依照法律规定独立行使监察权，不受行政机关、社会团体和个人的干涉。

监察机关办理职务违法和职务犯罪案件，应当与审判机关、检察机关、执法部门互相配合，互相制约。

第一百三十一条 人民法院依照法律规定独立行使审判权，不受行政机关、社会团体和个人的干涉。

第一百三十六条 人民检察院依照法律规定独立行使检察权，不受行政机关、社会团体和个人的干涉。

第一百四十条 人民法院、人民检察院和公安机关办理刑事案件，应当分工负责，互相配合，互相制约，以保证准确有效地执行法律。

《刑事诉讼法》

第十九条 刑事案件的侦查由公安机关进行，法律另有规定的除外。

人民检察院在对诉讼活动实行法律监督中发现的司法工作人员利用职权实施的非法拘禁、刑讯逼供、非法搜查等侵犯公民权利、损害司法公正的犯罪，可以由人民检察院立案侦查。对于公安机关管辖的国家机关工作人员利用职权实施的重大犯罪案件，需要由人民检察院直接受理的时候，经省级以上人民检察院决定，可以由人民检察院立案侦查。

自诉案件，由人民法院直接受理。

《监察法》

第三条 各级监察委员会是行使国家监察职能的专责机关，依照本法对所有行使公权力的公职人员（以下称公职人员）进行监察，调查职务违法和职务犯罪，开展廉政建设和反腐败工作，维护宪法和法律的尊严。

第四条 监察委员会依照法律规定独立行使监察权，不受行政机关、社会团体和个人的干涉。

监察机关办理职务违法和职务犯罪案件，应当与审判机关、检察机关、执法部门互相配合，互相制约。

监察机关在工作中需要协助的，有关机关和单位应当根据监察机关的要求依法予以协助。

第十一条 监察委员会依照本法和有关法律规定履行监督、调查、处置职责：

……

（二）对涉嫌贪污贿赂、滥用职权、玩忽职守、权力寻租、利益输送、徇私舞弊以及浪费国家资财等职务违法和职务犯罪进行调查。

……

第四十五条 监察机关根据监督、调查结果，依法作出如下处置：

（一）对有职务违法行为但情节较轻的公职人员，按照管理权限，直接或者委托有关机关、人员，进行谈话提醒、批评教育、责令检查，或者予以诫勉；

（二）对违法的公职人员依照法定程序作出警告、记过、记大过、降级、撤职、开除等政务处分决定；

（三）对不履行或者不正确履行职责负有责任的领导人员，按照管理权限对其直接作出问责决定，或者向有权作出问责决定的机关提出问责建议；

（四）对涉嫌职务犯罪的，监察机关经调查认为犯罪事实清楚，证据确实、充分的，制作起诉意见书，连同案卷材料、证据一并移送人民检察院依法审查、提起公诉；

（五）对监察对象所在单位廉政建设和履行职责存在的问题等提出监察建议。

监察机关经调查，对没有证据证明被调查人存在违法犯罪行为的，应当撤销案件，并通知被调查人所在单位。

31 公、检、法机关办案由谁来监督?

答 检察院是国家的法律监督机关。

解析 刑事诉讼是涉及公民人身自由的重要活动。为此法律规定涉及公民人身自由的立法只能由最高国家权力机关行使,这体现了对于公民权利的最根本尊重与保障。因此对于刑事诉讼的执法活动,《宪法》与《刑事诉讼法》也作出了明确规定。

此外,我国宪法也赋予了公民监督建议权;在我们党,也有批评与自我批评的民主制度。体现了专业监督与社会监督、党内监督与党外监督相结合的特点,依法保障公民的权利。

建议与提示 对于公众而言,了解并合理利用合法监督渠道,通过正规途径反映问题、提出意见或举报不正当行为,是参与社会监督、促进法治建设的有效方式。同时,在行使监督权过程中应注意保持理性客观,尊重法律程序,既要维护好公民的合法权益,也要保证各项法律的正确实施。

法律依据

《宪法》

第一百三十四条 中华人民共和国人民检察院是国家的法律监督机关。

《刑事诉讼法》

第七条 人民法院、人民检察院和公安机关进行刑事诉讼,应当分工负责,互相配合,互相制约,以保证准确有效地执行法律。

第八条 人民检察院依法对刑事诉讼实行法律监督。

32 什么是“黄金37天”?

答 “黄金37天”是刑事案件中由相关法律规定演变出来的一个俗语。其实是特指刑事案件中从犯罪嫌疑人被刑事拘留之日起,到逮捕决定作出为止的这一特定的时间段。37天期限届满，当事人及其辩护人就知道犯罪嫌疑人是否会被逮捕。因为事关重大，此期间就被通俗地称为“黄金37天”。

如果检察机关决定逮捕，则意味着有证据证明犯罪嫌疑人有犯罪事实，且可能判处徒刑以上刑罚。

如果检察机关不批准逮捕，则意味着：(1)犯罪嫌疑人不构成犯罪，或没有证据证明其有罪；(2)情节显著轻微、危害不大，不认为是犯罪；(3)不属于检察院管辖范围等法律规定不应当逮捕的情形。

当然，还有一种不逮捕的情形是：虽然有证据证明犯罪嫌疑人有犯罪事实，但因为不予羁押足以防止发生社会危险性，也可以不批准逮捕，但案件仍需由司法机关进一步审理。

解析 这段时间之所以“黄金”，还有以下两个原因：

(1)关键的证据收集期。在刑事案件侦查阶段，这37天被视为关键的证据收集期。警方和其他执法机构会在这段时间内进行各种调查取证工作，包括收集证据、审讯犯罪嫌疑人、调查相关线索等。这段时间对于案件证据的清晰性和充分性至关重要。

(2)保障被拘留人权益。法律规定的37天拘留期是对被拘留人权益的一种保护。被拘留人有权利要求通知家属、委派律师进行辩护、提出申请改变拘留措施等，并且拘留期限的设定是为了限定拘留时间，防止滥用拘留权力。

需要注意的是，“黄金37天”这个说法并不意味着所有刑事案件的侦查都会在37天内完成，实际情况会有所不同。具体案件的进展和侦查时间会受到案件性质、复杂程度以及其他相关因素的影响。因此，在具体案件中，需要根据法律规定和实际情况来判断和处理。

建议与提示 因为刑事拘留后是否逮捕对于当事人至关重要，建议当事人家属在此期间尽快聘请律师，帮助当事人申请取保候审，及时与检察机关决定逮捕的部门进行沟通交流，以维护当事人的合法权益。

当然，是否能够取保候审，最终由案件的事实与证据情况决定，律师只是就案件事实与证据，以及法律适用与办案机关做最大限度的沟通交流，决定权在办案机关。

法律依据

《刑事诉讼法》

第三条 对刑事案件的侦查、拘留、执行逮捕、预审,由公安机关负责。检察、批准逮捕、检察机关直接受理的案件的侦查、提起公诉,由人民检察院负责。审判由人民法院负责。除法律特别规定的以外,其他任何机关、团体和个人都无权行使这些权力。

人民法院、人民检察院和公安机关进行刑事诉讼,必须严格遵守本法和其他法律的有关规定。

第十六条 有下列情形之一的,不追究刑事责任,已经追究的,应当撤销案件,或者不起诉,或者终止审理,或者宣告无罪:

(一)情节显著轻微、危害不大,不认为是犯罪的;

(二)犯罪已过追诉时效期限的;

(三)经特赦令免除刑罚的;

(四)依照刑法告诉才处理的犯罪,没有告诉或者撤回告诉的;

(五)犯罪嫌疑人、被告人死亡的;

(六)其他法律规定免予追究刑事责任的。

第八十条 逮捕犯罪嫌疑人、被告人,必须经过人民检察院批准或者人民法院决定,由公安机关执行。

第八十一条 对有证据证明有犯罪事实,可能判处徒刑以上刑罚的犯罪嫌疑人、被告人,采取取保候审尚不足以防止发生下列社会危险性的,应当予以逮捕:

(一)可能实施新的犯罪的;

(二)有危害国家安全、公共安全或者社会秩序的现实危险的;

(三)可能毁灭、伪造证据,干扰证人作证或者串供的;

(四)可能对被害人、举报人、控告人实施打击报复的;

(五)企图自杀或者逃跑的。

批准或者决定逮捕,应当将犯罪嫌疑人、被告人涉嫌犯罪的性质、情节,认罪认罚等情况,作为是否可能发生社会危险性的考虑因素。

对有证据证明有犯罪事实,可能判处十年有期徒刑以上刑罚的,或者有证据证明有犯罪事实,可能判处徒刑以上刑罚,曾经故意犯罪或者身份不明的,应当予以逮捕。

被取保候审、监视居住的犯罪嫌疑人、被告人违反取保候审、监视居住规定,情节严重的,可以予以逮捕。

第八十七条 公安机关要求逮捕犯罪嫌疑人的时候,应当写出提请批准逮捕书,连同案卷材料、证据,一并移送同级人民检察院审查批准。必要的时候,人民检察院可以派人参加公安机关对于重大案件的讨论。

第八十九条 人民检察院审查批准逮捕犯罪嫌疑人由检察长决定。重大案件应当提交检察委员会讨论决定。

第九十条 人民检察院对于公安机关提请批准逮捕的案件进行审查后,应当根据情况分别作出批准逮捕或者不批准逮捕的决定。对于批准逮捕的决定,公安机关应当立即执行,并且将执行情况及时通知人民检察院。对于不批准逮捕的,人民检察院应当说明理由,需要补充侦查的,应当同时通知公安机关。

第九十一条 公安机关对被拘留的人,认为需要逮捕的,应当在拘留后的三日以内,提请人民检察院审查批准。在特殊情况下,提请审查批准的时间可以延长一日至四日。

对于流窜作案、多次作案、结伙作案的重大嫌疑分子,提请审查批准的时间可以延长至三十日。

人民检察院应当自接到公安机关提请批准逮捕书后的七日以内,作出批准逮捕或者不批准逮捕的决定。人民检察院不批准逮捕的,公安机关应当在接到通知后立即释放,并且将执行情况及时通知人民检察院。对于需要继续侦查,并且符合取保候审、监视居住条件的,依法取保候审或者监视居住。

第九十二条 公安机关对人民检察院不批准逮捕的决定,认为有错误的时候,可以要求复议,但是必须将被拘留的人立即释放。如果意见不被接受,可以向上一级人民检察院提请复核。上级人民检察院应当立即复核,作出是否变更的决定,通知下级人民检察院和公安机关执行。

第九十四条 人民法院、人民检察院对于各自决定逮捕的人,公安机关对于经人民检察院批准逮捕的人,都必须在逮捕后的二十四小时以内进行讯问。在发现不应当逮捕的时候,必须立即释放,发给释放证明。

第二篇

公安与侦查

33 传唤和拘传有什么不同?

答 传唤,是指检察院、公安机关在侦查案件时,对于不需要逮捕、拘留的犯罪嫌疑人,通知其于指定的时间到指定的地点或者在其住所、所在单位进行讯问的一种措施。拘传,是指公安机关、法院和检察院对未被羁押的犯罪嫌疑人、被告人强制其到案接受讯问的一种强制措施。

解析 具体而言,传唤和拘传主要有四个方面的不同:

(1)强制性不同。传唤等同于通知,不具有强制性;拘传具有一定的强制性。

(2)性质不同。拘传是强制措施的一种,而传唤不是强制措施。

(3)适用的对象不同。拘传适用于未被羁押的犯罪嫌疑人、被告人;传唤适用于所有的当事人。

(4)实施主体不同。传唤由侦查机关——公安机关、检察机关实施;拘传是公安机关、检察机关、法院都可以实施。

建议与提示 接到侦查机关传唤通知时,建议主动配合调查,如果涉嫌刑事犯罪,因被传唤到案会被认定为自动投案,再加上到案后的如实供述,会被认定为自首,在量刑时会从轻或减轻处罚。

法律依据

《刑事诉讼法》

第六十六条 人民法院、人民检察院和公安机关根据案件情况,对犯罪嫌疑人、被告人可以拘传、取保候审或者监视居住。

第一百一十九条 对不需要逮捕、拘留的犯罪嫌疑人,可以传唤到犯罪嫌疑人所在市、县内的指定地点或者到他的住处进行讯问,但是应当出示人民检察院或者公安机关的证明文件。对在现场发现的犯罪嫌疑人,经出示工作证件,可以口头传唤,但应当在讯问笔录中注明。

传唤、拘传持续的时间不得超过十二小时;案情特别重大、复杂,需要采取拘留、逮捕措施的,传唤、拘传持续的时间不得超过二十四小时。

不得以连续传唤、拘传的形式变相拘禁犯罪嫌疑人。传唤、拘传犯罪嫌疑人,应当保证犯罪嫌疑人的饮食和必要的休息时间。

《公安机关办理刑事案件程序规定》

第七十八条 公安机关根据案件情况对需要拘传的犯罪嫌疑人,或者经过传唤没有正当理由不到案的犯罪嫌疑人,可以拘传到其所在市、县公安机关执法办案场所进行讯问。

需要拘传的,应当填写呈请拘传报告书,并附有关材料,报县级以上公安机关负责人批准。

第七十九条 公安机关拘传犯罪嫌疑人应当出示拘传证,并责令其在拘传证上签名、捺指印。

犯罪嫌疑人到案后,应当责令其在拘传证上填写到案时间;拘传结束后,应当由其在拘传证上填写拘传结束时间。犯罪嫌疑人拒绝填写的,侦查人员应当在拘传证上注明。

第八十条 拘传持续的时间不得超过十二小时;案情特别重大、复杂,需要采取拘留、逮捕措施的,经县级以上公安机关负责人批准,拘传持续的时间不得超过二十四小时。不得以连续拘传的形式变相拘禁犯罪嫌疑人。

拘传期限届满,未作出采取其他强制措施决定的,应当立即结束拘传。

34 询问和讯问有什么差别?

答 询问和讯问是两种不同的取证方式,各有其特定的适用范围和程序要求,对于保障案件的公正、公平处理具有重要意义。

询问取得的证据,根据《刑事诉讼法》的规定被称为证人证言,包括证人所了解与知悉的证据。

讯问取得的证据被称为供述与辩解,侦查机关可根据讯问对象所提供的供述与线索,收集涉案相关证据。

解析 询问和讯问的差别主要体现在以下几个方面:

(1)对象不同。询问的对象主要是案件的证人、被害人,而讯问的对象则是案件的犯罪嫌疑人或者被告人。

(2)内容不同。询问的内容主要是了解证人对于案件事实的所见所闻,通过更多的证据来查明案件真相；讯问的内容则主要是向犯罪嫌疑人或被告人了解案件的全部事实与经过，并听取其对案件事实的辩解。

(3)程序不同。询问证人，应当告知他应当如实地提供证据、证言和有意作伪证或者隐匿罪证要负的法律责任。询问证人、被害人，可以在现场进行，也可以到证人、被害人所在单位、住处或者证人、被害人提出的地点进行，在必要的时候，可以书面、电话或者当场通知证人、被害人到公安机关提供证言。讯问犯罪嫌疑人，必须由侦查人员进行。讯问的时候，侦查人员不得少于2人。犯罪嫌疑人被送交看守所羁押以后，侦查人员对其进行讯问，应当在看守所内进行。

(4)权利义务不同。证人在作证时享有特定的权利并承担特定的义务，如有权要求公安司法机关保障其本人及近亲属的安全；犯罪嫌疑人或被告人享有的是法律规定的诉讼权利，承担法律规定的如实供述等诉讼义务。

建议与提示 刑事案件关乎人的自由甚至生命，无论是接受询问还是接受讯问，都要如实陈述或供述，都要认真核对笔录，没有记录的内容要让办案人员记录进去，有错误的要更正，以免误导办案人员，产生冤假错案。

此外，证人提供证言应尽可能客观中立，避免主观性的分析与猜测。

法律依据

《刑事诉讼法》

第八十六条 公安机关对被拘留的人，应当在拘留后的二十四小时以内进行讯问。在发现不应当拘留的时候，必须立即释放，发给释放证明。

第八十八条 人民检察院审查批准逮捕，可以讯问犯罪嫌疑人；有下列情形之一的，应当讯问犯罪嫌疑人：

(一)对是否符合逮捕条件有疑问的；

(二)犯罪嫌疑人要求向检察人员当面陈述的；

(三)侦查活动可能有重大违法行为的。

人民检察院审查批准逮捕，可以询问证人等诉讼参与人，听取辩护律师的意见；辩护律师提出要求的，应当听取辩护律师的意见。

第一百二十四条 侦查人员询问证人，可以在现场进行，也可以到证人所在单位、住处或者证人提出的地点进行，在必要的时候，可以通知证人到人民检察院或者公安机关提供证言。在现场询问证人，应当出示工作证件，到证人所在单位、住处或者证人提出的地点询问证人，应当出示人民检察院或者公安机关的证明文件。

询问证人应当个别进行。

第一百二十五条 询问证人，应当告知他应当如实地提供证据、证言和有意作伪证或者隐匿罪证要负的法律责任。

第一百二十六条 本法第一百二十二条的规定，也适用于询问证人。

第一百二十七条 询问被害人，适用本节各条规定。

35 行政拘留、司法拘留、刑事拘留有什么不同？

答 行政拘留是对违反《治安管理处罚法》的行政相对人实施的处罚；司法拘留是对妨害诉讼行为人的惩戒；刑事拘留是对犯罪嫌疑人采取的临时剥夺其人身自由的强制措施。

行政拘留、司法拘留、刑事拘留在适用对象、适用机关以及产生的法律后果等方面都不相同。

解析 行政拘留，是指对违反《治安管理处罚法》的人，在短期内限制其人身自由的一种行政处罚。

司法拘留，是指在民事、刑事、行政诉讼或法院执行过程中，对妨害诉讼活动如作伪证，冲击法庭，妨害证人作证，隐匿转移被查封、扣押的财产，阻碍法院工作人员执行公务，逃避执行等，由法院直接作出的拘留决定，属于强制措施。

刑事拘留，是指公安机关、检察院直接受理的案件，在侦查过程中，遇到法定的紧急情况时，对现行犯或者重大嫌疑分子所采取的临时剥夺其人身自由的强制措施。

行政拘留、司法拘留、刑事拘留三者的不同具体如下：

(1)适用对象不同。刑事拘留适用于现行犯或者重大嫌疑分子；司法拘留适用于实施了妨害民事诉讼行为的人，既包括民事诉讼参与人，也包括案外人；行政拘留适用于违反《治安管理处罚法》，但尚不构成犯罪的人。

(2)法律依据不同。刑事拘留依据《刑事诉讼法》;司法拘留依据《民事诉讼法》《刑事诉讼法》《行政诉讼法》;行政拘留依据《治安管理处罚法》。

(3)适用目的不同。刑事拘留是为防止犯罪嫌疑人逃跑、自杀或者继续危害社会,保证刑事诉讼的顺利进行;司法拘留保障诉讼活动的顺利进行;行政拘留惩罚一般的行政违法者。

(4)适用机关不同。刑事拘留由公安机关、检察院决定,公安机关执行;司法拘留由法院决定,司法警察执行,交由公安机关有关场所看管;行政拘留由公安机关执行。

(5)拘留期限不同。刑事拘留的期限一般为 14 日,对流窜作案、多次作案、结伙作案的重大嫌疑分子的最长拘留期限为 37 日;司法拘留的期限为 15 日以下;行政拘留的期限为 15 日以下,并罚时不超过 20 日。

(6)法律后果。刑事拘留先行拘留 1 日的可以折抵刑期 1 日;司法拘留是对妨害诉讼行为人的惩戒,与判决结果无关,可以提前解除;行政拘留是对违反《治安管理处罚法》的行政相对人的处罚。

建议与提示 家属收到家人被拘留的信息时不要慌,要及时核实信息真假,以防受骗,遭受不必要的损失。一旦涉及刑事拘留,需要家属高度重视,及时帮助犯罪嫌疑人聘请专业律师会见,及时了解案件情况,向犯罪嫌疑人释法说理,安抚犯罪嫌疑人情绪,并通过律师的专业分析与判断,制订进一步的应对策略。

法律依据

《刑事诉讼法》

第三条 对刑事案件的侦查、拘留、执行逮捕、预审,由公安机关负责。检察、批准逮捕、检察机关直接受理的案件的侦查、提起公诉,由人民检察院负责。审判由人民法院负责。除法律特别规定的以外,其他任何机关、团体和个人都无权行使这些权力。

第八十二条 公安机关对于现行犯或者重大嫌疑分子,如果有下列情形之一的,可以先行拘留:

(一)正在预备犯罪、实行犯罪或者在犯罪后即时被发觉的;

(二)被害人或者在场亲眼看见的人指认他犯罪的;

(三)在身边或者住处发现有犯罪证据的;

(四)犯罪后企图自杀、逃跑或者在逃的;

(五)有毁灭、伪造证据或者串供可能的;

(六)不讲真实姓名、住址,身份不明的;

(七)有流窜作案、多次作案、结伙作案重大嫌疑的。

第一百九十三条 经人民法院通知,证人没有正当理由不出庭作证的,人民法院可以强制其到庭,但是被告人的配偶、父母、子女除外。

证人没有正当理由拒绝出庭或者出庭后拒绝作证的,予以训诫,情节严重的,经院长批准,处以十日以下的拘留。被处罚人对拘留决定不服的,可以向上一级人民法院申请复议。复议期间不停止执行。

第一百九十九条第一款 在法庭审判过程中,如果诉讼参与人或者旁听人员违反法庭秩序,审判长应当警告制止。对不听制止的,可以强行带出法庭;情节严重的,处以一千元以下的罚款或者十五日以下的拘留。罚款、拘留必须经院长批准。被处罚人对罚款、拘留的决定不服的,可以向上一级人民法院申请复议。复议期间不停止执行。

《公安机关办理刑事案件程序规定》

第一百二十四条 公安机关对于现行犯或者重大嫌疑分子,有下列情形之一的,可以先行拘留:

(一)正在预备犯罪、实行犯罪或者在犯罪后即时被发觉的;

(二)被害人或者在场亲眼看见的人指认他犯罪的;

(三)在身边或者住处发现有犯罪证据的;

(四)犯罪后企图自杀、逃跑或者在逃的;

(五)有毁灭、伪造证据或者串供可能的;

(六)不讲真实姓名、住址,身份不明的;

(七)有流窜作案、多次作案、结伙作案重大嫌疑的。

第一百二十九条 对被拘留的犯罪嫌疑人,经过审查认为需要逮捕的,应当在拘留后的三日以内,提请人民检察院审查批准。在特殊情况下,经县级以上公安机关负责人批准,提请审查批准逮捕的时间可以延长一日至四日。

对流窜作案、多次作案、结伙作案的重大嫌疑分子,经县级以上公安机关负责人批准，提请审查批准逮捕的时间可以延长至三十日。

本条规定的“流窜作案”，是指跨市、县管辖范围连续作案，或者在居住地作案后逃跑到外市、县继续作案；“多次作案”，是指三次以上作案；“结伙作案”，是指二人以上共同作案。

第一百三十二条第一款 人民检察院决定拘留犯罪嫌疑人的，由县级以上公安机关凭人民检察院送达的决定拘留的法律文书制作拘留证并立即执行。必要时，可以请人民检察院协助。拘留后，应当及时通知人民检察院。

《治安管理处罚法》

第十条第一款 治安管理处罚的种类分为：

（一）警告；

（二）罚款；

（三）行政拘留；

（四）吊销公安机关发放的许可证。

36 接到警方电话通知要求到公安局配合调查，可以不去吗？

答 不可以。

解析 警方不会无故要求你去公安局配合调查。如果你接到了这样的电话，那很可能是因为他们需要了解一些与你有关的情况，或者是你的家属、朋友涉及了某种法律问题。在这种情况下，应该尽量配合警方的工作。

如果你选择不去，可能会让警方对你产生不信任感，也可能会让他们采取更进一步的措施，如上门调查或者采取进一步的强制措施。最终你还是逃避不了接受调查的义务，或在被采取更严厉的手段下被动地接受调查。主动配合调查，采取积极主动的心态与行动，其实是更有利的。

如果你真有违法犯罪行为，接到电话后主动前往公安局接受调查，大概率可以争取为自动投案；如果如实供述全部犯罪事实，还构成自首，在量刑上可以从轻或减轻处罚；如果犯罪情节较轻的，还可以争取免除处罚。

如果事情确实与你无关，或者你只是作为证人，或者事情本身完全与自己无关,主动前往公安局接受调查既有效地配合了警方工作,履行了公民义务,亦可以给自己吃一颗“定心丸”,并不会影响你的正常工作与生活。

当然,在配合警方工作的同时,也要注意保护自己的合法权益。如果你觉得警方的要求不合理或者有可能侵犯你的权益,你可以向他们质疑,并寻求律师的帮助。

此外,如果你真的无法前往公安局配合调查,也可以向警方说明情况,并尽量用其他方式来协助他们的工作。例如,你可以通过电话、邮件等方式提供信息配合调查。如果警方通知的时间不合适,可以另约其他时间。

建议与提示 配合警方的工作是我们每个公民的义务和责任。在接受警方调查前,可以提前向律师咨询,了解一些接受调查时如何保护自己权益的法律知识。在面对警方调查时,应该保持冷静、理智,在不侵犯个人隐私的前提下,尽可能地配合警方调查,陈述事实,说明情况。

同时,对于确实不了解的事情与情况,可以如实告知。不要胡乱猜测,主观臆断,以免对他人造成不利影响。

法律对警察调查取证时的着装、方式方法,以及办案场所等都有明确要求。对于涉嫌犯罪的人员,采取拘传或者盘问措施的,也有场地与时间限制。办案人员存在违法行为的,公民有检举揭发的权利。对相关注意要点分别说明如下。

(1)对办案人员的着装要求。警察必须按照规定着装,佩戴警察标志或者持有警察证件,保持警容严整,举止端庄。

(2)公民对于警察办案,有协助义务。警察依法执行职务,公民和组织应当给予支持和协助。公民和组织协助警察依法执行职务的行为受法律保护。对协助警察执行职务有显著成绩的公民和组织,给予表彰和奖励。而且法律明确规定,凡是知道案件情况的人,都有作证的义务,但是公安机关应当保障证人及其近亲属的安全。

(3)警察执行职务,必须自觉接受社会和公民的监督。公民或者组织对警察的违法、违纪行为,有权向公安机关、检察院或者行政监察机关检举、控告。

(4)法律规定,对有违法犯罪嫌疑的人员,警察经表明执法身份后,可以当场盘问、检查。经当场盘问、检查后,不能排除其违法犯罪嫌疑,且符合法律规定可以带至公安机关继续盘问情形的，警察可以将其带至公安机关继续盘问。

根据2020年修正的《公安机关适用继续盘问规定》第9条的规定，未经当场盘问的等情形，不得适用继续盘问。对于怀孕或者正在哺乳自己不满1周岁婴儿的妇女、不满16周岁的未成年人、已满70周岁的老年人，必须在带至公安机关之时起的4小时内盘问完毕，且不得送入候问室。

继续盘问的时限一般为12小时；对在12小时以内确实难以证实或者排除其违法犯罪嫌疑的，可以延长至24小时；对不讲真实姓名、住址、身份，且在24小时以内仍不能证实或者排除其违法犯罪嫌疑的，可以延长至48小时。

（5）公安机关根据案件情况对需要拘传的犯罪嫌疑人，或者经过传唤没有正当理由不到案的犯罪嫌疑人，可以拘传到其所在市、县公安机关执法办案场所进行讯问。但是，拘传持续的时间不得超过12小时；案情特别重大、复杂，需要采取拘留、逮捕措施的，经县级以上公安机关负责人批准，拘传持续的时间不得超过24小时。不得以连续拘传的形式变相拘禁犯罪嫌疑人。

（6）公安机关调取证据时，必须保证一切与案件有关或者了解案情的公民，有客观地、充分地提供证据的条件。

（7）对于涉嫌犯罪的犯罪嫌疑人，公安机关不得要求其自证有罪。

法律依据

《刑事诉讼法》

第一百一十九条　对不需要逮捕、拘留的犯罪嫌疑人，可以传唤到犯罪嫌疑人所在市、县内的指定地点或者到他的住处进行讯问，但是应当出示人民检察院或者公安机关的证明文件。对在现场发现的犯罪嫌疑人，经出示工作证件，可以口头传唤，但应当在讯问笔录中注明。

传唤、拘传持续的时间不得超过十二小时；案情特别重大、复杂，需要采取拘留、逮捕措施的，传唤、拘传持续的时间不得超过二十四小时。

不得以连续传唤、拘传的形式变相拘禁犯罪嫌疑人。传唤、拘传犯罪嫌疑人，应当保证犯罪嫌疑人的饮食和必要的休息时间。

《公安机关办理刑事案件程序规定》

第八条 公安机关办理刑事案件，应当重证据，重调查研究，不轻信口供。严禁刑讯逼供和以威胁、引诱、欺骗以及其他非法方法收集证据，不得强迫任何人证实自己有罪。

第六十条 公安机关必须依照法定程序，收集、调取能够证实犯罪嫌疑人有罪或者无罪、犯罪情节轻重的各种证据。必须保证一切与案件有关或者了解案情的公民，有客观地充分地提供证据的条件，除特殊情况外，可以吸收他们协助调查。

第六十二条 公安机关向有关单位和个人调取证据，应当经办案部门负责人批准，开具调取证据通知书，明确调取的证据和提供时限。被调取单位及其经办人、持有证据的个人应当在通知书上盖章或者签名，拒绝盖章或者签名的，公安机关应当注明。必要时，应当采用录音录像方式固定证据内容及取证过程。

第七十三条 凡是知道案件情况的人，都有作证的义务。

生理上、精神上有缺陷或者年幼，不能辨别是非，不能正确表达的人，不能作证人。

对于证人能否辨别是非，能否正确表达，必要时可以进行审查或者鉴别。

第七十四条 公安机关应当保障证人及其近亲属的安全。

对证人及其近亲属进行威胁、侮辱、殴打或者打击报复，构成犯罪的，依法追究刑事责任；尚不够刑事处罚的，依法给予治安管理处罚。

第七十六条 公安机关依法决定不公开证人、鉴定人、被害人的真实姓名、住址、通讯方式和工作单位等个人信息的，可以在起诉意见书、询问笔录等法律文书、证据材料中使用化名等代替证人、鉴定人、被害人的个人信息。但是，应当另行书面说明使用化名的情况并标明密级，单独成卷。

第七十八条 公安机关根据案件情况对需要拘传的犯罪嫌疑人，或者经过传唤没有正当理由不到案的犯罪嫌疑人，可以拘传到其所在市、县公安机关执法办案场所进行讯问。

需要拘传的，应当填写呈请拘传报告书，并附有关材料，报县级以上公安机关负责人批准。

第七十九条 公安机关拘传犯罪嫌疑人应当出示拘传证，并责令其在拘传证上签名、捺指印。

犯罪嫌疑人到案后，应当责令其在拘传证上填写到案时间；拘传结束后，应当由其在拘传证上填写拘传结束时间。犯罪嫌疑人拒绝填写的，侦查人员应当在拘传证上注明。

第八十条　拘传持续的时间不得超过十二小时；案情特别重大、复杂，需要采取拘留、逮捕措施的，经县级以上公安机关负责人批准，拘传持续的时间不得超过二十四小时。不得以连续拘传的形式变相拘禁犯罪嫌疑人。

拘传期限届满，未作出采取其他强制措施决定的，应当立即结束拘传。

《人民警察法》

第九条　为维护社会治安秩序，公安机关的人民警察对有违法犯罪嫌疑的人员，经出示相应证件，可以当场盘问、检查；经盘问、检查，有下列情形之一的，可以将其带至公安机关，经该公安机关批准，对其继续盘问：

（一）被指控有犯罪行为的；

（二）有现场作案嫌疑的；

（三）有作案嫌疑身份不明的；

（四）携带的物品有可能是赃物的。

对被盘问人的留置时间自带至公安机关之时起不超过二十四小时，在特殊情况下，经县级以上公安机关批准，可以延长至四十八小时，并应当留有盘问记录。对于批准继续盘问的，应当立即通知其家属或者其所在单位。对于不批准继续盘问的，应当立即释放被盘问人。

经继续盘问，公安机关认为对被盘问人需要依法采取拘留或者其他强制措施的，应当在前款规定的期间作出决定；在前款规定的期间不能作出上述决定的，应当立即释放被盘问人。

第十二条　为侦查犯罪活动的需要，公安机关的人民警察可以依法执行拘留、搜查、逮捕或者其他强制措施。

第二十三条　人民警察必须按照规定着装，佩带人民警察标志或者持有人民警察证件，保持警容严整，举止端庄。

第三十四条　人民警察依法执行职务，公民和组织应当给予支持和协助。公民和组织协助人民警察依法执行职务的行为受法律保护。对协助人民警察执行职务有显著成绩的，给予表彰和奖励。

公民和组织因协助人民警察执行职务，造成人身伤亡或者财产损失的，应当按照国家有关规定给予抚恤或者补偿。

第四十二条 人民警察执行职务，依法接受人民检察院和行政监察机关的监督。

第四十四条 人民警察执行职务，必须自觉地接受社会和公民的监督。人民警察机关作出的与公众利益直接有关的规定，应当向公众公布。

第四十六条 公民或者组织对人民警察的违法、违纪行为，有权向人民警察机关或者人民检察院、行政监察机关检举、控告。受理检举、控告的机关应当及时查处，并将查处结果告知检举人、控告人。

对依法检举、控告的公民或者组织，任何人不得压制和打击报复。

37 警察突然上门要将家人带走，可以阻止吗？

答 在确认有合法手续的情况下，不可以。

解析 当警察突然上门要将家人带走时，我们可以要求确认警察的身份，并要求其出示相关手续。警察当然不能无缘无故地将人带走。

但如果核实警察身份无误，亦有合法的手续，则不能阻碍警察依法执行公务，也不能以暴力、威胁方法阻碍警察依法执行公务，更不能袭击正在依法执行公务的警察。否则会涉嫌妨碍公务，轻则受到治安处罚，重则甚至可能演变成妨害公务罪甚至袭警罪，受到刑事制裁。

经确认警察身份，如果是拘传，可以要求警察出示拘传的手续；如果是拘留，可以要求警察出示拘留的手续；如果是逮捕，则可以要求警察出示逮捕的手续。

需要注意的是，对于现行犯或者重大嫌疑分子，在紧急情况下，经出示警察证，可以将犯罪嫌疑人口头传唤至公安机关后立即审查，办理法律手续。这属于唯一无须出示拘留手续的例外情况。

建议与提示 警察突然上门要将家人带走，家属要保持冷静、理智，采取合乎情理的方法与措施来保护家人和自身的合法权益。

家属可以询问警察的身份和目的。若警察执行传唤、刑事拘留、逮捕，家属有权要求警察出具相应法律文书,并可以要求警察作出相应的解释和说明,以尽可能地了解家属被带走的原因和可能产生的后果,最起码要知道被哪个办案机关带走。同时,家属也可以记录下整个过程的详细情况,以便后续维权或寻求法律援助。如果家属认为警察的行为存在不合法或不当之处,可以向相关部门投诉或寻求法律帮助。

如果确认执行的是依法传唤、刑事拘留、逮捕,则建议家属尽快聘请律师提供法律帮助,不要“病急乱投医”,以免上当受骗,或耽误获得有效法律帮助的时机。

法律依据

《刑法》

第二百七十七条第一款　以暴力、威胁方法阻碍国家机关工作人员依法执行职务的,处三年以下有期徒刑、拘役、管制或者罚金。

第二百七十七条第五款　暴力袭击正在依法执行职务的人民警察的,处三年以下有期徒刑、拘役或者管制;使用枪支、管制刀具,或者以驾驶机动车撞击等手段,严重危及其人身安全的,处三年以上七年以下有期徒刑。

《治安管理处罚法》

第五十条　有下列行为之一的,处警告或者二百元以下罚款;情节严重的,处五日以上十日以下拘留,可以并处五百元以下罚款:

……

(二)阻碍国家机关工作人员依法执行职务的;

……

阻碍人民警察依法执行职务的,从重处罚。

《公安机关办理刑事案件程序规定》

第四十三条第一款　公安机关在第一次讯问犯罪嫌疑人或者对犯罪嫌疑人采取强制措施的时候,应当告知犯罪嫌疑人有权委托律师作为辩护人,并告知其如果因经济困难或者其他原因没有委托辩护律师的,可以向法律援助机构申请法律援助。告知的情形应当记录在案。

第四十四条第一款　犯罪嫌疑人可以自己委托辩护律师。犯罪嫌疑人在押的,也可以由其监护人、近亲属代为委托辩护律师。

第七十八条第一款 公安机关根据案件情况对需要拘传的犯罪嫌疑人,或者经过传唤没有正当理由不到案的犯罪嫌疑人,可以拘传到其所在市、县公安机关执法办案场所进行讯问。

第七十九条第一款 公安机关拘传犯罪嫌疑人应当出示拘传证,并责令其在拘传证上签名、捺指印。

第八十条 拘传持续的时间不得超过十二小时;案情特别重大、复杂,需要采取拘留、逮捕措施的,经县级以上公安机关负责人批准,拘传持续的时间不得超过二十四小时。不得以连续拘传的形式变相拘禁犯罪嫌疑人。

拘传期限届满,未作出采取其他强制措施决定的,应当立即结束拘传。

第一百二十四条 公安机关对于现行犯或者重大嫌疑分子,有下列情形之一的,可以先行拘留:

(一)正在预备犯罪、实行犯罪或者在犯罪后即时被发觉的;

(二)被害人或者在场亲眼看见的人指认他犯罪的;

(三)在身边或者住处发现有犯罪证据的;

(四)犯罪后企图自杀、逃跑或者在逃的;

(五)有毁灭、伪造证据或者串供可能的;

(六)不讲真实姓名、住址,身份不明的;

(七)有流窜作案、多次作案、结伙作案重大嫌疑的。

第一百二十五条 拘留犯罪嫌疑人,应当填写呈请拘留报告书,经县级以上公安机关负责人批准,制作拘留证。执行拘留时,必须出示拘留证,并责令被拘留人在拘留证上签名、捺指印,拒绝签名、捺指印的,侦查人员应当注明。

紧急情况下,对于符合本规定第一百二十四条所列情形之一的,经出示人民警察证,可以将犯罪嫌疑人口头传唤至公安机关后立即审查,办理法律手续。

第一百二十六条 拘留后,应当立即将被拘留人送看守所羁押,至迟不得超过二十四小时。

异地执行拘留,无法及时将犯罪嫌疑人押解回管辖地的,应当在宣布拘留后立即将其送抓获地看守所羁押,至迟不得超过二十四小时。到达管辖地后,应当立即将犯罪嫌疑人送看守所羁押。

第一百二十七条第一款 除无法通知或者涉嫌危害国家安全犯罪、恐怖活动犯罪通知可能有碍侦查的情形以外，应当在拘留后二十四小时以内制作拘留通知书，通知被拘留人的家属。拘留通知书应当写明拘留原因和羁押处所。

第一百二十八条 对被拘留的人，应当在拘留后二十四小时以内进行讯问。发现不应当拘留的，应当经县级以上公安机关负责人批准，制作释放通知书，看守所凭释放通知书发给被拘留人释放证明书，将其立即释放。

第一百四十三条 执行逮捕时，必须出示逮捕证，并责令被逮捕人在逮捕证上签名、捺指印，拒绝签名、捺指印的，侦查人员应当注明。逮捕后，应当立即将被逮捕人送看守所羁押。

执行逮捕的侦查人员不得少于二人。

第一百四十四条 对被逮捕的人，必须在逮捕后的二十四小时以内进行讯问。发现不应当逮捕的，经县级以上公安机关负责人批准，制作释放通知书，送看守所和原批准逮捕的人民检察院。看守所凭释放通知书立即释放被逮捕人，并发给释放证明书。

第一百四十五条第一款 对犯罪嫌疑人执行逮捕后，除无法通知的情形以外，应当在逮捕后二十四小时以内，制作逮捕通知书，通知被逮捕人的家属。逮捕通知书应当写明逮捕原因和羁押处所。

38 侦查人员突然上门搜查，可以要求他们出示证件吗？

答 可以要求侦查人员出示证件。

解析 刑事案件中，当侦查人员突然上门搜查，侦查人员是必须向被搜查人员出示搜查证的，但如果是在执行拘留、逮捕时，遇到紧急情况，如可能随身携带凶器的，可能隐藏爆炸、剧毒等危险物品的，可能隐匿、毁弃、转移犯罪证据的，可能隐匿其他犯罪嫌疑人的或其他突然发生的紧急情况，侦查人员不用搜查证也可以进行搜查。因此，除了以上紧急情况，其他时候若遇侦查人员突然上门搜查的，完全可以要求侦查人员出示搜查证，他们也是必须出示的。

建议与提示 配合侦查人员的调查取证工作是每个公民的义务和责任。在面对侦查人员搜查时,也应该保持冷静、理智,不要和侦查人员发生冲突。

法律依据

《公安机关办理刑事案件程序规定》

第二百二十二条 为了收集犯罪证据、查获犯罪人,经县级以上公安机关负责人批准,侦查人员可以对犯罪嫌疑人以及可能隐藏罪犯或者犯罪证据的人的身体、物品、住处和其他有关的地方进行搜查。

第二百二十三条 进行搜查,必须向被搜查人出示搜查证,执行搜查的侦查人员不得少于二人。

第二百二十四条 执行拘留、逮捕的时候,遇有下列紧急情况之一的,不用搜查证也可以进行搜查:

(一)可能随身携带凶器的;

(二)可能隐藏爆炸、剧毒等危险物品的;

(三)可能隐匿、毁弃、转移犯罪证据的;

(四)可能隐匿其他犯罪嫌疑人的;

(五)其他突然发生的紧急情况。

第二百二十五条 进行搜查时,应当有被搜查人或者他的家属、邻居或者其他见证人在场。

公安机关可以要求有关单位和个人交出可以证明犯罪嫌疑人有罪或者无罪的物证、书证、视听资料等证据。遇到阻碍搜查的,侦查人员可以强制搜查。

搜查妇女的身体,应当由女工作人员进行。

第二百二十六条 搜查的情况应当制作笔录,由侦查人员和被搜查人或者他的家属,邻居或者其他见证人签名。

如果被搜查人拒绝签名,或者被搜查人在逃,他的家属拒绝签名或者不在场的,侦查人员应当在笔录中注明。

39 侦查人员要收走相关物品，可以要求其出具收条吗？

答 可以要求侦查人员出具扣押物品清单。

解析 刑事案件中，当侦查人员上门进行搜查并要求收走相关物品时，应持搜查证，实施搜查时应有见证人在场。侦查人员应制作搜查笔录，被搜查人或其家属以及见证人应在搜查笔录上签字。当侦查人员提出要收走相关物品时，应出具扣押决定书，制作扣押物品清单、扣押笔录。扣押决定书、扣押物品清单应由物品持有人、见证人签字，扣押物品清单上应详细列明被扣押物品的名称、数量、特征等信息，扣押笔录还应由物品持有人签字。

建议与提示 根据前文介绍可知，侦查人员上门搜查需表明身份、依法出具手续。被搜查人员可以要求侦查人员依法依规搜查。

对于未依法依规搜查的行为可以提出不同意见要求侦查人员作出解释，并当场出具扣押物品清单。对于不合规的搜查与扣押，既可以当场提出意见，亦可以事后向相关监督部门与机构提出申诉、控告。

根据法律的规定，对于与案件无关的财物、文件，可以要求不予查封、扣押。

法律依据

《刑事诉讼法》

第一百三十六条 为了收集犯罪证据、查获犯罪人，侦查人员可以对犯罪嫌疑人以及可能隐藏罪犯或者犯罪证据的人的身体、物品、住处和其他有关的地方进行搜查。

第一百三十八条 进行搜查，必须向被搜查人出示搜查证。

在执行逮捕、拘留的时候，遇有紧急情况，不另用搜查证也可以进行搜查。

第一百四十条 搜查的情况应当写成笔录，由侦查人员和被搜查人或者他的家属，邻居或者其他见证人签名或者盖章。如果被搜查人或者他的家属在逃或者拒绝签名、盖章，应当在笔录上注明。

第一百四十一条 在侦查活动中发现的可用以证明犯罪嫌疑人有罪或

者无罪的各种财物、文件，应当查封、扣押；与案件无关的财物、文件，不得查封、扣押。

对查封、扣押的财物、文件，要妥善保管或者封存，不得使用、调换或者损毁。

第一百四十二条 对查封、扣押的财物、文件，应当会同在场见证人和被查封、扣押财物、文件持有人查点清楚，当场开列清单一式二份，由侦查人员、见证人和持有人签名或者盖章，一份交给持有人，另一份附卷备查。

40 被扣押的物品可以取回吗？

答 和案件无关的和不再需要作为证据的物品都可以取回。

解析 被扣押的物品是否可以取回，取决于被扣押的物品是否涉案。在刑事案件中，公安机关有权扣押与案件有关的物品，以便进一步地查明案情。这些物品通常会在案件调查期间被保存在公安机关的证据保管室或相关的机构。一旦案件调查结束，如果扣押的物品与案件无关或者不再需要作为证据，公安机关应当将其归还给物品持有人。然而，如果物品被认定为犯罪证据或者与案件有关，公安机关可能会继续保留这些物品，直到案件结束或者根据法院的判决进行处理。

建议与提示 如果物品持有人希望取回被扣押的与案件无关的物品，可以向公安机关提出申请，并提供相关的证明文件和手续。公安机关会根据法律规定和案件的具体情况来决定是否归还物品。

法律依据

《刑事诉讼法》

第一百四十一条第一款 在侦查活动中发现的可用以证明犯罪嫌疑人有罪或者无罪的各种财物、文件，应当查封、扣押；与案件无关的财物、文件，不得查封、扣押。

第一百四十五条 对查封、扣押的财物、文件、邮件、电报或者冻结的存款、汇款、债券、股票、基金份额等财产，经查明确实与案件无关的，应当在三日以内解除查封、扣押、冻结，予以退还。

41 刑事拘留一般多长时间？

答 刑事拘留的期限一般为 14 天，在特殊情况下，最长可以达到 37 天。此处的拘留期限是法律规定的公安机关提请检察院批准逮捕的时间和检察院审查批准逮捕的时间的总和。

解析 公安机关在拘留后的 3 日以内应当提请检察院审查批准逮捕。在特殊情况下，经县级以上公安机关负责人批准，提请审查批准逮捕的时间可以延长 1 日至 4 日。对于流窜作案、多次作案、结伙作案的重大嫌疑分子，提请审查批准逮捕的时间可以延长至 30 日。检察院应当在接到公安机关提请批准逮捕书后的 7 日以内，作出批准逮捕或者不批准逮捕的决定。

建议与提示 犯罪嫌疑人被采取刑事拘留措施后，当侦查机关将案件提交检察院审查批准逮捕时，检察院审查逮捕的期间，是犯罪嫌疑人或其家属争取检察院作出不逮捕决定的关键时间。实务中一般是委托律师向审查逮捕部门提出申请，犯罪嫌疑人本人可在检察官提审时提出要求，犯罪嫌疑人的家属亦可以向审查逮捕部门反映其要求不予逮捕的诉求。

由于侦查阶段只能委托律师作为辩护人，建议犯罪嫌疑人或家属及时委托律师介入，通过律师向办案机关了解案情、与犯罪嫌疑人会见等，从而及时向办案机关提出不构成犯罪的辩护意见，或提出取保候审申请、建议不予批准逮捕等法律意见，以争取为犯罪嫌疑人解除限制人身自由的强制措施。

法律依据

《刑事诉讼法》

第十六条 有下列情形之一的，不追究刑事责任，已经追究的，应当撤销案件，或者不起诉，或者终止审理，或者宣告无罪：

(一)情节显著轻微、危害不大,不认为是犯罪的;

(二)犯罪已过追诉时效期限的;

(三)经特赦令免除刑罚的;

(四)依照刑法告诉才处理的犯罪,没有告诉或者撤回告诉的;

(五)犯罪嫌疑人、被告人死亡的;

(六)其他法律规定免予追究刑事责任的。

第九十一条 公安机关对被拘留的人,认为需要逮捕的,应当在拘留后的三日以内,提请人民检察院审查批准。在特殊情况下,提请审查批准的时间可以延长一日至四日。

对于流窜作案、多次作案、结伙作案的重大嫌疑分子,提请审查批准的时间可以延长至三十日。

人民检察院应当自接到公安机关提请批准逮捕书后的七日以内,作出批准逮捕或者不批准逮捕的决定。人民检察院不批准逮捕的,公安机关应当在接到通知后立即释放,并且将执行情况及时通知人民检察院。对于需要继续侦查,并且符合取保候审、监视居住条件的,依法取保候审或者监视居住。

《刑法》

第十三条 一切危害国家主权、领土完整和安全,分裂国家、颠覆人民民主专政的政权和推翻社会主义制度,破坏社会秩序和经济秩序,侵犯国有财产或者劳动群众集体所有的财产,侵犯公民私人所有的财产,侵犯公民的人身权利、民主权利和其他权利,以及其他危害社会的行为,依照法律应当受刑罚处罚的,都是犯罪,但是情节显著轻微危害不大的,不认为是犯罪。

第二十条 为了使国家、公共利益、本人或者他人的人身、财产和其他权利免受正在进行的不法侵害,而采取的制止不法侵害的行为,对不法侵害人造成损害的,属于正当防卫,不负刑事责任。

正当防卫明显超过必要限度造成重大损害的,应当负刑事责任,但是应当减轻或者免除处罚。

对正在进行行凶、杀人、抢劫、强奸、绑架以及其他严重危及人身安全的暴力犯罪,采取防卫行为,造成不法侵害人伤亡的,不属于防卫过当,不负刑事责任。

第二十一条　为了使国家、公共利益、本人或者他人的人身、财产和其他权利免受正在发生的危险，不得已采取的紧急避险行为，造成损害的，不负刑事责任。

紧急避险超过必要限度造成不应有的损害的，应当负刑事责任，但是应当减轻或者免除处罚。

第一款中关于避免本人危险的规定，不适用于职务上、业务上负有特定责任的人。

42 侦查人员问的问题一定要回答吗？

答　要回答。但是与案件无关的问题，有权拒绝回答。

解析　法律规定，犯罪嫌疑人对侦查人员的提问，应当如实回答。但是对与案件无关的问题，有拒绝回答的权利。

建议与提示　接受侦查机关讯问时，千万不要慌张，要保持头脑冷静，因为接下来你回答的每一句话都会被侦查机关记录在册。因此，对于侦查机关提出的每个问题，一定要认真思考后再作出回答。

对于侦查机关提出的问题，凡是与案件有关的、自己知情的，都应当如实回答。如果支支吾吾、闪烁其词，侦查机关很有可能认为你没有如实回答，没有积极配合办案机关做调查，将可能导致作出对你不利的处理。但是对于与案件无关的问题，你是有权拒绝回答的。而对于你没有经历和不知情的事情，可以不回答，千万不要去猜测或作出主观判断，因为你所说的每一句话都是要记录进笔录的，你要对自己说的每一句话负责。

对于侦查机关多次反复提问的同一问题，或通过变换提问方式不断提问的问题，尤其需要冷静思考后再作出回答。

在接受侦查机关讯问时，应尽可能保持自己的供述稳定。如果就案件事实部分，你前后作出了明显不一致的供述，应该作出合理解释，否则将会被认为你没有如实供述或隐瞒真实情况。

法律依据

《刑事诉讼法》

第八条 人民检察院依法对刑事诉讼实行法律监督。

第十四条 人民法院、人民检察院和公安机关应当保障犯罪嫌疑人、被告人和其他诉讼参与人依法享有的辩护权和其他诉讼权利。

诉讼参与人对于审判人员、检察人员和侦查人员侵犯公民诉讼权利和人身侮辱的行为，有权提出控告。

第三十四条第一款 犯罪嫌疑人自被侦查机关第一次讯问或者采取强制措施之日起，有权委托辩护人；在侦查期间，只能委托律师作为辩护人。被告人有权随时委托辩护人。

第三十五条 犯罪嫌疑人、被告人因经济困难或者其他原因没有委托辩护人的，本人及其近亲属可以向法律援助机构提出申请。对符合法律援助条件的，法律援助机构应当指派律师为其提供辩护。

犯罪嫌疑人、被告人是盲、聋、哑人，或者是尚未完全丧失辨认或者控制自己行为能力的精神病人，没有委托辩护人的，人民法院、人民检察院和公安机关应当通知法律援助机构指派律师为其提供辩护。

犯罪嫌疑人、被告人可能被判处无期徒刑、死刑，没有委托辩护人的，人民法院、人民检察院和公安机关应当通知法律援助机构指派律师为其提供辩护。

第五十二条 审判人员、检察人员、侦查人员必须依照法定程序，收集能够证实犯罪嫌疑人、被告人有罪或者无罪、犯罪情节轻重的各种证据。严禁刑讯逼供和以威胁、引诱、欺骗以及其他非法方法收集证据，不得强迫任何人证实自己有罪。必须保证一切与案件有关或者了解案情的公民，有客观地充分地提供证据的条件，除特殊情况外，可以吸收他们协助调查。

第五十七条 人民检察院接到报案、控告、举报或者发现侦查人员以非法方法收集证据的，应当进行调查核实。对于确有以非法方法收集证据情形的，应当提出纠正意见；构成犯罪的，依法追究刑事责任。

第一百二十条第一款 侦查人员在讯问犯罪嫌疑人的时候，应当首先讯问犯罪嫌疑人是否有犯罪行为，让他陈述有罪的情节或者无罪的辩解，然后向他提出问题。犯罪嫌疑人对侦查人员的提问,应当如实回答。但是对与本案无关的问题,有拒绝回答的权利。

43 讯问笔录内容和自己说的不一致,怎么办?

答 如果讯问笔录记载的内容与自己供述的不一致,是可以提出补充或者改正的。如果办案机关不允许进行修改,有权拒绝在讯问笔录上签字。

解析 法律规定,讯问结束后,办案机关应当将讯问笔录交由被讯问人核对,如果笔录内容有遗漏或者差错,被讯问人可以提出补充或者改正,经确认笔录内容没有错误后再进行签名或盖章。

建议与提示 办案机关讯问完毕后,被讯问人一定要认真仔细核对讯问笔录内容,确认与自己陈述的内容一致后再进行签字或盖章,因为一旦签字,这个笔录内容就会被固定下来作为证据,是不可能再进行更改的。万一记载的内容与自己供述的不一致,而记载的内容又对自己不利,即使你在后续的讯问笔录中予以纠正,但很有可能会被认为前后陈述不一致,从而认定你没有如实供述或隐瞒真实情况。

因此,一定要仔细核对讯问笔录内容,对于记载有遗漏或者差错的,应当立即提出补充或改正的要求。如果办案机关没有将讯问笔录交由你核对或核对不充分,你一定要积极主张自己的权利,要求充分核对讯问笔录。

如果办案机关拒绝让你核对讯问笔录,或者拒绝让你修改讯问笔录,你可以拒绝在讯问笔录上签字。同时,如果在讯问过程中,存在你认为不合理、不合法的情况,你有权拒绝在讯问笔录上签字。

法律依据

《刑事诉讼法》

第五十二条　审判人员、检察人员、侦查人员必须依照法定程序,收集能够证实犯罪嫌疑人、被告人有罪或者无罪、犯罪情节轻重的各种证据。严禁刑讯逼供和以威胁、引诱、欺骗以及其他非法方法收集证据,不得强迫任何人证实自己有罪。必须保证一切与案件有关或者了解案情的公民,有客观地充分地提供证据的条件,除特殊情况外,可以吸收他们协助调查。

第一百二十二条 讯问笔录应当交犯罪嫌疑人核对,对于没有阅读能力的,应当向他宣读。如果记载有遗漏或者差错,犯罪嫌疑人可以提出补充或者改正。犯罪嫌疑人承认笔录没有错误后,应当签名或者盖章。侦查人员也应当在笔录上签名。犯罪嫌疑人请求自行书写供述的,应当准许。必要的时候,侦查人员也可以要犯罪嫌疑人亲笔书写供词。

《人民检察院刑事诉讼规则》

第一百八十八条 讯问犯罪嫌疑人,应当制作讯问笔录。讯问笔录应当忠实于原话,字迹清楚,详细具体,并交犯罪嫌疑人核对。犯罪嫌疑人没有阅读能力的,应当向他宣读。如果记载有遗漏或者差错,应当补充或者改正。犯罪嫌疑人认为讯问笔录没有错误的,由其在笔录上逐页签名或者盖章,并捺指印,在末页写明"以上笔录我看过(向我宣读过),和我说的相符",同时签名或者盖章,并捺指印,注明日期。如果犯罪嫌疑人拒绝签名、盖章、捺指印的,应当在笔录上注明。讯问的检察人员、书记员也应当在笔录上签名。

《公安机关办理刑事案件程序规定》

第二百零六条第一款 讯问笔录应当交犯罪嫌疑人核对;对于没有阅读能力的,应当向他宣读。如果记录有遗漏或者差错,应当允许犯罪嫌疑人补充或者更正,并捺指印。笔录经犯罪嫌疑人核对无误后,应当由其在笔录上逐页签名、捺指印,并在末页写明"以上笔录我看过(或向我宣读过),和我说的相符"。拒绝签名、捺指印的,侦查人员应当在笔录上注明。

44 律师会见的内容主要有哪些?

答 律师会见时,须告知当事人律师接受委托的情况,征询其是否同意聘请本律师;了解当事人涉案的案由、基本案情、被侦查机关刑事拘留后接受讯问的情况,并告知当事人诉讼权利与义务;此外,还会针对当事人的案件提供有针对性的法律知识辅导等。

解析 刑事案件中，律师会见工作非常重要，是为当事人提供法律服务、获取案件第一手材料的基础性工作之一，也是向当事人及时了解案情，尽快分析研判当事人是否构成犯罪，以及是否需要申请取保候审等工作的基础。因此，家属聘请律师之后，可以要求律师尽快会见，真正专业的律师也明白这个道理，会在第一时间安排去会见当事人。

建议与提示 律师会见是律师为当事人提供专业法律服务的重要一环，因此，律师对该项工作会高度重视，委托人对此不用过于担心，委托人可以在律师会见之后，根据律师会见所了解的情况，向律师进一步了解案件可能的走向并作出进一步的安排。

法律依据

《刑事诉讼法》

第三十八条 辩护律师在侦查期间可以为犯罪嫌疑人提供法律帮助；代理申诉、控告；申请变更强制措施；向侦查机关了解犯罪嫌疑人涉嫌的罪名和案件有关情况，提出意见。

第三十九条 辩护律师可以同在押的犯罪嫌疑人、被告人会见和通信。其他辩护人经人民法院、人民检察院许可，也可以同在押的犯罪嫌疑人、被告人会见和通信。

辩护律师持律师执业证书、律师事务所证明和委托书或者法律援助公函要求会见在押的犯罪嫌疑人、被告人的，看守所应当及时安排会见，至迟不得超过四十八小时。

危害国家安全犯罪、恐怖活动犯罪案件，在侦查期间辩护律师会见在押的犯罪嫌疑人，应当经侦查机关许可。上述案件，侦查机关应当事先通知看守所。

辩护律师会见在押的犯罪嫌疑人、被告人，可以了解案件有关情况，提供法律咨询等；自案件移送审查起诉之日起，可以向犯罪嫌疑人、被告人核实有关证据。辩护律师会见犯罪嫌疑人、被告人时不被监听。

辩护律师同被监视居住的犯罪嫌疑人、被告人会见、通信，适用第一款、第三款、第四款的规定。

第四十条 辩护律师自人民检察院对案件审查起诉之日起,可以查阅、摘抄、复制本案的案卷材料。其他辩护人经人民法院、人民检察院许可,也可以查阅、摘抄、复制上述材料。

第四十一条 辩护人认为在侦查、审查起诉期间公安机关、人民检察院收集的证明犯罪嫌疑人、被告人无罪或者罪轻的证据材料未提交的,有权申请人民检察院、人民法院调取。

《律师法》

第三十三条 律师担任辩护人的,有权持律师执业证书、律师事务所证明和委托书或者法律援助公函,依照刑事诉讼法的规定会见在押或者被监视居住的犯罪嫌疑人、被告人。辩护律师会见犯罪嫌疑人、被告人时不被监听。

45 侦查阶段律师可以做哪些工作?

答 辩护律师在侦查阶段可以为犯罪嫌疑人提供法律帮助;代理申诉、控告;申请变更强制措施;向侦查机关了解犯罪嫌疑人涉嫌的罪名和案件有关情况,提出意见。

解析 具体而言,侦查阶段律师可以做以下工作:向侦查机关了解犯罪嫌疑涉嫌的罪名;申请办案机关以及羁押场所48小时内安排会见;申请取保候审;就案件事实与侦查机关进行沟通交流;根据全国律协《律师办理刑事案件规范》为犯罪嫌疑人提供相应的法律帮助,让当事人了解在侦查阶段其所具有的诉讼权利、案件可能涉及的法律规定、是否可能构成犯罪,以及当事人可能面临的法律处罚。

建议与提示 在侦查阶段,犯罪嫌疑人家属可以要求受委托律师及时提出取保候审申请。并可以通过律师的会见及与侦查机关的沟通交流,向律师了解案件的大致走向、犯罪嫌疑人可能面临的法律问题。同时家属应依法及时给予犯罪嫌疑人生活帮助与家庭情感支持。

法律依据

《刑事诉讼法》

第三十八条　辩护律师在侦查期间可以为犯罪嫌疑人提供法律帮助；代理申诉、控告；申请变更强制措施；向侦查机关了解犯罪嫌疑人涉嫌的罪名和案件有关情况，提出意见。

46　什么是自首？自首有什么作用？

答　自首是指犯罪嫌疑人犯罪以后自动投案，如实供述自己罪行的行为。自首可以使犯罪嫌疑人依法从轻或者减轻处罚，其中犯罪较轻的，可以免除处罚。

解析　自首包括两种情况：(1)犯罪嫌疑人犯罪以后自动投案，如实供述自己罪行的，是自首；(2)被采取强制措施的犯罪嫌疑人、被告人和正在服刑的罪犯，如实供述司法机关还未掌握的本人其他罪行的，以自首论。

自首的条件是自动投案，如实供述。常见的自动投案，体现为对罪行认识的主动性，是指犯罪事实或者犯罪嫌疑人未被司法机关发觉，或者虽被发觉，但犯罪嫌疑人尚未受到讯问、未被采取强制措施时，主动、直接向公安机关、检察院或者法院投案。

视为自动投案的情形包括：(1)罪行尚未被司法机关发觉，仅因形迹可疑，被有关组织或者司法机关盘问、教育后，主动交代自己罪行的；(2)犯罪后逃跑，在被通缉、追捕过程中，主动投案的；(3)经查实确已准备去投案，或者正在投案途中，被公安机关捕获的；(4)并非出于犯罪嫌疑人主动，而是经亲友规劝、陪同投案的；(5)公安机关通知犯罪嫌疑人的亲友，或者亲友主动报案后，将犯罪嫌疑人送去投案的。

建议与提示　自首是一个法定的从轻、减轻刑罚的情节，对当事人从轻、减轻处罚有重大帮助，建议犯罪嫌疑人对于自己可能涉及犯罪的行为，尽早向律师咨询，以确定自己的行为是否构成犯罪，如果构成犯罪，尽快自首，以争取获得从轻、减轻处罚。

法律依据

《刑法》

第六十七条 犯罪以后自动投案，如实供述自己的罪行的，是自首。对于自首的犯罪分子，可以从轻或者减轻处罚。其中，犯罪较轻的，可以免除处罚。

被采取强制措施的犯罪嫌疑人、被告人和正在服刑的罪犯，如实供述司法机关还未掌握的本人其他罪行的，以自首论。

犯罪嫌疑人虽不具有前两款规定的自首情节，但是如实供述自己罪行的，可以从轻处罚；因其如实供述自己罪行，避免特别严重后果发生的，可以减轻处罚。

47 涉嫌犯罪的人准备投案（自首）应该向什么地方投案（自首）？

答 涉嫌犯罪的人可以向公安机关、检察院、法院（包括其派出单位）投案，也可以向其所在单位、城乡基层组织或者其他有关负责人员投案。

解析 涉嫌犯罪的人在尚未归案之前，主动自愿将自己置于有关机关或个人的控制之下，接受国家的审查和裁判的，应视为其“主动投案”。由于投案的时间节点至关重要，将决定其是否构成“主动投案”，继而认定其是否成立“自首”的问题，因此在投案机关的选择上，应当首选自己能够便利到达的机关单位。如果办案机关在本地，而且可以直接联系上办案机关的人员，建议可先与办案机关的人员电话联系，确定办案机关的地址，及时到办案机关投案。若无法直接联系办案机关或办案人员，尤其是办案机关距居住地较远，一般情况下建议可先向辖区派出所投案。虽然法律规定的投案对象不限于公、检、法机关，但建议尽可能首选公安机关作为投案对象。

建议与提示 投案时有几点注意事项提示：

第一，要向投案对象明确自己主动投案的意愿，并保留相关证据。例如，投案前可与办案人员先进行电话联系，明确表示自己主动投案的意愿，可以对通话进行录音，并将录音交由与案件无关的成年亲属或朋友备份。同时，投案时也可向投案单位提交一份自书材料，写明主动投案的意愿和涉嫌犯罪的基本事实。

第二，投案时建议让与案件无关的成年亲属陪同前往，其除了可以作为证明你主动投案的证人，也便于家人了解你是否需要被羁押以及羁押地点等信息。

第三，仅有主动投案的行为是无法构成自首的，到案后还应向办案机关如实供述自己的罪行，即如实交代自己的主要犯罪事实。

法律依据

《刑法》

第六十七条第一款和第二款　犯罪以后自动投案，如实供述自己的罪行的，是自首。对于自首的犯罪分子，可以从轻或者减轻处罚。其中，犯罪较轻的，可以免除处罚。

被采取强制措施的犯罪嫌疑人、被告人和正在服刑的罪犯，如实供述司法机关还未掌握的本人其他罪行的，以自首论。

《刑事诉讼法》

第一百一十条　任何单位和个人发现有犯罪事实或者犯罪嫌疑人，有权利也有义务向公安机关、人民检察院或者人民法院报案或者举报。

被害人对侵犯其人身、财产权利的犯罪事实或者犯罪嫌疑人，有权向公安机关、人民检察院或者人民法院报案或者控告。

公安机关、人民检察院或者人民法院对于报案、控告、举报，都应当接受。对于不属于自己管辖的，应当移送主管机关处理，并且通知报案人、控告人、举报人；对于不属于自己管辖而又必须采取紧急措施的，应当先采取紧急措施，然后移送主管机关。

犯罪人向公安机关、人民检察院或者人民法院自首的，适用第三款规定。

第一百一十二条　人民法院、人民检察院或者公安机关对于报案、控告、举报和自首的材料,应当按照管辖范围,迅速进行审查,认为有犯罪事实需要追究刑事责任的时候,应当立案;认为没有犯罪事实,或者犯罪事实显著轻微,不需要追究刑事责任的时候,不予立案,并且将不立案的原因通知控告人。控告人如果不服,可以申请复议。

48 自动投案途中被警方抓获,算不算自首?

答 犯罪嫌疑人犯罪后,在前往投案的途中被警方抓获,并能如实供述其罪行的,应认定为自首。

解析 自首是刑法规定的量刑情节之一,旨在鼓励犯罪嫌疑人主动认罪、悔罪,有利于案件的侦破和社会治安的维护。《刑法》第67条第1款规定:"犯罪以后自动投案,如实供述自己的罪行的,是自首。对于自首的犯罪分子,可以从轻或者减轻处罚。其中,犯罪较轻的,可以免除处罚。"在判断投案自首的有效性时,需要考虑以下几个因素:

(1)投案的时间。投案的时间越早,越能体现犯罪嫌疑人的诚意和决心。

(2)投案的动机。投案的动机应当是出于真诚的悔罪意愿,而非逃避法律制裁。

(3)投案的方式。投案的方式应当符合法律规定,如直接前往公安机关投案或通过其他合法途径投案。

(4)如实供述罪行。犯罪嫌疑人需要如实供述自己的罪行,不得隐瞒、歪曲事实。

对于在投案途中被警方抓获的情况,如果犯罪嫌疑人已经开始行动,准备投案,并且途中没有逃避、抵抗抓捕的行为,那么通常可以认定为自首。但如果犯罪嫌疑人在投案途中存在逃避、抵抗抓捕的行为,或者故意制造拖延、逃避法律制裁的情况,则可能影响自首的认定。

建议与提示 因为自动投案是犯罪嫌疑人获得从轻与减轻处罚的法定情节,因此只要是确实愿意接受法律的处罚、诚心悔改,无论什么时候、什么形式,只要是真诚投案并如实供述自己的犯罪事实,最终都会得到法律的从宽处理，这也是我国一贯的刑事政策。

法律依据

《刑法》

第六十七条第一款　犯罪以后自动投案，如实供述自己的罪行的，是自首。对于自首的犯罪分子，可以从轻或者减轻处罚。其中，犯罪较轻的，可以免除处罚。

最高人民法院《关于处理自首和立功具体应用法律若干问题的解释》

第一条　根据刑法第六十七条第一款的规定，犯罪以后自动投案，如实供述自己的罪行的，是自首。

（一）自动投案，是指犯罪事实或者犯罪嫌疑人未被司法机关发觉，或者虽被发觉，但犯罪嫌疑人尚未受到讯问、未被采取强制措施时，主动、直接向公安机关、人民检察院或者人民法院投案。

犯罪嫌疑人向其所在单位、城乡基层组织或者其他有关负责人员投案的；犯罪嫌疑人因病、伤或者为了减轻犯罪后果，委托他人先代为投案，或者先以信电投案的；罪行尚未被司法机关发觉，仅因形迹可疑，被有关组织或者司法机关盘问、教育后，主动交代自己的罪行的；犯罪后逃跑，在被通缉、追捕过程中，主动投案的；经查实确已准备去投案，或者正在投案途中，被公安机关捕获的，应当视为自动投案。

并非出于犯罪嫌疑人主动，而是经亲友规劝、陪同投案的；公安机关通知犯罪嫌疑人的亲友，或者亲友主动报案后，将犯罪嫌疑人送去投案的，也应当视为自动投案。

犯罪嫌疑人自动投案后又逃跑的，不能认定为自首。

（二）如实供述自己的罪行，是指犯罪嫌疑人自动投案后，如实交代自己的主要犯罪事实。

犯有数罪的犯罪嫌疑人仅如实供述所犯数罪中部分犯罪的，只对如实供述部分犯罪的行为，认定为自首。

共同犯罪案件中的犯罪嫌疑人，除如实供述自己的罪行，还应当供述所知的同案犯，主犯则应当供述所知其他同案犯的共同犯罪事实，才能认定为自首。

犯罪嫌疑人自动投案并如实供述自己的罪行后又翻供的，不能认定为自首；但在一审判决前又能如实供述的，应当认定为自首。

49 什么是立功？立功有什么用？

答 立功是指犯罪分子揭发他人的犯罪行为，查证属实的，或者提供重要线索，从而得以侦破其他案件的，或者协助司法机关抓获其他嫌疑人的行为。

立功可以从轻或者减轻处罚；有重大立功表现的，可以减轻或者免除处罚。

解析 立功的主体是犯罪分子。家属为了减轻犯罪分子的刑罚，为公安机关侦破案件提供重要线索并破获案件的，不属于立功。

没有指明具体犯罪事实的"揭发"行为。有可能是没有发生的犯罪，也有可能是没有具体线索的犯罪，对公安机关侦破案件起不到破案作用的行为，不属于立功。

犯罪分子提供的线索或者协助行为对于其他案件的侦破或者其他犯罪分子的抓捕不具有实际作用的，也不属于立功。

建议与提示 立功是法定的从轻、减轻处罚情节。犯罪嫌疑人如了解或掌握他人的犯罪事实或线索，应及时向办案机关提供，既可以协助司法机关打击犯罪，维护社会稳定，同时还可以为自己争取到从轻、减轻处罚的机会。

法律依据

《刑法》

第六十八条 犯罪分子有揭发他人犯罪行为，查证属实的，或者提供重要线索，从而得以侦破其他案件等立功表现的，可以从轻或者减轻处罚；有重大立功表现的，可以减轻或者免除处罚。

50 什么是取保候审？取保候审有哪些条件？

答 取保候审，是法律规定的刑事强制措施中的一种。

犯罪嫌疑人被采取刑事拘留强制措施之后，需要变更为取保候审的，需要具备一定的条件，具体包括如下几种：(1)可能判处管制、拘役或者独立适用附加刑的；(2)可能判处有期徒刑以上刑罚，采取取保候审不致发生社会危险性的；(3)患有严重疾病、生活不能自理，怀孕或者正在哺乳自己婴儿的妇女，采取取保候审不致发生社会危险性的；(4)羁押期限届满，案件尚未办结，需要采取取保候审的。

解析 取保候审是在刑事诉讼中，公安机关、检察院和法院等司法机关对未被逮捕或逮捕后需要变更强制措施的犯罪嫌疑人、被告人，责令其提供保证人或者交纳保证金，保证随传随到，对其不予羁押的一种强制措施。

犯罪嫌疑人被采取刑事拘留措施后，符合法律规定条件的可以采取取保候审措施，对犯罪嫌疑人暂时不予羁押。对于采取取保候审措施的对象，需要提出保证人或者交纳保证金。保证人要履行保证义务，被取保候审的犯罪嫌疑人、被告人在取保候审期间应当遵守相关的法律规定。

建议与提示 被取保候审人在取保候审期间若有违规行为，可能导致案件处理时间延长，影响判决结果等。因此，被取保候审人一定要遵守取保候审规定，以免对自己造成不利的影响。

法律依据

《刑事诉讼法》

第六十七条 人民法院、人民检察院和公安机关对有下列情形之一的犯罪嫌疑人、被告人，可以取保候审：

（一）可能判处管制、拘役或者独立适用附加刑的；

（二）可能判处有期徒刑以上刑罚，采取取保候审不致发生社会危险性的；

（三）患有严重疾病、生活不能自理，怀孕或者正在哺乳自己婴儿的妇女，采取取保候审不致发生社会危险性的；

（四）羁押期限届满，案件尚未办结，需要采取取保候审的。

取保候审由公安机关执行。

第六十八条 人民法院、人民检察院和公安机关决定对犯罪嫌疑人、被告人取保候审，应当责令犯罪嫌疑人、被告人提出保证人或者交纳保证金。

第六十九条 保证人必须符合下列条件：

（一）与本案无牵连；

（二）有能力履行保证义务；

（三）享有政治权利，人身自由未受到限制；

（四）有固定的住处和收入。

第七十条 保证人应当履行以下义务：

（一）监督被保证人遵守本法第七十一条的规定；

（二）发现被保证人可能发生或者已经发生违反本法第七十一条规定的行为的，应当及时向执行机关报告。

被保证人有违反本法第七十一条规定的行为，保证人未履行保证义务的，对保证人处以罚款，构成犯罪的，依法追究刑事责任。

第七十一条 被取保候审的犯罪嫌疑人、被告人应当遵守以下规定：

（一）未经执行机关批准不得离开所居住的市、县；

（二）住址、工作单位和联系方式发生变动的，在二十四小时以内向执行机关报告；

（三）在传讯的时候及时到案；

（四）不得以任何形式干扰证人作证；

（五）不得毁灭、伪造证据或者串供。

人民法院、人民检察院和公安机关可以根据案件情况，责令被取保候审的犯罪嫌疑人、被告人遵守以下一项或者多项规定：

（一）不得进入特定的场所；

（二）不得与特定的人员会见或者通信；

（三）不得从事特定的活动；

（四）将护照等出入境证件、驾驶证件交执行机关保存。

被取保候审的犯罪嫌疑人、被告人违反前两款规定，已交纳保证金的，没收部分或者全部保证金，并且区别情形，责令犯罪嫌疑人、被告人具结悔过，重新交纳保证金、提出保证人，或者监视居住、予以逮捕。

对违反取保候审规定，需要予以逮捕的，可以对犯罪嫌疑人、被告人先行拘留。

第七十二条 取保候审的决定机关应当综合考虑保证诉讼活动正常进行的需要，被取保候审人的社会危险性，案件的性质、情节，可能判处刑罚的轻重，被取保候审人的经济状况等情况，确定保证金的数额。

提供保证金的人应当将保证金存入执行机关指定银行的专门账户。

第七十三条 犯罪嫌疑人、被告人在取保候审期间未违反本法第七十一条规定的，取保候审结束的时候，凭解除取保候审的通知或者有关法律文书到银行领取退还的保证金。

51 家属能为犯罪嫌疑人申请取保候审吗？

答 可以。

解析 无论是律师还是家属申请取保候审，都是依照法律规定的程序与条件办理。

建议与提示 家属在为犯罪嫌疑人申请取保候审时如有疑问，建议咨询专业律师。当然，取保候审申请是否被批准，由办案机关根据案件的具体情况确定。

法律依据

《刑事诉讼法》

第三十三条 犯罪嫌疑人、被告人除自己行使辩护权以外，还可以委托一至二人作为辩护人。下列的人可以被委托为辩护人：

……

（三）犯罪嫌疑人、被告人的监护人、亲友。

正在被执行刑罚或者依法被剥夺、限制人身自由的人，不得担任辩护人。

被开除公职和被吊销律师、公证员执业证书的人，不得担任辩护人，但系犯罪嫌疑人、被告人的监护人、近亲属的除外。

第六十七条 人民法院、人民检察院和公安机关对有下列情形之一的犯罪嫌疑人、被告人,可以取保候审:

(一)可能判处管制、拘役或者独立适用附加刑的;

(二)可能判处有期徒刑以上刑罚,采取取保候审不致发生社会危险性的;

(三)患有严重疾病、生活不能自理,怀孕或者正在哺乳自己婴儿的妇女,采取取保候审不致发生社会危险性的;

(四)羁押期限届满,案件尚未办结,需要采取取保候审的。

取保候审由公安机关执行。

52 什么时候可以申请取保候审?

答 在刑事诉讼中,已经被羁押的犯罪嫌疑人,只要符合取保候审条件的,都可以申请取保候审。无论是在公安侦查阶段、检察院审查起诉阶段,还是法院审理阶段,都可以向办案机关提出申请。

解析 取保候审是一种在刑事诉讼过程中,允许犯罪嫌疑人或被告人暂时离开羁押场所,遵守一定的规定和限制,等待裁判结果的措施。取保候审期满之后,由办理取保候审的审批部门根据案件的审理情况,办理解除取保候审手续。

建议与提示 在刑事诉讼中,如果犯罪嫌疑人或者被告人处于被羁押状态,其本人或家属可以根据案件情况及时申请取保候审;已经聘请律师的,辩护律师应根据案件进程及时为当事人申请取保候审,以维护当事人的合法权益。

法律依据

《刑事诉讼法》

第六十七条 人民法院、人民检察院和公安机关对有下列情形之一的犯罪嫌疑人、被告人,可以取保候审:

（一）可能判处管制、拘役或者独立适用附加刑的；

（二）可能判处有期徒刑以上刑罚，采取取保候审不致发生社会危险性的；

（三）患有严重疾病、生活不能自理，怀孕或者正在哺乳自己婴儿的妇女，采取取保候审不致发生社会危险性的；

（四）羁押期限届满，案件尚未办结，需要采取取保候审的。

取保候审由公安机关执行。

第六十八条　人民法院、人民检察院和公安机关决定对犯罪嫌疑人、被告人取保候审，应当责令犯罪嫌疑人、被告人提出保证人或者交纳保证金。

第七十四条　人民法院、人民检察院和公安机关对符合逮捕条件，有下列情形之一的犯罪嫌疑人、被告人，可以监视居住：

（一）患有严重疾病、生活不能自理的；

（二）怀孕或者正在哺乳自己婴儿的妇女；

（三）系生活不能自理的人的唯一扶养人；

（四）因为案件的特殊情况或者办理案件的需要，采取监视居住措施更为适宜的；

（五）羁押期限届满，案件尚未办结，需要采取监视居住措施的。

对符合取保候审条件，但犯罪嫌疑人、被告人不能提出保证人，也不交纳保证金的，可以监视居住。

监视居住由公安机关执行。

53 取保候审后是不是就没事了？

答　不是的。

解析　当事人和家属千万不要认为只要办理了取保候审就意味着“万事大吉”，彻底没事。

取保候审只是一种暂时的、阶段性的变更强制措施，案件还没有终结，只有发现不应当追究被取保候审人刑事责任并作出撤销案件或者终止侦查决定时，案件才算了结。

但是,很多案件会进入下一个诉讼程序。大多数案件会由侦查机关移送检察院审查起诉,由检察院作出是否公诉的决定。如果检察院决定不起诉,则案件终结。如果检察院决定起诉,则检察院会将案件移送法院审理,由法院依法作出判决。

建议与提示 取保候审并不意味着无罪释放,只是暂时对犯罪嫌疑人、被告人不予羁押,后期仍有再行羁押的可能。因此,被取保候审的犯罪嫌疑人、被告人应当严格遵守取保候审的规定,履行法律规定的义务。

法律依据

《刑事诉讼法》

第七十一条第一款 被取保候审的犯罪嫌疑人、被告人应当遵守以下规定:

(一)未经执行机关批准不得离开所居住的市、县;

(二)住址、工作单位和联系方式发生变动的,在二十四小时以内向执行机关报告;

(三)在传讯的时候及时到案;

(四)不得以任何形式干扰证人作证;

(五)不得毁灭、伪造证据或者串供。

第七十九条 人民法院、人民检察院和公安机关对犯罪嫌疑人、被告人取保候审最长不得超过十二个月,监视居住最长不得超过六个月。

在取保候审、监视居住期间,不得中断对案件的侦查、起诉和审理。对于发现不应当追究刑事责任或者取保候审、监视居住期限届满的,应当及时解除取保候审、监视居住。解除取保候审、监视居住,应当及时通知被取保候审、监视居住人和有关单位。

54 取保候审后需要遵守哪些规定?

答 取保候审后需要遵守以下规定:(1)没有经执行机关批准不得离开

所居住的市、县;(2)变动住址、工作单位和联系方式的,要在24小时以内向执行机关报告;(3)在传讯的时候及时到案;(4)不得以任何形式干扰证人作证;(5)不得毁灭、伪造证据或者串供。

司法机关责令犯罪嫌疑人不得进入特定的场所、不得与特定的人员会见或者通信、不得从事特定的活动,以及将护照等出入境证件、驾驶证件交执行机关保存的,犯罪嫌疑人都需要遵照执行。

解析 取保候审的目的是保障犯罪嫌疑人或者被告人在法院进行审判的时候,能正常地参加审判活动。所以,取保候审并不意味着犯罪嫌疑人的诉讼程序结束。取保候审既然是一种刑事强制措施,就一定会对犯罪嫌疑人有一定的约束。

建议与提示 违反取保候审的相关规定可能会导致司法机关责令犯罪嫌疑人具结悔过,重新提供保证,或者变更强制措施为监视居住、刑事拘留或逮捕,犯罪嫌疑人将再次失去人身自由。

法律依据

《刑事诉讼法》

第七十一条第一款 被取保候审的犯罪嫌疑人、被告人应当遵守以下规定:

(一)未经执行机关批准不得离开所居住的市、县;

(二)住址、工作单位和联系方式发生变动的,在二十四小时以内向执行机关报告;

(三)在传讯的时候及时到案;

(四)不得以任何形式干扰证人作证;

(五)不得毁灭、伪造证据或者串供。

第七十二条 取保候审的决定机关应当综合考虑保证诉讼活动正常进行的需要,被取保候审人的社会危险性,案件的性质、情节,可能判处刑罚的轻重,被取保候审人的经济状况等情况,确定保证金的数额。

提供保证金的人应当将保证金存入执行机关指定银行的专门账户。

55 取保候审的期限是多长？到期了怎么办？

答 法院、检察院和公安机关对行为人取保候审的期限最长不得超过12个月。期满应当由决定机关变更强制措施或者解除取保候审。

解析 被取保候审人在取保候审期限届满前，应当尽快联系办案机关了解案件进展，因为办案机关可能会撤销案件，也可能会变更为其他强制措施。

如取保候审期限已经届满，被取保候审人可以督促办案机关作出有关决定，以解决自身是否仍处于刑事诉讼及是否仍受强制措施限制的不确定状态。

被取保候审人及其家属也可以委托专业的刑事律师介入提供帮助，进行申诉或者控告。

建议与提示 《刑事诉讼法》规定，对于发现不应当追究刑事责任或者取保候审、监视居住期限届满的，应当及时解除取保候审、监视居住。解除取保候审、监视居住，要及时通知被取保候审、监视居住人和有关单位。

决定机关未解除取保候审或者未对被取保候审人采取其他刑事强制措施的，被取保候审人及其法定代理人、近亲属或者辩护人有权要求决定机关解除取保候审。

对于发现不应当追究被取保候审人刑事责任并作出撤销案件或者终止侦查决定的，决定机关应当及时作出解除取保候审决定，并送交执行机关。

法律依据

《刑事诉讼法》

第七十九条 人民法院、人民检察院和公安机关对犯罪嫌疑人、被告人取保候审最长不得超过十二个月，监视居住最长不得超过六个月。

在取保候审、监视居住期间，不得中断对案件的侦查、起诉和审理。对于发现不应当追究刑事责任或者取保候审、监视居住期限届满的，应当及时解除取保候审、监视居住。解除取保候审、监视居住，应当及时通知被取保候审、监视居住人和有关单位。

最高人民法院、最高人民检察院、公安部、国家安全部《关于印发〈关于取保候审若干问题的规定〉的通知》

第二十四条　取保候审期限届满，决定机关应当作出解除取保候审或者变更强制措施的决定，并送交执行机关。决定机关未解除取保候审或者未对被取保候审人采取其他刑事强制措施的，被取保候审人及其法定代理人、近亲属或者辩护人有权要求决定机关解除取保候审。

对于发现不应当追究被取保候审人刑事责任并作出撤销案件或者终止侦查决定的，决定机关应当及时作出解除取保候审决定，并送交执行机关。

有下列情形之一的，取保候审自动解除，不再办理解除手续，决定机关应当及时通知执行机关：

（一）取保候审依法变更为监视居住、拘留、逮捕，变更后的强制措施已经开始执行的；

（二）人民检察院作出不起诉决定的；

（三）人民法院作出的无罪、免予刑事处罚或者不负刑事责任的判决、裁定已经发生法律效力的；

（四）被判处管制或者适用缓刑，社区矫正已经开始执行的；

（五）被单处附加刑，判决、裁定已经发生法律效力的；

（六）被判处监禁刑，刑罚已经开始执行的。

执行机关收到决定机关上述决定书或者通知后，应当立即执行，并将执行情况及时通知决定机关。

第二十六条　在侦查或者审查起诉阶段已经采取取保候审的，案件移送至审查起诉或者审判阶段时，需要继续取保候审、变更保证方式或者变更强制措施的，受案机关应当在七日内作出决定，并通知移送案件的机关和执行机关。

受案机关作出取保候审决定并执行后，原取保候审措施自动解除，不再办理解除手续。对继续采取保证金保证的，原则上不变更保证金数额，不再重新收取保证金。受案机关变更的强制措施开始执行后，应当及时通知移送案件的机关和执行机关，原取保候审决定自动解除，不再办理解除手续，执行机关应当依法退还保证金。

取保候审期限即将届满，受案机关仍未作出继续取保候审或者变更强制措施决定的，移送案件的机关应当在期限届满十五日前书面通知受案机关。受案机关应当在取保候审期限届满前作出决定,并通知移送案件的机关和执行机关。

56 取保候审的保证金可以退吗?

答 可以退。

解析 实践中,被取保候审人可以凭解除取保候审通知书或者有关法律文书到银行领取退还的保证金。他人受被取保候审人委托领取的,应当出具委托书。被取保候审人在取保候审期间若违反法律规定,则公安机关及作出取保候审决定的机关可以作出没收保证金的决定。

建议与提示 如相关机关及工作人员应退还取保候审保证金而未退还,被取保候审人可以提出申诉或控告。

需要注意保证金退还的次序。对被取保候审的被告人的判决、裁定生效后,如果保证金属于其个人财产,且需要用以退赔被害人、履行附带民事赔偿义务或者执行财产刑,法院可以书面通知公安机关移交全部保证金,由法院作出处理,剩余部分退还被告人。

法律依据

《刑事诉讼法》

第七十三条 犯罪嫌疑人、被告人在取保候审期间未违反本法第七十一条规定的,取保候审结束的时候,凭解除取保候审的通知或者有关法律文书到银行领取退还的保证金。

第一百一十七条 当事人和辩护人、诉讼代理人、利害关系人对于司法机关及其工作人员有下列行为之一的,有权向该机关申诉或者控告:

(一)采取强制措施法定期限届满,不予以释放、解除或者变更的;

(二)应当退还取保候审保证金不退还的;

(三)对与案件无关的财物采取查封、扣押、冻结措施的;

(四)应当解除查封、扣押、冻结不解除的;

(五)贪污、挪用、私分、调换、违反规定使用查封、扣押、冻结的财物的。

受理申诉或者控告的机关应当及时处理。对处理不服的,可以向同级人民检察院申诉;人民检察院直接受理的案件,可以向上一级人民检察院申诉。人民检察院对申诉应当及时进行审查,情况属实的,通知有关机关予以纠正。

57 侦查阶段办案机关的办案期限有多久?

答 加上所有有权机构的批准,最长可以延长到 8 个月零 7 天。

解析 侦查阶段,刑事拘留 30 天,呈报批捕 7 天;刑事逮捕后侦查 2 个月(60 天),重大案件办案机关可申请延长侦查期,最多延长 3 次,最长延长 5 个月(150 天),合计 8 个月零 7 天。

建议与提示 对于刑事案件的侦查期限,办案机关会根据案件情况、所涉及罪名、涉案人数,以及调查取证的难易程度等作出相应的处理,在必要的时候很可能会延长办案期限,以满足调查取证的需要。对此,犯罪嫌疑人若有疑问可向所聘请的律师咨询了解。只要是在法律规定的期限里,犯罪嫌疑人与家属不用过于紧张,因为羁押期限最终是可以折抵刑期的。

但是,若办案机关办案过程中确实存在违法或超期羁押等问题,律师可以帮家属或犯罪嫌疑人进行申诉、控告,没有聘请律师的情况下,犯罪嫌疑人家属亦可以依法向有关部门申诉、控告。

法律依据

《刑事诉讼法》

第一百五十六条 对犯罪嫌疑人逮捕后的侦查羁押期限不得超过二个月。案情复杂、期限届满不能终结的案件,可以经上一级人民检察院批准延长一个月。

第一百五十七条 因为特殊原因,在较长时间内不宜交付审判的特别重大复杂的案件,由最高人民检察院报请全国人民代表大会常务委员会批准延期审理。

第一百五十八条 下列案件在本法第一百五十六条规定的期限届满不能侦查终结的，经省、自治区、直辖市人民检察院批准或者决定，可以延长二个月：

（一）交通十分不便的边远地区的重大复杂案件；

（二）重大的犯罪集团案件；

（三）流窜作案的重大复杂案件；

（四）犯罪涉及面广，取证困难的重大复杂案件。

第一百五十九条 对犯罪嫌疑人可能判处十年有期徒刑以上刑罚，依照本法第一百五十八条规定延长期限届满，仍不能侦查终结的，经省、自治区、直辖市人民检察院批准或者决定，可以再延长二个月。

58 公民人身权益、财产权益受到侵害，可以向哪里报案？

答 公民人身权益、财产权益受到侵害的，有权向公安机关、检察院或者法院报案或者控告。

解析 公安机关、检察院或者法院对于报案、控告都应该接受。对于不属于自己管辖的，应当移送主管机关处理，并且通知报案人、控告人；对于不属于自己管辖而又必须采取紧急措施的，应当先采取紧急措施，然后移送主管机关。

建议与提示 任何单位和个人发现有犯罪事实或者犯罪嫌疑人，有权利也有义务向公安机关、检察院或者法院报案或举报。被害人对侵犯其人身、财产权利的犯罪事实或者犯罪嫌疑人，有权向公安机关、检察院或者法院报案或控告。以及时保护公民人身权益与财产权益不受侵害。

法律依据

《刑事诉讼法》

第二十五条 刑事案件由犯罪地的人民法院管辖。如果由被告人居住地的人民法院审判更为适宜的，可以由被告人居住地的人民法院管辖。

第二十六条　几个同级人民法院都有权管辖的案件，由最初受理的人民法院审判。在必要的时候，可以移送主要犯罪地的人民法院审判。

第二十七条　上级人民法院可以指定下级人民法院审判管辖不明的案件，也可以指定下级人民法院将案件移送其他人民法院审判。

第二十八条　专门人民法院案件的管辖另行规定。

第一百一十条　任何单位和个人发现有犯罪事实或者犯罪嫌疑人，有权利也有义务向公安机关、人民检察院或者人民法院报案或者举报。

被害人对侵犯其人身、财产权利的犯罪事实或者犯罪嫌疑人，有权向公安机关、人民检察院或者人民法院报案或者控告。

公安机关、人民检察院或者人民法院对于报案、控告、举报，都应当接受。对于不属于自己管辖的，应当移送主管机关处理，并且通知报案人、控告人、举报人；对于不属于自己管辖而又必须采取紧急措施的，应当先采取紧急措施，然后移送主管机关。

犯罪人向公安机关、人民检察院或者人民法院自首的，适用第三款规定。

59　什么是监视居住？

答　监视居住是指公安机关、检察院和法院责令被逮捕的犯罪嫌疑人、被告人在一定期限内不得离开指定的区域，并对其行动加以监视的强制措施。

解析　监视居住适用于符合逮捕条件但具有监视居住法定情形的犯罪嫌疑人、被告人，如患有严重疾病、生活不能自理，怀孕或者正在哺乳自己婴儿的妇女，系生活不能自理的人的唯一扶养人等。此外，羁押期限届满，案件尚未办结，需要采取监视居住措施的，也可以适用监视居住。监视居住的期限最长不得超过6个月，其间，被监视居住的犯罪嫌疑人、被告人需要遵守一定的规定，如未经执行机关批准不得离开执行监视居住的处所，不得会见他人或者通信等。如果违反规定，情节严重，可以予以逮捕。

建议与提示 法律规定，监视居住应当在犯罪嫌疑人、被告人的住处执行。司法实务中当事人在被采取监视居住措施时，家属或聘请的辩护律师应及时向办案机关提供相关住所信息与资料，便于办案机关依法在犯罪嫌疑人、被告人住处执行，避免办案机关指定于其他办案地点执行监视居住，以利于更有效、准确地执行法律，确保犯罪嫌疑人、被告人在自己熟悉的环境里生活与起居。

只有无固定住处的犯罪嫌疑人、被告人，才可以在办案机关指定的居所执行监视居住；对于涉嫌危害国家安全犯罪、恐怖活动犯罪，在其住处执行可能有碍侦查的犯罪嫌疑人、被告人，经上一级公安机关批准，也可以在办案机关指定的居所执行。但是，不得在羁押场所、专门的办案场所执行。

法律依据

《刑事诉讼法》

第七十四条 人民法院、人民检察院和公安机关对符合逮捕条件，有下列情形之一的犯罪嫌疑人、被告人，可以监视居住：

（一）患有严重疾病、生活不能自理的；

（二）怀孕或者正在哺乳自己婴儿的妇女；

（三）系生活不能自理的人的唯一扶养人；

（四）因为案件的特殊情况或者办理案件的需要，采取监视居住措施更为适宜的；

（五）羁押期限届满，案件尚未办结，需要采取监视居住措施的。

对符合取保候审条件，但犯罪嫌疑人、被告人不能提出保证人，也不交纳保证金的，可以监视居住。

监视居住由公安机关执行。

第七十五条 监视居住应当在犯罪嫌疑人、被告人的住处执行；无固定住处的，可以在指定的居所执行。对于涉嫌危害国家安全犯罪、恐怖活动犯罪，在住处执行可能有碍侦查的，经上一级公安机关批准，也可以在指定的居所执行。但是，不得在羁押场所、专门的办案场所执行。

指定居所监视居住的，除无法通知的以外，应当在执行监视居住后二十四小时以内，通知被监视居住人的家属。

被监视居住的犯罪嫌疑人、被告人委托辩护人，适用本法第三十四条的规定。

人民检察院对指定居所监视居住的决定和执行是否合法实行监督。

60 监视居住的期限是多长？

答 监视居住的期限最长不得超过6个月。

解析 如果被判处实刑，对于指定居所监视居住的，监视居住的期限应当折抵刑期。被判处管制的，监视居住1日折抵刑期1日；被判处拘役、有期徒刑的，监视居住2日折抵刑期1日。

建议与提示 监视居住是一种相较羁押状态更为宽松的强制措施。监视居住期间当事人享有律师的会见权等诉讼权利。如果指定监视居住的地点为当事人的住所，除不能随意外出外，对当事人的日常饮食起居均无特殊限制，因此，对于不能取保候审的当事人，在符合条件的情况下，当事人及其辩护人也可以申请监视居住。

法律依据

《刑事诉讼法》

第七十六条　指定居所监视居住的期限应当折抵刑期。被判处管制的，监视居住一日折抵刑期一日；被判处拘役、有期徒刑的，监视居住二日折抵刑期一日。

第七十九条　人民法院、人民检察院和公安机关对犯罪嫌疑人、被告人取保候审最长不得超过十二个月，监视居住最长不得超过六个月。

在取保候审、监视居住期间，不得中断对案件的侦查、起诉和审理。对于发现不应当追究刑事责任或者取保候审、监视居住期限届满的，应当及时解除取保候审、监视居住。解除取保候审、监视居住，应当及时通知被取保候审、监视居住人和有关单位。

61 公安机关拘留人的时候要不要出示手续？要不要通知家属？

答 公安机关拘留人的时候，必须出示拘留证。拘留后除无法通知或者涉嫌危害国家安全犯罪、恐怖活动犯罪，通知可能有碍侦查的情形外，公安机关应当在拘留后24小时以内，通知被拘留人的家属。

解析 公安机关执行拘留时，不仅要出示拘留证，还要责令被拘留人在拘留证上签名（盖章）、捺指印。执行拘留的人员拒绝签名（盖章）或者捺指印的，应当予以注明。拘留后，应当立即将被拘留人送至看守所羁押，至迟不得超过24小时，同时应在24小时内通知被拘留人的家属。

建议与提示 法律仅要求公安机关在24小时内通知家属，并没有要求在24小时内通知到家属。实践中，有的公安机关会采取邮寄方式通知，且一般会邮寄到被拘留人户籍所在地。因此，必要时家属可聘请律师及时了解刑事拘留情况。

法律依据

《刑事诉讼法》

第八十五条 公安机关拘留人的时候，必须出示拘留证。

拘留后，应当立即将被拘留人送看守所羁押，至迟不得超过二十四小时。除无法通知或者涉嫌危害国家安全犯罪、恐怖活动犯罪通知可能有碍侦查的情形以外，应当在拘留后二十四小时以内，通知被拘留人的家属。有碍侦查的情形消失以后，应当立即通知被拘留人的家属。

62 公安机关逮捕人的时候要不要出示手续？要不要通知家属？

答 公安机关逮捕人的时候，必须出示逮捕证。逮捕后，除无法通知的外，应当在逮捕后24小时以内，通知被逮捕人的家属。

解析 公安机关在执行逮捕时，不仅必须有逮捕证，还必须向被逮捕人出示逮捕证，并责令被逮捕人在逮捕证上签名、捺指印。逮捕后，一般情况下公安机关应当在24小时以内通知被逮捕人的家属。但如果有以下无法通知的情形，则等无法通知的情形消失后，再立即通知被逮捕人的家属，相关情形包括：(1)不讲真实姓名、住址、身份不明的；(2)没有家属的；(3)提供的家属联系方式无法取得联系的；(4)因自然灾害等不可抗力导致无法通知的。

建议与提示 法律规定，公安机关执行逮捕时，必须出示逮捕证，并责令被逮捕人在逮捕证上签名、捺指印，拒绝签名、捺指印的，侦查人员应当注明。逮捕后，应当立即将被逮捕人送看守所羁押。执行逮捕的侦查人员不得少于2人。遇到公安机关执行逮捕时，如公安机关未出示逮捕证，应当要求其出示。如果公安机关仍未出示，可以以程序违法为由拒绝被逮捕。配合公安机关的工作是每个公民的义务和责任，但是同时也要维护自己的合法权益，确保自己不会受到不公正的对待。

法律依据

《刑事诉讼法》

第九十三条　公安机关逮捕人的时候，必须出示逮捕证。

逮捕后，应当立即将被逮捕人送看守所羁押。除无法通知的以外，应当在逮捕后二十四小时以内，通知被逮捕人的家属。

《公安机关办理刑事案件程序规定》

第一百一十三条　指定居所监视居住的，除无法通知的以外，应当制作监视居住通知书，在执行监视居住后二十四小时以内，由决定机关通知被监视居住人的家属。

有下列情形之一的，属于本条规定的“无法通知”：

(一)不讲真实姓名、住址、身份不明的；

(二)没有家属的；

(三)提供的家属联系方式无法取得联系的；

(四)因自然灾害等不可抗力导致无法通知的。

无法通知的情形消失以后，应当立即通知被监视居住人的家属。

无法通知家属的，应当在监视居住通知书中注明原因。

第一百四十三条 执行逮捕时，必须出示逮捕证，并责令被逮捕人在逮捕证上签名、捺指印，拒绝签名、捺指印的，侦查人员应当注明。逮捕后，应当立即将被逮捕人送看守所羁押。

执行逮捕的侦查人员不得少于二人。

第一百四十五条 对犯罪嫌疑人执行逮捕后，除无法通知的情形以外，应当在逮捕后二十四小时以内，制作逮捕通知书，通知被逮捕人的家属。逮捕通知书应当写明逮捕原因和羁押处所。

本条规定的“无法通知”的情形适用本规定第一百一十三条第二款的规定。

无法通知的情形消除后，应当立即通知被逮捕人的家属。

对于没有在二十四小时以内通知家属的，应当在逮捕通知书中注明原因。

63 公安机关进行搜查有什么规定与要求？

答 公安机关进行搜查时必须向被搜查人出示搜查证，除非是在执行逮捕、拘留的时候遇到紧急情况，才可以不用搜查证。执行搜查的侦查人员不得少于2人。搜查的时候，应当有被搜查人或者他的家属、邻居或者其他见证人在场。搜查妇女的身体，应当由女工作人员进行。搜查的情况应当写成笔录，由侦查人员和被搜查人或者他的家属，邻居或者其他见证人签名或者盖章。如果被搜查人或者他的家属在逃或者拒绝签名、盖章，应当在笔录上注明。

解析 公安机关为了收集犯罪证据、查明涉案事实，有权对犯罪嫌疑人以及可能隐藏罪犯或者犯罪证据的人的身体、物品、住处和其他有关的地方进行搜查，但搜查时必须严格按照法律规定的要求和程序进行。

建议与提示 配合公安机关的工作是我们每个公民的义务和责任。在面对公安机关的搜查时，我们应该保持冷静、理智，不要和警方发生冲突。同时，我们也要注意维护自己的合法权益，如发现公安机关的程序违法，或侵犯了自己的人身或财产权益等，可以向公安机关提出拒绝搜查。

法律依据

《刑事诉讼法》

第一百三十六条　为了收集犯罪证据、查获犯罪人，侦查人员可以对犯罪嫌疑人以及可能隐藏罪犯或者犯罪证据的人的身体、物品、住处和其他有关的地方进行搜查。

第一百三十八条　进行搜查，必须向被搜查人出示搜查证。

在执行逮捕、拘留的时候，遇有紧急情况，不另用搜查证也可以进行搜查。

第一百三十九条　在搜查的时候，应当有被搜查人或者他的家属，邻居或者其他见证人在场。

搜查妇女的身体，应当由女工作人员进行。

第一百四十条　搜查的情况应当写成笔录，由侦查人员和被搜查人或者他的家属，邻居或者其他见证人签名或者盖章。如果被搜查人或者他的家属在逃或者拒绝签名、盖章，应当在笔录上注明。

《公安机关办理刑事案件程序规定》

第二百二十二条　为了收集犯罪证据、查获犯罪人，经县级以上公安机关负责人批准，侦查人员可以对犯罪嫌疑人以及可能隐藏罪犯或者犯罪证据的人的身体、物品、住处和其他有关的地方进行搜查。

第二百二十三条　进行搜查，必须向被搜查人出示搜查证，执行搜查的侦查人员不得少于二人。

第二百二十四条　执行拘留、逮捕的时候，遇有下列紧急情况之一的，不用搜查证也可以进行搜查：

（一）可能随身携带凶器的；

（二）可能隐藏爆炸、剧毒等危险物品的；

（三）可能隐匿、毁弃、转移犯罪证据的；

（四）可能隐匿其他犯罪嫌疑人的；

（五）其他突然发生的紧急情况。

第二百二十五条　进行搜查时，应当有被搜查人或者他的家属、邻居或者其他见证人在场。

公安机关可以要求有关单位和个人交出可以证明犯罪嫌疑人有罪或者无罪的物证、书证、视听资料等证据。遇到阻碍搜查的,侦查人员可以强制搜查。

搜查妇女的身体,应当由女工作人员进行。

第二百二十六条 搜查的情况应当制作笔录,由侦查人员和被搜查人或者他的家属,邻居或者其他见证人签名。

如果被搜查人拒绝签名,或者被搜查人在逃,他的家属拒绝签名或者不在场的,侦查人员应当在笔录中注明。

64 公安机关查封扣押书证、物证有什么规定与要求?

答 公安机关查封公民财产,扣押任何书证、物证都有严格的法律规定与程序要求。

解析 法律规定,任何组织或者个人都不得有超越宪法和法律的特权;公民的合法的私有财产不受侵犯;公民的住宅不受侵犯,禁止非法搜查或者非法侵入公民的住宅。因此,司法机关如果需要查封、扣押公民或他人的书证与物证,必须依法进行。具体的规定与要求有以下几个方面:

(1)是否基于侦查办案需要,是否已经属于正式立案的事项。

(2)执行查封、扣押的侦查人员不得少于2人,并需要向书证、物证的所有人、持有人或管理人出示法律规定的有关法律文书。

(3)查封、扣押的情况应当制作笔录,由侦查人员、持有人和见证人签名。

(4)查封、扣押时,侦查人员需会同在场见证人和被查封、扣押、财物、文件的持有人查点清楚,当场开列查封、扣押清单,一式三份,写明财物或者文件的名称、编号、数量、特征及其来源等,由侦查人员、持有人和见证人签名,一份交给持有人。

(5)无法确定持有人或者持有人拒绝签名的,侦查人员应当在笔录中注明。

(6)扣押文物、贵金属、珠宝、字画等贵重财物的,应当拍照或者录音录像,并及时鉴定、估价。

(7)执行查封、扣押时,应当为犯罪嫌疑人及其所扶养的亲属保留必需的生活费用和物品;与案件无关的财物、文件,不得查封、扣押。

建议与提示 面对办案机关的查封、扣押行为,物品持有人或所有人应尽可能保持冷静,依法了解侦查人员的身份,以及其有无相应的法律文书,了解查封扣押的原因与依据。

在侦查人员查封、扣押过程中,建议物品持有人或所有人积极协助清点、登记。如果属于他人的物品,或者确实与案件无关的财物和物品,应及时声明,避免影响正常生活及损害他人利益;声明遭到拒绝的,可以拒绝签字确认。物品持有人或所有人应保存好扣押清单,便于必要时向办案机关索取相关物品。

法律依据

《宪法》

第十三条第一款 公民的合法的私有财产不受侵犯。

第三十九条 中华人民共和国公民的住宅不受侵犯。禁止非法搜查或者非法侵入公民的住宅。

《刑事诉讼法》

第一百四十一条 在侦查活动中发现的可用以证明犯罪嫌疑人有罪或者无罪的各种财物、文件,应当查封、扣押;与案件无关的财物、文件,不得查封、扣押。

对查封、扣押的财物、文件,要妥善保管或者封存,不得使用、调换或者损毁。

第一百四十二条 对查封、扣押的财物、文件,应当会同在场见证人和被查封、扣押财物、文件持有人查点清楚,当场开列清单一式二份,由侦查人员、见证人和持有人签名或者盖章,一份交给持有人,另一份附卷备查。

第一百四十三条 侦查人员认为需要扣押犯罪嫌疑人的邮件、电报的时候,经公安机关或者人民检察院批准,即可通知邮电机关将有关的邮件、电报检交扣押。

不需要继续扣押的时候,应即通知邮电机关。

第一百四十四条 人民检察院、公安机关根据侦查犯罪的需要，可以依照规定查询、冻结犯罪嫌疑人的存款、汇款、债券、股票、基金份额等财产。有关单位和个人应当配合。

犯罪嫌疑人的存款、汇款、债券、股票、基金份额等财产已被冻结的，不得重复冻结。

第一百四十五条 对查封、扣押的财物、文件、邮件、电报或者冻结的存款、汇款、债券、股票、基金份额等财产，经查明确实与案件无关的，应当在三日以内解除查封、扣押、冻结，予以退还。

65 公安机关办理刑事案件，询问证人有什么规定与要求？

答 公安机关办理刑事案件，应依照现有的相关法律法规进行，询问证人属于侦查活动之一，要严格依照相应的法律规定与要求。

解析 根据目前法律的规定，公安机关询问证人之前，应该告知证人询问的原因、依据，并依法告知其所享有的诉讼权利及公民履行作证的义务，以及如实提供证言的要求等；对于与案件无关的事实及他人隐私，证人可以拒绝回答；对于提供证言的地点与场所，证人可以向公安机关提出个人的建议。

对于公安机关所作的询问或调查笔录，如果需要证人签字确认，证人应该认真查阅与核对，如果记载有遗漏或者差错，证人可以提出补充或者改正。

建议与提示 证人被公安机关要求作证时，可以了解相关事由，并核实确认办案人员身份；法律规定公安机关调查取证时，不能单独、私自办理，须2名以上有正式身份的警察方可调取证据。这样做的目的，既是依法维护证人的合法权益，也是对所证实的事情负责。

法律依据

《刑事诉讼法》

第一百二十二条 讯问笔录应当交犯罪嫌疑人核对，对于没有阅读能力的，应当向他宣读。如果记载有遗漏或者差错，犯罪嫌疑人可以提出补充或者改正。犯罪嫌疑人承认笔录没有错误后,应当签名或者盖章。侦查人员也应当在笔录上签名。犯罪嫌疑人请求自行书写供述的,应当准许。必要的时候,侦查人员也可以要犯罪嫌疑人亲笔书写供词。

第一百二十四条 侦查人员询问证人,可以在现场进行,也可以到证人所在单位、住处或者证人提出的地点进行,在必要的时候,可以通知证人到人民检察院或者公安机关提供证言。在现场询问证人,应当出示工作证件,到证人所在单位、住处或者证人提出的地点询问证人,应当出示人民检察院或者公安机关的证明文件。

询问证人应当个别进行。

第一百二十五条 询问证人,应当告知他应当如实地提供证据、证言和有意作伪证或者隐匿罪证要负的法律责任。

第一百二十六条 本法第一百二十二条的规定,也适用于询问证人。

第一百二十七条 询问被害人,适用本节各条规定。

66 什么是通缉?

答 通缉是指公安机关或检察院对应当逮捕而在逃的犯罪嫌疑人通令缉捕的紧急侦查措施。

解析 对于应当逮捕而在逃的犯罪嫌疑人,经县级以上公安机关负责人批准,可以发布通缉令,采取有效措施,追捕归案。

被通缉的对象仅限于依法应当逮捕而在逃的犯罪嫌疑人,包括依法应当逮捕而在逃的和已被逮捕但在羁押期间逃跑的犯罪嫌疑人。

对于通缉令的内容,法律规定应当尽可能写明被通缉人的姓名、别名、曾用名、绰号、性别、年龄、民族、籍贯、出生地、户籍所在地、居住地、职业、身份证号码、衣着和体貌特征、口音、行为习惯,并附被通缉人近期照片,还可以附指纹及其他物证的照片。除必须保密的事项外,应当写明案发的时间、地点和简要案情。

此外,检察院办理直接受理侦查的案件,应当逮捕的犯罪嫌疑人在逃,或者已被逮捕的犯罪嫌疑人脱逃的,经检察长批准,也可以通缉。但检察院的通缉令仍由公安机关发布。

同时,为发现重大犯罪线索,追缴涉案财物、证据,查获犯罪嫌疑人,必要时,经县级以上公安机关负责人批准,可以发布悬赏通告,悬赏通告应当写明悬赏对象的基本情况和赏金的具体数额。

通缉令、悬赏通告可以广泛张贴,并可以通过广播、电视、报刊、计算机网络等方式发布。

建议与提示 对于通缉在案的犯罪嫌疑人,任何公民都有权扭送其到公安机关、检察院或法院处理。但是由于被通缉对象在被通缉的状态下往往处于比较紧张焦躁的特殊精神与心理状态,可能会采取极端行为,广大公民应注意自己的人身安全。

法律依据

《刑事诉讼法》

第一百五十五条 应当逮捕的犯罪嫌疑人如果在逃,公安机关可以发布通缉令,采取有效措施,追捕归案。

各级公安机关在自己管辖的地区以内,可以直接发布通缉令;超出自己管辖的地区,应当报请有权决定的上级机关发布。

《公安机关办理刑事案件程序规定》

第二百七十四条 应当逮捕的犯罪嫌疑人在逃的,经县级以上公安机关负责人批准,可以发布通缉令,采取有效措施,追捕归案。

县级以上公安机关在自己管辖的地区内,可以直接发布通缉令;超出自己管辖的地区,应当报请有权决定的上级公安机关发布。

通缉令的发送范围,由签发通缉令的公安机关负责人决定。

第二百七十五条 通缉令中应当尽可能写明被通缉人的姓名、别名、曾用名、绰号、性别、年龄、民族、籍贯、出生地、户籍所在地、居住地、职业、身份证号码、衣着和体貌特征、口音、行为习惯,并附被通缉人近期照片,可以附指纹及其他物证的照片。除了必须保密的事项以外,应当写明发案的时间、地点和简要案情。

第二百七十六条 通缉令发出后,如果发现新的重要情况可以补发通报。通报必须注明原通缉令的编号和日期。

第二百七十七条 公安机关接到通缉令后,应当及时布置查缉。抓获犯罪嫌疑人后,报经县级以上公安机关负责人批准,凭通缉令或者相关法律文书羁押,并通知通缉令发布机关进行核实,办理交接手续。

第二百七十八条 需要对犯罪嫌疑人在口岸采取边控措施的,应当按照有关规定制作边控对象通知书,并附有关法律文书,经县级以上公安机关负责人审核后,层报省级公安机关批准,办理全国范围内的边控措施。需要限制犯罪嫌疑人人身自由的,应当附有关限制人身自由的法律文书。

紧急情况下,需要采取边控措施的,县级以上公安机关可以出具公函,先向有关口岸所在地出入境边防检查机关交控,但应当在七日以内按照规定程序办理全国范围内的边控措施。

第二百七十九条 为发现重大犯罪线索,追缴涉案财物、证据,查获犯罪嫌疑人,必要时,经县级以上公安机关负责人批准,可以发布悬赏通告。

悬赏通告应当写明悬赏对象的基本情况和赏金的具体数额。

第二百八十条 通缉令、悬赏通告应当广泛张贴,并可以通过广播、电视、报刊、计算机网络等方式发布。

第二百八十一条 经核实,犯罪嫌疑人已经自动投案、被击毙或者被抓获,以及发现有其他不需要采取通缉、边控、悬赏通告的情形的,发布机关应当在原通缉、通知、通告范围内,撤销通缉令、边控通知、悬赏通告。

第二百八十二条 通缉越狱逃跑的犯罪嫌疑人、被告人或者罪犯,适用本节的有关规定。

《人民检察院刑事诉讼规则》

第二百三十二条 人民检察院办理直接受理侦查的案件,应当逮捕的犯罪嫌疑人在逃,或者已被逮捕的犯罪嫌疑人脱逃的,经检察长批准,可以通缉。

第二百三十三条 各级人民检察院需要在本辖区内通缉犯罪嫌疑人的,可以直接决定通缉;需要在本辖区外通缉犯罪嫌疑人的,由有决定权的上级人民检察院决定。

第二百三十四条 人民检察院应当将通缉通知书和通缉对象的照片、身份、特征、案情简况送达公安机关,由公安机关发布通缉令,追捕归案。

第二百三十五条 为防止犯罪嫌疑人等涉案人员逃往境外,需要在边防口岸采取边控措施的，人民检察院应当按照有关规定制作边控对象通知书，商请公安机关办理边控手续。

第二百三十六条 应当逮捕的犯罪嫌疑人潜逃出境的，可以按照有关规定层报最高人民检察院商请国际刑警组织中国国家中心局，请求有关方面协助，或者通过其他法律规定的途径进行追捕。

67 什么案件的律师会见犯罪嫌疑人需要经过侦查机关的批准？

答 危害国家安全犯罪、恐怖活动犯罪案件，在侦查期间辩护律师会见在押的犯罪嫌疑人，应当经侦查机关许可。

解析 这两类案件由于涉及国家的安全和利益，律师会见在押的犯罪嫌疑人时，需要经过侦查机关的批准。

建议与提示 这是《刑事诉讼法》就这两类案件作出的特别规定。因为危害国家安全犯罪、恐怖活动犯罪是维护国家主权，涉及国家安全的严重犯罪行为，因此法律对于此两类案件的侦查、起诉与审理都特别重视，也特别审慎。基于此，对于律师的会见，审查与把关相较其他案件也更为严格，需要经过侦查机关的批准。因此，广大民众要有高度的政治责任感与国家主权意识，避免触犯这两类严重危害国家政权与社会安全的犯罪行为。

法律依据

《刑事诉讼法》

第三十九条第三款 危害国家安全犯罪、恐怖活动犯罪案件，在侦查期间辩护律师会见在押的犯罪嫌疑人，应当经侦查机关许可。上述案件，侦查机关应当事先通知看守所。

68 什么情况下公安机关应当撤销案件？

答 撤销案件，即刑事案件立案之后，依照侦查情况及法律规定，将所立案件予以撤销的一种案件处理方式。这里包括了对案件是否存在的撤销，或者有案件发生但经确认不是已立案对象所为的撤销。

法律规定，应当撤销的案件包括以下几种：(1)没有犯罪事实的；(2)情节显著轻微、危害不大，不认为是犯罪的；(3)犯罪已过追诉时效期限的；(4)经特赦令免除刑罚的；(5)犯罪嫌疑人死亡的；(6)其他依法不追究刑事责任的。此外，虽然有犯罪事实的发生，但不是被立案侦查的犯罪嫌疑人实施的，或者共同犯罪案件中对部分犯罪嫌疑人不予刑事处罚的，应该撤销对该犯罪嫌疑人的刑事立案，并立即予以释放。

对于犯罪嫌疑人自愿如实供述涉嫌犯罪的事实，有重大立功或者案件涉及国家重大利益，需要撤销案件的，则应当层报公安部，由公安部商请最高人民检察院核准后撤销案件。

解析 刑事案件的立案，包括公安机关直接发现的已经发生的刑事案件的立案，也包括公民扭送、报案、控告、举报或者犯罪嫌疑人自动投案的案件的立案，还包括其他组织或单位在工作中发现的涉嫌犯罪移送的案件的立案。

公安机关立案之后，要对案件依法进行侦查。在侦查过程中，公安机关发现不应对犯罪嫌疑人追究刑事责任的，应当撤销案件，将犯罪嫌疑人予以释放。如果犯罪嫌疑人已被逮捕，亦应当立即释放，发给释放证明，并通知原批准逮捕的人民检察院。

建议与提示 基于公安机关所承担的维护社会稳定，保护全社会公民人身健康与生命、财产权益的需要，刑事案件的立案，有的是对现行犯的立案，但更多的是其他方式引起的立案。例如，事后的，其他部门移送的，公民控告、举报等方式引起的立案。因此，有的案件可能出现错误或无须立案的情况，这就需要进一步的侦查来确认。因此便会出现立案之后又撤销案件的情况。

在公安机关立案后的侦查过程中，涉及当事人没有参与涉案犯罪行为的，需要当事人自己如实陈述与辩解；情节显著轻微、危害不大，不认为是犯罪，以及犯罪已过追诉时效期限等不需要或不应该追究刑事责任的，可以及时寻求律师的专业帮助，及时与办案机关进行沟通交流，以争取尽快获得释放。

特别是在一些共同犯罪或团伙犯罪案件中，有的涉案人员是不予刑事处罚的，此时需要涉案人员及其家属的争取，以及专业人士的帮助，避免涉案人员遭受不必要的刑事处罚。

法律依据

《刑事诉讼法》

第一百六十三条 在侦查过程中，发现不应对犯罪嫌疑人追究刑事责任的，应当撤销案件；犯罪嫌疑人已被逮捕的，应当立即释放，发给释放证明，并且通知原批准逮捕的人民检察院。

第一百八十二条第一款 犯罪嫌疑人自愿如实供述涉嫌犯罪的事实，有重大立功或者案件涉及国家重大利益的，经最高人民检察院核准，公安机关可以撤销案件，人民检察院可以作出不起诉决定，也可以对涉嫌数罪中的一项或者多项不起诉。

《公安机关办理刑事案件程序规定》

第一百八十六条 经过侦查，发现具有下列情形之一的，应当撤销案件：

（一）没有犯罪事实的；

（二）情节显著轻微、危害不大，不认为是犯罪的；

（三）犯罪已过追诉时效期限的；

（四）经特赦令免除刑罚的；

（五）犯罪嫌疑人死亡的；

（六）其他依法不追究刑事责任的。

对于经过侦查，发现有犯罪事实需要追究刑事责任，但不是被立案侦查的犯罪嫌疑人实施的，或者共同犯罪案件中部分犯罪嫌疑人不够刑事处罚的，应当对有关犯罪嫌疑人终止侦查，并对该案件继续侦查。

第一百八十七条第一款和第二款 需要撤销案件或者对犯罪嫌疑人终止侦查的，办案部门应当制作撤销案件或者终止侦查报告书，报县级以上公安机关负责人批准。

公安机关决定撤销案件或者对犯罪嫌疑人终止侦查时，原犯罪嫌疑人在押的，应当立即释放，发给释放证明书。原犯罪嫌疑人被逮捕的，应当通知原批准逮捕的人民检察院。对原犯罪嫌疑人采取其他强制措施的，应当立即解除强制措施；需要行政处理的，依法予以处理或者移交有关部门。

第一百八十八条　犯罪嫌疑人自愿如实供述涉嫌犯罪的事实，有重大立功或者案件涉及国家重大利益，需要撤销案件的，应当层报公安部，由公安部商请最高人民检察院核准后撤销案件。报请撤销案件的公安机关应当同时将相关情况通报同级人民检察院。

公安机关根据前款规定撤销案件的，应当对查封、扣押、冻结的财物及其孳息作出处理。

第一百八十九条　公安机关作出撤销案件决定后，应当在三日以内告知原犯罪嫌疑人、被害人或者其近亲属、法定代理人以及案件移送机关。

公安机关作出终止侦查决定后，应当在三日以内告知原犯罪嫌疑人。

69　公安部门执法过程中，公众能否拍照？

答　公安部门执法过程中，公众通常是可以拍照的，但这一行为应当在不干扰执法、不泄露国家秘密、不侵犯他人隐私、不损害公共利益的前提下进行，且拍照行为不应妨碍公务或造成公共秩序混乱。

解析　首先，《宪法》第 2 条第 1 款规定，“中华人民共和国的一切权力属于人民”；第 41 条第 1 款规定，“中华人民共和国公民对于任何国家机关和国家工作人员，有提出批评和建议的权利；对于任何国家机关和国家工作人员的违法失职行为，有向有关国家机关提出申诉、控告或者检举的权利，但是不得捏造或者歪曲事实进行诬告陷害”。这是法律赋予公民的监督建议权。公民对办案机关工作人员的执法活动在法律规定的范围与尺度内进行拍照，也正是对公民权利的保护。

其次，《公安机关现场执法视音频记录工作规定》中指出，现场执法视音频记录应当自到达现场开展执法时开始，直至执法活动结束时停止。现场执法视音频记录过程中，因设备故障、损坏或者电量不足等客观原因而中止记录的，重新开始记录时应当对中断原因进行语音说明；确实无法继续记录的，应当立即停止，并在执法活动结束后及时制作书面说明附卷。这说明公安部门自身在执法过程中是有记录要求的，公众拍照的行为在一定程度上可以被视为这一规定的补充。

最后，对于公众拍照可能引发的法律问题，如侵犯他人隐私或泄露国家秘密等，需要根据具体情况进行评估。如果拍照行为导致了这些后果，那么拍照者将可能承担相应的法律责任。

建议与提示 在面对公安部门执法时，家属应保持冷静，理解并支持执法人员的工作。拍照可以作为监督执法的一种方式，但不应成为干扰执法的工具。

如果拍照涉及他人隐私或可能泄露国家秘密，家属应当自觉避免，不要因为拍照而使自己陷入不必要的法律风险。

如果家属认为执法人员在执法过程中存在不当行为，可以通过合法的途径进行投诉和维权。在此过程中，拍照可以作为证据之一，但应当注意拍照的合法性和合规性。

法律依据

《宪法》

第二条第一款 中华人民共和国的一切权力属于人民。

第四十一条第一款和第二款 中华人民共和国公民对于任何国家机关和国家工作人员，有提出批评和建议的权利；对于任何国家机关和国家工作人员的违法失职行为，有向有关国家机关提出申诉、控告或者检举的权利，但是不得捏造或者歪曲事实进行诬告陷害。

对于公民的申诉、控告或者检举，有关国家机关必须查清事实，负责处理。任何人不得压制和打击报复。

《治安管理处罚法》

第五十条 有下列行为之一的，处警告或者二百元以下罚款；情节严重的，处五日以上十日以下拘留，可以并处五百元以下罚款：

（一）拒不执行人民政府在紧急状态情况下依法发布的决定、命令的；

（二）阻碍国家机关工作人员依法执行职务的；

（三）阻碍执行紧急任务的消防车、救护车、工程抢险车、警车等车辆通行的；

（四）强行冲闯公安机关设置的警戒带、警戒区的。

阻碍人民警察依法执行职务的，从重处罚。

《公安机关现场执法视音频记录工作规定》

第二条　现场执法视音频记录工作，是指公安机关利用现场执法记录设备对现场执法活动进行全过程视音频同步记录，并对现场执法视音频资料进行收集、保存、管理、使用等工作。

70　怎么保护案发现场？

答　在刑事案件中，对案发现场的保护至关重要。这关系到能否完整收集证据，从而准确地还原案件事实。保护案发现场，首先要确保现场不被破坏或污染，同时要及时报警并等待警方的到来。在警方到来之前，可以采取一些临时措施，如设置警戒线、阻止无关人员进入等。

解析　我国《刑事诉讼法》对案发现场的保护有明确的规定。在案件发生后，任何单位和个人都有义务保护现场，不得随意破坏或改变现场的状态。如果现场被破坏或改变，可能会影响证据的收集和案件的侦破。因此，保护案发现场是每个公民应尽的法律义务。

建议与提示　对于案发现场的保护，家属在配合警方调查的同时，也需要注意以下几点：(1)在案件发生后，首先要保持冷静，不要惊慌失措。只有保持冷静，才能更好地配合警方的工作，保护案发现场。(2)在发现案发现场后，应立即报警，让警方及时赶到现场进行保护。(3)在等待警方到来的过程中，可以采取一些临时措施，如设置警戒线、阻止无关人员进入等。(4)警方到达现场后，应积极配合警方的调查工作。如果知道案件的相关情况或线索，应及时向警方提供。同时，要尊重警方的专业判断，不要擅自改变现场的状态或移动现场的证据。

法律依据

《刑事诉讼法》

第一百二十八条 侦查人员对于与犯罪有关的场所、物品、人身、尸体应当进行勘验或者检查。在必要的时候，可以指派或者聘请具有专门知识的人，在侦查人员的主持下进行勘验、检查。

第一百四十一条 在侦查活动中发现的可用以证明犯罪嫌疑人有罪或者无罪的各种财物、文件，应当查封、扣押；与案件无关的财物、文件，不得查封、扣押。

对查封、扣押的财物、文件，要妥善保管或者封存，不得使用、调换或者损毁。

71 危害国家安全罪由哪个部门侦查？

答 危害国家安全罪由国家安全部门侦查。

解析 危害国家安全犯罪，是指危害国家主权、领土完整和安全，分裂国家、颠覆人民民主专政的政权和推翻社会主义制度的行为。

危害国家安全罪是一个概括性罪名，是对各种危害国家安全的犯罪行为共同特征的概括。各种具体罪名各有其具体构成要件和特征，分别规定在《刑法》分则第一章中的 12 个条文里。危害国家安全的犯罪行为，是《刑法》规定中危害性最大的一类犯罪，因此，《刑法》分则在第一章就对危害国家安全罪进行了规定。

这类犯罪所危害的是国家的安全；这类犯罪表现为行为人实施了法律所规定的危害国家安全的各种行为；这类犯罪的主观方面是故意，过失不构成犯罪；这类犯罪的主体通常是我国公民或者外国人、无国籍人，也可以是境内外机构、组织。

建议与提示 《刑法》规定，危害国家安全罪，主要包括背叛国家罪，分裂国家罪，煽动分裂国家罪，武装叛乱、暴乱罪，颠覆国家政权罪，煽动颠覆国家政权罪，资助危害国家安全犯罪活动罪，投敌叛变罪，叛逃罪，间谍罪，为境外窃取、刺探、收买、非法提供国家秘密、情报罪，资敌罪。鉴于国家利益的重要性与侵犯国家主权、危害国家利益行为的严重性，目前国家对于危害国家利益的行为一直采取高压态势进行严厉打击。因此广大公民在涉及国家主权与利益方面，务必谨慎行事，避免触犯《刑法》。

法律依据

《刑事诉讼法》

第四条　国家安全机关依照法律规定，办理危害国家安全的刑事案件，行使与公安机关相同的职权。

第五条　人民法院依照法律规定独立行使审判权，人民检察院依照法律规定独立行使检察权，不受行政机关、社会团体和个人的干涉。

《国家安全法》

第四十一条　人民法院依照法律规定行使审判权，人民检察院依照法律规定行使检察权，惩治危害国家安全的犯罪。

第四十二条　国家安全机关、公安机关依法搜集涉及国家安全的情报信息，在国家安全工作中依法行使侦查、拘留、预审和执行逮捕以及法律规定的其他职权。

有关军事机关在国家安全工作中依法行使相关职权。

《反间谍法》

第六条　国家安全机关是反间谍工作的主管机关。

公安、保密等有关部门和军队有关部门按照职责分工，密切配合，加强协调，依法做好有关工作。

第七十条　国家安全机关依照法律、行政法规和国家有关规定，履行防范、制止和惩治间谍行为以外的危害国家安全行为的职责，适用本法的有关规定。

公安机关在依法履行职责过程中发现、惩治危害国家安全的行为，适用本法的有关规定。

第三篇

逮捕与审查起诉

72 犯罪嫌疑人、被告人被批准逮捕后，还可不可以申请取保候审？

答 可以。

解析 法律规定，犯罪嫌疑人、被告人被批准逮捕后，犯罪嫌疑人、被告人及其法定代理人、近亲属、辩护人可向检察院申请进行羁押必要性审查，申请时应当说明不需要继续羁押的理由。检察院经审查后，根据犯罪嫌疑人、被告人涉嫌犯罪事实、主观恶性、悔罪表现、身体状况、案件进展情况、可能判处的刑罚和有无再危害社会的危险等因素，综合评估有无必要继续羁押犯罪嫌疑人、被告人，如果无须羁押，则可以变更强制措施为取保候审。

进入法院审理阶段，犯罪嫌疑人、被告人及其法定代理人、近亲属、辩护人也可以根据案件情况向法院申请取保候审。总而言之，取保候审并不仅限于侦查阶段，而是贯穿于整个刑事诉讼的任意一个阶段。

建议与提示 我国法律规定对于刑事案件要经过侦查、审查起诉以及法庭审理三个阶段，这既是打击与惩治犯罪，维护社会秩序稳定的需要，也是基于对犯罪嫌疑人（法庭审理阶段称为被告人）人身及财产权利的保护而设定的基本法律程序。

对于可以不予羁押而予以取保候审的对象，在刑事案件的侦查、审查起诉以及法庭审理三个阶段，法律都赋予了当事人相应的诉讼权利。哪怕是当事人被批准予以逮捕，随着案件情况的变化，当事人仍然享有申请取保候审的权利。随着当前降低刑事案件羁押率等刑事政策的实施，总体上我国刑事案件当事人取保候审、已决案件缓刑或监外执行的比例也在提升。

法律依据

《刑事诉讼法》

第六十六条 人民法院、人民检察院和公安机关根据案件情况，对犯罪嫌疑人、被告人可以拘传、取保候审或者监视居住。

第九十五条 犯罪嫌疑人、被告人被逮捕后，人民检察院仍应当对羁押的必要性进行审查。对不需要继续羁押的，应当建议予以释放或者变更强制措施。有关机关应当在十日以内将处理情况通知人民检察院。

《人民检察院刑事诉讼规则》

第五百七十四条 人民检察院在办案过程中可以依职权主动进行羁押必要性审查。

犯罪嫌疑人、被告人及其法定代理人、近亲属或者辩护人可以申请人民检察院进行羁押必要性审查。申请时应当说明不需要继续羁押的理由，有相关证据或者其他材料的应当提供。

看守所根据在押人员身体状况，可以建议人民检察院进行羁押必要性审查。

73 什么是逮捕？

答 逮捕是由检察院批准或决定，法院决定，公安机关执行的，对有证据证明有犯罪事实，可能判处徒刑以上刑罚的犯罪嫌疑人、被告人在一定时间内完全剥夺人身自由的强制措施。

解析 逮捕是刑事诉讼强制措施中最严厉的一种，它不仅剥夺了犯罪嫌疑人、被告人的人身自由，而且逮捕后除发现不应当追究刑事责任和符合变更强制措施条件的以外，对被逮捕人的羁押期间一般要到法院判决生效为止。

正确、及时地采取逮捕措施，可以发挥其打击犯罪、维护社会秩序的重要作用，有效地防止犯罪嫌疑人或者被告人串供、毁灭或者伪造证据、自杀、逃跑或继续犯罪，有助于全面收集证据、查明案情、证实犯罪，保证侦查、起诉、审判活动的顺利进行。逮捕是同犯罪作斗争的重要手段。但是如果过量适用逮捕，错捕滥捕，就会伤害无辜，侵犯公民的人身权利和民主权利，破坏社会主义法治的尊严和权威，损害公安司法机关的威信。

因此，必须坚持“少捕”和“慎捕”的刑事政策，切实做到不枉不纵，既不能该捕不捕，也不能以捕代侦，任意逮捕。对无罪而错捕的，要依照《国家赔偿法》的规定对受害人予以赔偿。

为了防止逮捕的过量适用，《刑事诉讼法》规定，对有证据证明有犯罪事实，可能判处徒刑以上刑罚的犯罪嫌疑人、被告人，采取取保候审、监视居住等强制措施尚不足以防止发生社会危险性而有逮捕必要的，可以逮捕。这一规定要求逮捕必须同时具备以下三个条件：

(1)有证据证明有犯罪事实。根据有关规定，有证据证明有犯罪事实是指同时具备这些情形：有证据证明发生了犯罪事实；有证据证明犯罪事实是犯罪嫌疑人实施的；证明犯罪嫌疑人实施犯罪行为的证据已有查证属实的。逮捕不同于定罪，逮捕的标准低于定罪的标准，不要求证明犯罪嫌疑人实施犯罪行为的所有证据都已查证属实，只要求有证据已被查证属实即可。

(2)可能判处徒刑以上刑罚。这是关于犯罪严重程度的规定。基于已有证据证明的犯罪事实，根据我国《刑法》的有关规定，初步判定犯罪嫌疑人、被告人可能被判处有期徒刑以上的刑罚，而不是可能被判处管制、拘役、独立适用附加刑等轻刑或者可能被免除刑罚的，才符合逮捕条件。

(3)采取取保候审、监视居住等方法尚不足以防止其发生社会危险性，而有逮捕必要的。这是对犯罪嫌疑人、被告人不予羁押时是否具有社会风险性方面进行的审查。也就是说，如果仅具备以上两个条件，尚不能逮捕，还要看不予逮捕是否具有社会危险性。包括对案件性质是否严重、是否恶劣，犯罪嫌疑人、被告人犯罪时的主观恶性的大小等方面进行评估。

建议与提示 一旦家人被检察院批准逮捕，说明检察院认为确实有证据证明其实施了犯罪行为。需要指出的是，检察机关的指控在理论上存在两种需经法庭质证的情形：一是据以指控的犯罪事实可能因证据不足无法成立；二是现有证据与指控对象的关联性可能存在合理怀疑。

因此，即使犯罪嫌疑人、被告人被检察院作出了逮捕决定，犯罪嫌疑人及其家属仍然可以聘请律师进行辩护，运用律师的专业法律知识以最大限度地维护当事人合法权益。

法律依据

《刑事诉讼法》

第八十条　逮捕犯罪嫌疑人、被告人，必须经过人民检察院批准或者人民法院决定，由公安机关执行。

第八十一条　对有证据证明有犯罪事实，可能判处徒刑以上刑罚的犯罪嫌疑人、被告人，采取取保候审尚不足以防止发生下列社会危险性的，应当予以逮捕：

（一）可能实施新的犯罪的；

（二）有危害国家安全、公共安全或者社会秩序的现实危险的；

（三）可能毁灭、伪造证据，干扰证人作证或者串供的；

（四）可能对被害人、举报人、控告人实施打击报复的；

（五）企图自杀或者逃跑的。

批准或者决定逮捕，应当将犯罪嫌疑人、被告人涉嫌犯罪的性质、情节，认罪认罚等情况，作为是否可能发生社会危险性的考虑因素。

对有证据证明有犯罪事实，可能判处十年有期徒刑以上刑罚的，或者有证据证明有犯罪事实，可能判处徒刑以上刑罚，曾经故意犯罪或者身份不明的，应当予以逮捕。

被取保候审、监视居住的犯罪嫌疑人、被告人违反取保候审、监视居住规定，情节严重的，可以予以逮捕。

74 什么是羁押必要性审查？

答 羁押必要性审查，是指检察院依据《刑事诉讼法》的规定，对被逮捕的犯罪嫌疑人、被告人有无继续羁押的必要性进行审查，对不需要继续羁押的，建议办案机关予以释放或者变更强制措施的监督活动。

在刑事诉讼过程中，首先，检察院可以对被逮捕的犯罪嫌疑人、被告人依职权主动进行羁押必要性审查。其次，犯罪嫌疑人、被告人及其法定代理人、近亲属或者辩护人可以向检察院申请开展羁押必要性审查。最后，看守所根据在押人员的身体状况，可以建议检察院进行羁押必要性审查。

解析 羁押必要性审查旨在评估被逮捕的犯罪嫌疑人、被告人是否有继续被羁押的必要性。羁押必要性审查可以由检察院主动启动，也可以应犯罪嫌疑人、被告人及其法定代理人、近亲属或者辩护人的申请而启动。申请方虽能推动审查程序，但最终是否进行审查以及审查结果的决定权在于检察院。

建议与提示 如向检察院申请进行羁押必要性审查，建议可以向检察院提供相关证明。例如,犯罪嫌疑人、被告人已积极退赃,体现其认罪悔罪态度良好;有被害人的案件已向被害人作出赔偿并取得了被害人的谅解,能主动化解社会矛盾;犯罪嫌疑人、被告人在当地有固定的住所,羁押前在当地有稳定工作,能证明其社会关系稳定,且采取取保候审有利于公安机关管控;犯罪嫌疑人、被告人家属在当地也有固定的住所和稳定的工作,采取取保候审能够对犯罪嫌疑人、被告人起到监督和引导作用等。以上材料有助于向检察院证明,如对犯罪嫌疑人、被告人予以释放或变更强制措施不至于发生社会危险性。

同时,一般情况下,只有一次申请检察院进行羁押必要性审查的机会。如果申请后,检察院经审查认为有继续羁押的必要,则不予释放或者变更强制措施。除非能提供新的证明材料或者有新的理由,否则再次申请的,检察院可以不再开展羁押必要性审查工作。

法律依据

《刑事诉讼法》

第九十五条 犯罪嫌疑人、被告人被逮捕后,人民检察院仍应当对羁押的必要性进行审查。对不需要继续羁押的,应当建议予以释放或者变更强制措施。有关机关应当在十日以内将处理情况通知人民检察院。

第九十六条 人民法院、人民检察院和公安机关如果发现对犯罪嫌疑人、被告人采取强制措施不当的,应当及时撤销或者变更。公安机关释放被逮捕的人或者变更逮捕措施的,应当通知原批准的人民检察院。

第九十七条 犯罪嫌疑人、被告人及其法定代理人、近亲属或者辩护人有权申请变更强制措施。人民法院、人民检察院和公安机关收到申请后,应当在三日以内作出决定;不同意变更强制措施的,应当告知申请人,并说明不同意的理由。

《人民检察院刑事诉讼规则》

第五百七十三条 犯罪嫌疑人、被告人被逮捕后,人民检察院仍应当对羁押的必要性进行审查。

第五百七十四条 人民检察院在办案过程中可以依职权主动进行羁押

必要性审查。

犯罪嫌疑人、被告人及其法定代理人、近亲属或者辩护人可以申请人民检察院进行羁押必要性审查。申请时应当说明不需要继续羁押的理由,有相关证据或者其他材料的应当提供。

看守所根据在押人员身体状况,可以建议人民检察院进行羁押必要性审查。

最高人民检察院、公安部《关于印发〈人民检察院、公安机关、羁押必要性审查、评估工作规定〉的通知》

第一条 犯罪嫌疑人、被告人被逮捕后,人民检察院应当依法对羁押的必要性进行审查。不需要继续羁押的,应当建议公安机关、人民法院予以释放或者变更强制措施。对于审查起诉阶段的案件,应当及时决定释放或者变更强制措施。

公安机关在移送审查起诉前,发现采取逮捕措施不当或者犯罪嫌疑人及其法定代理人、近亲属或者辩护人、值班律师申请变更羁押强制措施的,应当对羁押的必要性进行评估。不需要继续羁押的,应当及时决定释放或者变更强制措施。

第六条 人民检察院在刑事诉讼过程中可以对被逮捕的犯罪嫌疑人、被告人依职权主动进行羁押必要性审查。

人民检察院对审查起诉阶段未经羁押必要性审查、可能判处三年有期徒刑以下刑罚的在押犯罪嫌疑人,在提起公诉前应当依职权开展一次羁押必要性审查。

公安机关根据案件侦查情况,可以对被逮捕的犯罪嫌疑人继续采取羁押强制措施是否适当进行评估。

第八条 犯罪嫌疑人、被告人及其法定代理人、近亲属或者辩护人、值班律师可以向人民检察院申请开展羁押必要性审查。申请人提出申请时,应当说明不需要继续羁押的理由,有相关证据或者其他材料的,应当予以提供。

申请人依据刑事诉讼法第九十七条规定,向人民检察院、公安机关提出变更羁押强制措施申请的,人民检察院、公安机关应当按照本规定对羁押的必要性进行审查、评估。

第九条 经人民检察院、公安机关依法审查、评估后认为有继续羁押的必要，不予释放或者变更的，犯罪嫌疑人、被告人及其法定代理人、近亲属或者辩护人、值班律师未提供新的证明材料或者没有新的理由而再次申请的，人民检察院、公安机关可以不再开展羁押必要性审查、评估工作，并告知申请人。

经依法批准延长侦查羁押期限、重新计算侦查羁押期限、退回补充侦查重新计算审查起诉期限，导致在押人员被羁押期限延长的，变更申请不受前款限制。

75 什么是审查起诉阶段？

答 审查起诉，是指检察院在提起公诉阶段，为了确定经侦查终结的刑事案件是否应当提起公诉，而对侦查机关确认的犯罪事实和证据、犯罪性质和罪名进行审查核实，并作出处理决定的一项诉讼活动。审查起诉阶段是整个刑事案件过程中非常重要的阶段。

解析 刑事案件包括三个阶段：公安侦查阶段、检察院审查起诉阶段和法院审判阶段。审查起诉是刑事案件的第二个阶段。

公安侦查阶段结束之后案件进入审查起诉阶段，公安机关经过侦查之后，将所有案件证据材料进行提取、固定、装卷，然后将案件卷宗移送到检察院，由检察院对案件进行审查并决定是否需要向法院提起公诉。

在审查起诉阶段，检察院会对侦查阶段查明的犯罪事实和收集的证据进行全面复查，既是对侦查工作的检查和验收，也是侦查工作的深入和发展，其目的是进一步保证案件的质量。

建议与提示 刑事案件进入审查起诉阶段后，辩护人可以查阅和复印案件的全部材料。建议辩护人一定要在第一时间阅卷并认真研究全案的证据材料，以作出精准有效的辩护。

2018 年《刑事诉讼法》修正之后，我国确定了认罪认罚从宽制度。实务中，大量的案件，甚至是绝大多数案件，检察机关在审查起诉阶段对案件的定罪与量刑均会作出重要的决定与建议。因此，在此阶段辩护律师的作用极为重要，当事人家属应提前聘请好律师参与认罪认罚量刑工作，尽可能为当事人争取公正的定罪量刑建议。

法律依据

《刑事诉讼法》

第一百六十九条 凡需要提起公诉的案件，一律由人民检察院审查决定。

第一百七十条 人民检察院对于监察机关移送起诉的案件，依照本法和监察法的有关规定进行审查。人民检察院经审查，认为需要补充核实的，应当退回监察机关补充调查，必要时可以自行补充侦查。

对于监察机关移送起诉的已采取留置措施的案件，人民检察院应当对犯罪嫌疑人先行拘留，留置措施自动解除。人民检察院应当在拘留后的十日以内作出是否逮捕、取保候审或者监视居住的决定。在特殊情况下，决定的时间可以延长一日至四日。人民检察院决定采取强制措施的期间不计入审查起诉期限。

第一百七十二条 人民检察院对于监察机关、公安机关移送起诉的案件，应当在一个月以内作出决定，重大、复杂的案件，可以延长十五日；犯罪嫌疑人认罪认罚，符合速裁程序适用条件的，应当在十日以内作出决定，对可能判处的有期徒刑超过一年的，可以延长至十五日。

人民检察院审查起诉的案件，改变管辖的，从改变后的人民检察院收到案件之日起计算审查起诉期限。

第一百七十五条 人民检察院审查案件，可以要求公安机关提供法庭审判所必需的证据材料；认为可能存在本法第五十六条规定的以非法方法收集证据情形的，可以要求其对证据收集的合法性作出说明。

人民检察院审查案件，对于需要补充侦查的，可以退回公安机关补充侦查，也可以自行侦查。

对于补充侦查的案件，应当在一个月以内补充侦查完毕。补充侦查以二次为限。补充侦查完毕移送人民检察院后，人民检察院重新计算审查起诉期限。

对于二次补充侦查的案件，人民检察院仍然认为证据不足，不符合起诉条件的，应当作出不起诉的决定。

76 律师在审查起诉阶段可以起什么作用？

答 律师可以赴检察院申请查阅复制案件卷宗；通过阅卷掌握侦查机关收集的证据材料、所认定的涉案事实；对案件事实、证据进行全面了解；与办案单位、承办人就案件事实、证据、定性、审查起诉时可能提出的量刑建议进行沟通；根据侦查机关收集的证据材料及审查起诉部门可能提出的定罪量刑意见，及时会见当事人，与当事人交换意见。

解析 根据2018年修正后的《刑事诉讼法》的相关规定，律师在审查起诉阶段的作用十分重要。包括但不限于以下几个方面：

第一，查阅案卷。律师自刑事案件移送检察院审查起诉之日起，便可以查阅、摘抄、复制案件的案卷材料。案卷中的证据材料是对当事人定罪量刑的基础，也是律师辩护最主要的依据。律师只有通过阅卷，才能对所代理辩护的案件有比较全面的了解，从而找到为当事人进行辩护的角度、方向与材料。

第二，与审查起诉部门、案件承办人就案件事实、证据，以及定罪、量刑及时进行沟通交流，防止出现罪名定性、事实认定错误等问题。在该阶段，律师可以向犯罪嫌疑人、被告人核实有关证据，因此律师可以根据所查阅的案件材料与犯罪嫌疑人、被告人充分沟通，更加深入、全面地了解案情，进而就案件定性与量刑问题与办案机关进行全面的沟通与交流。

例如，案件符合不起诉条件的，及时提出不予起诉的辩护意见。有些案件需要补充证据、重新鉴定、存在程序上的违法、提出非法证据排除等，律师都可以依法提出辩护意见。

对于确实有罪的案件，律师可根据所了解的案件事实与证据，特别是案件中发现的从轻、减轻情节，及时与办案人员沟通量刑问题，为当事人争取从轻、减轻处罚。

第三，律师在当下的认罪认罚从宽制度中起着很关键的作用。认罪认罚从宽制度是《刑事诉讼法》2018年修正后新增的一项重要内容。在审查起诉阶段,协商认罪认罚,确定当事人是否签署认罪认罚具结书,对于案件移送法院后的最终判决作用巨大。此时,如果没有律师参与,当事人自身由于缺乏法律知识,往往会茫然无措,不知道怎么去争取为公正的定罪量刑建议。此时,律师与检察官的有效交流与沟通十分重要。

建议与提示 鉴于审查起诉阶段对整个案件最终裁判的重要影响,建议当事人及其家属要第一时间请律师阅卷,全面研究案件的证据材料,从而及时与办案机关进行有效的沟通,为当事人提供有效而专业的法律服务。

法律依据

《刑事诉讼法》

第四十条 辩护律师自人民检察院对案件审查起诉之日起,可以查阅、摘抄、复制本案的案卷材料。其他辩护人经人民法院、人民检察院许可,也可以查阅、摘抄、复制上述材料。

第一百七十三条 人民检察院审查案件,应当讯问犯罪嫌疑人,听取辩护人或者值班律师、被害人及其诉讼代理人的意见,并记录在案。辩护人或者值班律师、被害人及其诉讼代理人提出书面意见的,应当附卷。

犯罪嫌疑人认罪认罚的,人民检察院应当告知其享有的诉讼权利和认罪认罚的法律规定,听取犯罪嫌疑人、辩护人或者值班律师、被害人及其诉讼代理人对下列事项的意见,并记录在案:

(一)涉嫌的犯罪事实、罪名及适用的法律规定;

(二)从轻、减轻或者免除处罚等从宽处罚的建议;

(三)认罪认罚后案件审理适用的程序;

(四)其他需要听取意见的事项。

人民检察院依照前两款规定听取值班律师意见的,应当提前为值班律师了解案件有关情况提供必要的便利。

第一百七十四条 犯罪嫌疑人自愿认罪,同意量刑建议和程序适用的,应当在辩护人或者值班律师在场的情况下签署认罪认罚具结书。

犯罪嫌疑人认罪认罚,有下列情形之一的,不需要签署认罪认罚具结书:

(一)犯罪嫌疑人是盲、聋、哑人,或者是尚未完全丧失辨认或者控制自已行为能力的精神病人的；

（二）未成年犯罪嫌疑人的法定代理人、辩护人对未成年人认罪认罚有异议的；

（三）其他不需要签署认罪认罚具结书的情形。

77 案件进入审查起诉阶段后都会被起诉吗？

答 多数会起诉，也有不起诉的。

解析 刑事案件移送检察院审查起诉后，检察院经过审查，会有以下几种处理情况：（1）对犯罪情节显著轻微，危害不大，不认为是犯罪的，会作出无罪不起诉处理；（2）对犯罪情节轻微，认罪认罚，积极退赃退赔的，可以作有罪不起诉处理；（3）对犯罪事实不清、证据不足的，会作出存疑不起诉处理；（4）对犯罪情节较为严重，有起诉必要的，会向法院提起公诉。

上述前三种情形，案件在检察院就会终结，不会被判刑，第四种情形会起诉至法院，由法院依法审理。

建议与提示 刑事案件是否要定罪，检察机关是否提出量刑建议，量刑建议的轻重，对于事实清楚、证据确实充分，且犯罪嫌疑人愿意认罪认罚的案件，司法实务中，检察机关基本都会在移送法院审查起诉之前作出决定。只有案情比较复杂、争议较大、犯罪嫌疑人又不认罪的案件，检察机关可能不会提出量刑建议就将案件移送法院审理。因此这个阶段辩护律师应及时与检察机关审查起诉部门及时沟通联络，在审查起诉部门提出定罪量刑建议之前，与审查起诉部门充分地交换所代理的当事人无罪、罪轻，或从轻、减轻处罚意见，维护犯罪嫌疑人的合法权益。家属也应了解在这个阶段律师参与辩护的重要作用。

法律依据

《刑事诉讼法》

第一百七十六条 人民检察院认为犯罪嫌疑人的犯罪事实已经查清，

证据确实、充分，依法应当追究刑事责任的，应当作出起诉决定，按照审判管辖的规定，向人民法院提起公诉，并将案卷材料、证据移送人民法院。

犯罪嫌疑人认罪认罚的，人民检察院应当就主刑、附加刑、是否适用缓刑等提出量刑建议，并随案移送认罪认罚具结书等材料。

第一百七十七条 犯罪嫌疑人没有犯罪事实，或者有本法第十六条规定的情形之一的，人民检察院应当作出不起诉决定。

对于犯罪情节轻微，依照刑法规定不需要判处刑罚或者免除刑罚的，人民检察院可以作出不起诉决定。

人民检察院决定不起诉的案件，应当同时对侦查中查封、扣押、冻结的财物解除查封、扣押、冻结。对被不起诉人需要给予行政处罚、处分或者需要没收其违法所得的，人民检察院应当提出检察意见，移送有关主管机关处理。有关主管机关应当将处理结果及时通知人民检察院。

第一百七十八条 不起诉的决定，应当公开宣布，并且将不起诉决定书送达被不起诉人和他的所在单位。如果被不起诉人在押，应当立即释放。

第一百七十九条 对于公安机关移送起诉的案件，人民检察院决定不起诉的，应当将不起诉决定书送达公安机关。公安机关认为不起诉的决定有错误的时候，可以要求复议，如果意见不被接受，可以向上一级人民检察院提请复核。

第一百八十条 对于有被害人的案件，决定不起诉的，人民检察院应当将不起诉决定书送达被害人。被害人如果不服，可以自收到决定书后七日以内向上一级人民检察院申诉，请求提起公诉。人民检察院应当将复查决定告知被害人。对人民检察院维持不起诉决定的，被害人可以向人民法院起诉。被害人也可以不经申诉，直接向人民法院起诉。人民法院受理案件后，人民检察院应当将有关案件材料移送人民法院。

第一百八十一条 对于人民检察院依照本法第一百七十七条第二款规定作出的不起诉决定，被不起诉人如果不服，可以自收到决定书后七日以内向人民检察院申诉。人民检察院应当作出复查决定，通知被不起诉的人，同时抄送公安机关。

78 审查起诉阶段一般为多长时间?

答 《刑事诉讼法》规定审查起诉期限1个月,对于重大复杂的案件可以延长15天。最长期限可以达到6个半月。

解析 审查起诉阶段,检察院会审查这个案子要不要起诉,证据是否充足。如果检察院认为事实不清、证据不足,会退回侦查阶段补充侦查,退回补充侦查的时间是1个月;检察院一共有2次退回补充侦查的机会,每次退回补充侦查1个月,最长2个月。

因此审查起诉的最长期限为6个半月。

建议与提示 审查起诉阶段是刑事案件三个阶段中承前启后的一个重要阶段。目前司法实务中,绝大多数刑事案件的定性与量刑建议都在这个阶段基本确定,因此,当事人或者家属对这个阶段要高度重视,建议委托专业的刑事律师参与辩护,刑事律师实务经验丰富,相比其他非刑事律师,可以更好地与审查起诉部门沟通,充分保障当事人的合法权益。

法律依据

《刑事诉讼法》

第一百七十二条第一款 人民检察院对于监察机关、公安机关移送起诉的案件,应当在一个月以内作出决定,重大、复杂的案件,可以延长十五日;犯罪嫌疑人认罪认罚,符合速裁程序适用条件的,应当在十日以内作出决定,对可能判处的有期徒刑超过一年的,可以延长至十五日。

第一百七十五条 人民检察院审查案件,可以要求公安机关提供法庭审判所必需的证据材料;认为可能存在本法第五十六条规定的以非法方法收集证据情形的,可以要求其对证据收集的合法性作出说明。

人民检察院审查案件,对于需要补充侦查的,可以退回公安机关补充侦查,也可以自行侦查。

对于补充侦查的案件,应当在一个月以内补充侦查完毕。补充侦查以二次为限。补充侦查完毕移送人民检察院后,人民检察院重新计算审查起诉期限。

对于二次补充侦查的案件,人民检察院仍然认为证据不足,不符合起诉条件的,应当作出不起诉的决定。

79 什么是检察院决定不起诉?

答 所谓诉,就是起诉、控诉或者公诉。不起诉,即不用将某人或某行为交予审理进行处罚或制裁。

检察院决定不起诉,是指检察院在对刑事案件进行审查后,作出不将案件移送法院审判而终止诉讼的决定。

解析 根据我国《刑事诉讼法》的规定,不起诉决定是指检察院对公安机关侦查终结,包括国家监委调查结束移送起诉的案件和检察院自行侦查终结的案件进行审查后,认为犯罪嫌疑人的行为不符合起诉条件或没有必要起诉,依法不将案件移交法院进行审判,追究犯罪嫌疑人刑事责任的一种处理决定。

不起诉是检察院对案件审查后依法作出的处理结果之一,其性质是检察院对其认定的不应追究、不需要追究或者无法追究刑事责任的犯罪嫌疑人所作的一种诉讼处分。它的法律效力在于不将案件交付法院审判,而在审查起诉阶段终止刑事诉讼。

根据《刑事诉讼法》的规定,检察院认为依法不应追究犯罪嫌疑人刑事责任的,应当作出不起诉的决定;对于犯罪情节轻微,依照《刑法》的规定不需要判处刑罚或者免除刑罚的,检察院可以作出不起诉的决定;对于补充侦查的案件,检察院仍然认为证据不足,不符合起诉条件的,可以作出不起诉的决定。

此外,犯罪嫌疑人自愿如实供述涉嫌犯罪的事实,有重大立功或者案件涉及国家重大利益的,经最高人民检察院核准,公安机关可以撤销案件,检察院可以作出不起诉决定,也可以对涉嫌数罪中的一项或者多项不起诉。

建议与提示 家人被刑事立案之后,如果在检察院审查起诉阶段结案之前已经聘请了律师的,这些工作是律师跟进的基本工作内容。

刑事案件中,犯罪嫌疑人被刑事立案之后,在案件交付(移送)法院审理之前，存在两个犯罪嫌疑人有机会重新获得人身自由的重要节点：一是公安侦查阶段，侦查机关将案件当事人（犯罪嫌疑人）提请检察院批准逮捕阶段（所谓的“黄金37天”）；二是检察院审查起诉阶段，作出是否移送起诉的过程中。

法律规定的一些术语，如“没有犯罪事实”“犯罪情节轻微”“情节显著轻微、危害不大”“有重大立功或者案件涉及国家重大利益的”等，均有其特定的含义与界定，犯罪嫌疑人自身及其家属一般并不了解，甚至也理解不了，但这些情形却是为犯罪嫌疑人争取人身自由的有效条件，因此，应当聘请专业的刑事律师及时与办案机关进行沟通交流，确认犯罪嫌疑人是否具有这些有利情节，以便为犯罪嫌疑人争取重获人身自由的机会。

法律依据

《刑事诉讼法》

第十六条　有下列情形之一的，不追究刑事责任，已经追究的，应当撤销案件，或者不起诉，或者终止审理，或者宣告无罪：

（一）情节显著轻微、危害不大，不认为是犯罪的；

（二）犯罪已过追诉时效期限的；

（三）经特赦令免除刑罚的；

（四）依照刑法告诉才处理的犯罪，没有告诉或者撤回告诉的；

（五）犯罪嫌疑人、被告人死亡的；

（六）其他法律规定免予追究刑事责任的。

第一百七十七条第一款和第二款　犯罪嫌疑人没有犯罪事实，或者有本法第十六条规定的情形之一的，人民检察院应当作出不起诉决定。

对于犯罪情节轻微，依照刑法规定不需要判处刑罚或者免除刑罚的，人民检察院可以作出不起诉决定。

第一百八十二条第一款　犯罪嫌疑人自愿如实供述涉嫌犯罪的事实，有重大立功或者案件涉及国家重大利益的，经最高人民检察院核准，公安机关可以撤销案件，人民检察院可以作出不起诉决定，也可以对涉嫌数罪中的一项或者多项不起诉。

80 案卷材料可否给犯罪嫌疑人的家属看？

答 不可以。

解析 在刑事案件中，犯罪嫌疑人、被告人家属都非常渴望了解案件细节，因此常常会向辩护律师提出翻阅刑事案件卷宗的要求，家属的心情可以理解，但是法律有明确规定，律师不得向犯罪嫌疑人、被告人近亲属披露刑事案件的卷宗材料，更不能让其查阅、摘抄或复制。

如果刑事案件的卷宗材料被标定了秘密等级，或者属于不公开审理案件中不应当公开的信息，如国家秘密、商业秘密、个人隐私等，辩护律师应当更加谨慎，严格遵守保密义务，否则可能会涉嫌泄露不应公开的案件信息罪、故意泄露国家秘密罪或披露、报道不应公开的案件信息罪。

建议与提示 刑事案件中，犯罪嫌疑人、被告人的家属一旦委托了辩护律师，应当充分相信辩护律师的专业能力，专业的事情由专业的人做。家属切不可提出不切实际的要求，影响辩护律师的办案效果，更不能提出违反法律规定的要求，损害辩护律师的执业形象或者导致辩护律师触犯法律。

法律依据

中华全国律师协会《关于印发〈律师办理刑事案件规范〉的通知》

第三十七条第一款 律师参与刑事诉讼获取的案卷材料，不得向犯罪嫌疑人、被告人的亲友以及其他单位和个人提供，不得擅自向媒体或社会公众披露。

81 如果案件不起诉，是不是就表示无罪，当事人也没有案底？

答 这个问题没有标准答案，要视具体情况而定。

解析 现实生活中，有一些人在涉嫌犯罪之后，被公安机关立案调查，甚至被刑事拘留，但是案件到了检察院审查起诉阶段，检察院作出了不起诉决定，这时候很多人就有疑问，这算不算有案底？能不能开无犯罪记录证明？

根据我国《刑法》的规定，检察院的不起诉可以分为五种：法定不起诉（绝对不起诉）、酌定不起诉（相对不起诉）、证据不足不起诉（存疑不诉）、特别不起诉、附条件不起诉。

对于法定不起诉和证据不足不起诉，毫无争议，都属于实质上的无罪，当事人不会留有案底，也不会有违法犯罪记录。

对于酌定不起诉算不算无罪，需要先清楚什么是酌定不起诉。酌定不起诉是指犯罪嫌疑人犯罪情节轻微，依照《刑法》的规定不需要判处刑罚或免除刑罚的情形，也就是说，当事人确实构成犯罪了，但是情节较轻，这与实质上的无罪是有本质区别的。

但酌定不起诉的人到底有没有案底？能不能开无犯罪记录证明？目前在司法实务中对此主要存在两种观点：

（1）酌定不起诉属于对行为人的无罪处理，行为人不存在违法犯罪记录。

（2）酌定不起诉属于事实上认定犯罪嫌疑人有罪，但因情节轻微，检察院认为不需要起诉的情形，因此，酌定不起诉是存在违法犯罪记录的。

因为实践中对此尚未完全统一，实务中需要进一步规范与统一。

建议与提示 无论是否留有案底，不起诉对于当事人都是一个不错的结案方式。对于未羁押的当事人（如已经取保候审的），案件顺利了结；而对于尚被羁押的当事人，则既获得人身自由，案件也顺利结案。因此，只要案件事实、证据情况符合不起诉条件的，都值得及时努力，争取不起诉的结果。

法律依据

深圳市公安局《关于印发〈深圳市公安机关办理无犯罪记录证明若干规定〉的通知》

第四条　除人民法院有效判决书确认有罪外，其他人均为无犯罪记录人员。

福建省公安厅《关于印发〈福建省公安派出所出具无犯罪记录证明工作规范(试行)〉的通知》

第四条 公安派出所以人民法院通报的犯罪人员生效法律文书作为办理无犯罪记录证明的依据。除人民法院生效裁判文书确认有罪,其他人员均为无犯罪记录人员。

浙江省公安厅《关于印发〈浙江省公安机关出具有无违法犯罪记录证明工作规定〉(试行)的通知》

第四条 本规定所称的违法犯罪记录,是指公安机关记录、保存的以下公民违法犯罪信息:

(一)治安行政罚款、行政拘留、收容教育、收容教养(包括劳动教养)、强制隔离戒毒(含强制戒毒)、责令社区戒毒(含限期所外戒毒、社区康复)等行政决定;

(二)管制、拘役、有期徒刑、无期徒刑、死刑、罚金、没收财产、剥夺政治权利等刑事处罚决定;已构成犯罪,因犯罪情节轻微,检察机关作出的不起诉决定或者法院作出免予刑事处罚的生效判决。

82 检察院"退侦"是什么意思?

答 "退侦"就是将案件退回到公安侦查机关,由其就检察院提出的问题进行补充侦查。检察院最多退侦2次。

解析 检察院审查案件后,如果认为犯罪事实没有查清楚或证据上达不到确实充分,有权将案件退回公安机关补充侦查;检察院也可以自行侦查。

对于补充侦查的案件,应当在1个月以内补充侦查完毕。补充侦查以2次为限。因此,最多可以退侦2次。

对于二次补充侦查的案件,检察院仍然认为证据不足,不符合起诉条件的,应当作出不起诉的决定。

建议与提示 对于退回补充侦查的案件,退回补充侦查结束之后,案件情况可能会发生一定的变化,当事人及家属要密切关注。变化情况可参考下一个问题的解答。

法律依据

《刑事诉讼法》

第一百七十五条　人民检察院审查案件，可以要求公安机关提供法庭审判所必需的证据材料；认为可能存在本法第五十六条规定的以非法方法收集证据情形的，可以要求其对证据收集的合法性作出说明。

人民检察院审查案件，对于需要补充侦查的，可以退回公安机关补充侦查，也可以自行侦查。

对于补充侦查的案件，应当在一个月以内补充侦查完毕。补充侦查以二次为限。补充侦查完毕移送人民检察院后，人民检察院重新计算审查起诉期限。

对于二次补充侦查的案件，人民检察院仍然认为证据不足，不符合起诉条件的，应当作出不起诉的决定。

83　检察院把案件退回公安局补充侦查，是好事还是坏事？

答　这个问题没有准确答案，两者都有可能。

解析　有很多犯罪嫌疑人或其家属都认为，退回补充侦查说明案件肯定有问题，肯定是对自己有利的好事。其实这是一个误区。到底是有利还是不利，主要看检察院想补充的是什么证据。如果是因定罪的证据不足而补充侦查，则很可能对犯罪嫌疑人有利。因为如果后续公安补充侦查未发现新证据，则检察院很可能会因证据不足而作出不起诉决定。

如果是针对量刑证据而补充侦查，如某掩饰隐瞒犯罪所得罪案件中，涉案金额 392 万元，其中只有 10 万元已经查实为犯罪金额，检察院退回补充侦查要求公安机关继续查找受害人，则很可能增加涉案金额，加重量刑。从这个角度来看，退回补充侦查对犯罪嫌疑人而言是不利的。

因此，检察院将案件退回公安局补充侦查是好事还是坏事要视具体情况而定。

建议与提示 对于退回补充侦查的案件，建议委托律师及时查阅补充侦查的内容，有针对性地加以研究和制定辩护策略，争取最有利的结果。

法律依据

《刑事诉讼法》

第一百七十五条 人民检察院审查案件，可以要求公安机关提供法庭审判所必需的证据材料；认为可能存在本法第五十六条规定的以非法方法收集证据情形的，可以要求其对证据收集的合法性作出说明。

人民检察院审查案件，对于需要补充侦查的，可以退回公安机关补充侦查，也可以自行侦查。

对于补充侦查的案件，应当在一个月以内补充侦查完毕。补充侦查以二次为限。补充侦查完毕移送人民检察院后，人民检察院重新计算审查起诉期限。

对于二次补充侦查的案件，人民检察院仍然认为证据不足，不符合起诉条件的，应当作出不起诉的决定。

84 什么是量刑建议？

答 量刑建议，是指检察院对提起公诉的被告人，依法就其适用的刑罚种类、幅度及执行方式等向法院提出的建议。

解析 量刑建议是检察机关公诉权的一项重要内容，但是量刑建议不等于判决结果，而仅是建议。

司法实践中，法院最终的判决量刑结果有可能高于或低于检察院的量刑建议。但是对于事实清楚，证据确实、充分的案件，法院大多数情况下会采纳检察院的量刑建议，如当事人认罪认罚，在法院审理中又适用简易程序或速裁程序审理的案件。

建议与提示 目前司法实践中检察院出具量刑建议有以下几种情形：

确定型量刑建议、幅度型量刑建议，以及对于复杂疑难案件等不提出量刑建议。为了更好地保障当事人的合法权益，建议当事人及家属委托专业的律师在检察院提出量刑建议前介入沟通。辩护律师在此过程中，一是要把握时机，要在审查起诉部门作出量刑建议前，及时了解案情，对全案的事实、证据与法律适用作出研判；二是根据案件事实是否清楚，证据是否确实、充分，适用法律是否准确、适当，与审查起诉部门及时沟通交流。辩护律师在这个过程当中的工作，既可对审查起诉部门对案件作出比较准确的判断提供给一定的辅助支持，也是及时利用自己的专业知识，维护当事人的合法权益。

法律依据

最高人民检察《关于印发〈人民检察院办理认罪认罚案件开展量刑建议工作的指导意见〉的通知》

第一条 犯罪嫌疑人认罪认罚的，人民检察院应当就主刑、附加刑、是否适用缓刑等提出量刑建议。

对认罪认罚案件，人民检察院应当在全面审查证据、查明事实、准确认定犯罪的基础上提出量刑建议。

第二条 人民检察院对认罪认罚案件提出量刑建议，应当坚持以下原则：

（一）宽严相济。应当根据犯罪的具体情况，综合考虑从重、从轻、减轻或者免除处罚等各种量刑情节提出量刑建议，做到该宽则宽，当严则严，宽严相济，轻重有度。

（二）依法建议。应当根据犯罪的事实、性质、情节和对于社会的危害程度等，依照刑法、刑事诉讼法以及相关司法解释的规定提出量刑建议。

（三）客观公正。应当全面收集、审查有罪、无罪、罪轻、罪重、从宽、从严等证据，依法听取犯罪嫌疑人、被告人、辩护人或者值班律师、被害人及其诉讼代理人的意见，客观公正提出量刑建议。

（四）罪责刑相适应。提出量刑建议既要体现认罪认罚从宽，又要考虑犯罪嫌疑人、被告人所犯罪行的轻重、应负的刑事责任和社会危险性的大小，确保罚当其罪，避免罪责刑失衡。

（五）量刑均衡。涉嫌犯罪的事实、情节基本相同的案件，提出的量刑建议应当保持基本均衡。

第三条 人民检察院对认罪认罚案件提出量刑建议，应当符合以下条件：

（一）犯罪事实清楚，证据确实、充分；

（二）提出量刑建议所依据的法定从重、从轻、减轻或者免除处罚等量刑情节已查清；

（三）提出量刑建议所依据的酌定从重、从轻处罚等量刑情节已查清。

第十一条 人民检察院应当按照有关量刑指导意见规定的量刑基本方法，依次确定量刑起点、基准刑和拟宣告刑，提出量刑建议。对新类型、不常见犯罪案件，可以参照相关量刑规范和相似案件的判决提出量刑建议。

第十二条 提出确定刑量刑建议应当明确主刑适用刑种、刑期和是否适用缓刑。

建议判处拘役的，一般应当提出确定刑量刑建议。

建议判处附加刑的，应当提出附加刑的类型。

建议判处罚金刑的，应当以犯罪情节为根据，综合考虑犯罪嫌疑人缴纳罚金的能力提出确定的数额。

建议适用缓刑的，应当明确提出。

85 法院会采纳检察院的量刑建议吗？

答 检察院提出的量刑建议，法院并不必然采纳，而是会根据案件的事实、证据以及量刑建议的合理性和适当性等因素综合考量后作出判决。

解析 虽然检察院作为公诉机关有权提出量刑建议，但法院拥有独立的审判权。法院在审理案件时，会对检察院提出的量刑建议进行审查，并结合法庭调查、法庭质证、法庭辩论中呈现的所有证据和情节，以及相关法律法规的规定，自主决定被告人的量刑。在认罪认罚从宽制度下，对于被告人自愿认罪认罚的案件，法院一般会采纳检察院的量刑建议，除非出现法定的例外情形，如被告人不构成犯罪、违背意愿认罪认罚、否认指控的犯罪事实等。

建议与提示 法院在案件审理之后进行量刑合议时，会根据全案的事实与证据作出综合的分析与判断，在遵守刑法的罪刑一致等基本原则的基础上考虑量刑的合法性和合理性。辩护律师可以在法庭上对检察院的量刑建议提出异议，并阐述自己的观点和依据，帮助法庭对案件的事实、证据、法律适用等作出更准确的判断。但律师行使独立辩护权时，应充分尊重当事人本人的意见，发表不同于当事人本人的意见前，尽可能事先征得当事人本人的同意。

法律依据

《刑事诉讼法》

第二百零一条　对于认罪认罚案件，人民法院依法作出判决时，一般应当采纳人民检察院指控的罪名和量刑建议，但有下列情形的除外：

（一）被告人的行为不构成犯罪或者不应当追究其刑事责任的；

（二）被告人违背意愿认罪认罚的；

（三）被告人否认指控的犯罪事实的；

（四）起诉指控的罪名与审理认定的罪名不一致的；

（五）其他可能影响公正审判的情形。

人民法院经审理认为量刑建议明显不当，或者被告人、辩护人对量刑建议提出异议的，人民检察院可以调整量刑建议。人民检察院不调整量刑建议或者调整量刑建议后仍然明显不当的，人民法院应当依法作出判决。

86 什么是认罪认罚具结书？

答 认罪认罚具结书是犯罪嫌疑人、被告人自愿承认公诉机关指控的犯罪事实、罪名，对自己犯下的错误或罪行有一定认识，并表示悔过自新，愿意接受法律制裁而签署的一种法律文书。

解析 认罪认罚从宽制度中的“认罪”，是指犯罪嫌疑人、被告人自愿如实供述自己的罪行，对指控的犯罪事实没有异议。承认指控的主要犯罪事实,仅对个别事实情节提出异议,或者虽然对行为性质提出辩解但表示接受司法机关认定意见的,不影响“认罪”的认定。犯罪嫌疑人、被告人犯数罪,仅如实供述其中一罪或部分罪名事实的,全案不作“认罪”的认定,不适用认罪认罚从宽制度,但对如实供述的部分,检察院可以提出从宽处罚的建议,法院可以从宽处罚。

认罪认罚从宽制度中的“认罚”,是指犯罪嫌疑人、被告人真诚悔罪,愿意接受处罚。认罚,在侦查阶段表现为愿意接受处罚;在审查起诉阶段表现为接受检察院拟作出的起诉或不起诉决定,认可检察院的量刑建议,签署认罪认罚具结书;在审判阶段表现为当庭确认自愿签署认罪认罚具结书,愿意接受刑罚处罚。

“认罚”考察的重点是犯罪嫌疑人、被告人的悔罪态度和悔罪表现,应当结合退赃退赔、赔偿损失、赔礼道歉等因素来考量。犯罪嫌疑人、被告人虽然表示“认罚”,但却暗中串供,干扰证人作证,毁灭、伪造证据或者隐匿、转移财产,有赔偿能力而不赔偿损失的,不能适用认罪认罚从宽制度。

在认罪认罚过程中,犯罪嫌疑人、被告人享有程序选择权,不同意适用速裁程序、简易程序的,不影响“认罚”的认定。

建议与提示 签署认罪认罚具结书是一项严肃的法律行为,犯罪嫌疑人、被告人必须在充分了解自己权益的基础上,在律师的指导下谨慎作出决定。

在签署认罪认罚具结书之前,犯罪嫌疑人、被告人应当确保对指控的犯罪事实、罪名和量刑建议有清晰的认识,避免因误解而导致不利后果。

辩护律师参与签署认罪认罚的见证,事先要给当事人做好认罪认罚相关知识的辅导;对案件的事实、证据与涉案的法律适用提前与当事人进行分析,交换意见,以确定当事人是否愿意签署认罪认罚具结书。

法律依据

《刑事诉讼法》

第一百七十四条 犯罪嫌疑人自愿认罪,同意量刑建议和程序适用的,应当在辩护人或者值班律师在场的情况下签署认罪认罚具结书。

犯罪嫌疑人认罪认罚,有下列情形之一的,不需要签署认罪认罚具结书：

（一）犯罪嫌疑人是盲、聋、哑人，或者是尚未完全丧失辨认或者控制自己行为能力的精神病人的；

（二）未成年犯罪嫌疑人的法定代理人、辩护人对未成年人认罪认罚有异议的；

（三）其他不需要签署认罪认罚具结书的情形。

第一百七十五条　人民检察院审查案件，可以要求公安机关提供法庭审判所必需的证据材料；认为可能存在本法第五十六条规定的以非法方法收集证据情形的，可以要求其对证据收集的合法性作出说明。

人民检察院审查案件，对于需要补充侦查的，可以退回公安机关补充侦查，也可以自行侦查。

对于补充侦查的案件，应当在一个月以内补充侦查完毕。补充侦查以二次为限。补充侦查完毕移送人民检察院后，人民检察院重新计算审查起诉期限。

对于二次补充侦查的案件，人民检察院仍然认为证据不足，不符合起诉条件的，应当作出不起诉的决定。

第一百七十六条　人民检察院认为犯罪嫌疑人的犯罪事实已经查清，证据确实、充分，依法应当追究刑事责任的，应当作出起诉决定，按照审判管辖的规定，向人民法院提起公诉，并将案卷材料、证据移送人民法院。

犯罪嫌疑人认罪认罚的，人民检察院应当就主刑、附加刑、是否适用缓刑等提出量刑建议，并随案移送认罪认罚具结书等材料。

87　不签署认罪认罚具结书会有什么后果？

答　相对于犯罪嫌疑人签署认罪认罚具结书而言，如果不签署认罪认罚具结书可能会降低检察院从宽量刑和法院从宽判处的幅度，并不会加重处罚。但是对于本身无罪的犯罪嫌疑人来说不会有影响。

解析　在认罪认罚从宽制度下，犯罪嫌疑人如果自愿认罪且签署认罪认罚具结书，一般可以获得从宽处理。如果不签署认罪认罚具结书，则可能丧失这一从宽量刑的机会。

不签署认罪认罚具结书,可能意味着案件将按照普通程序继续进行,而不是采用简易程序或速裁程序,从而延长了诉讼周期。如果犯罪嫌疑人事实上确有罪行,不签署认罪认罚具结书在某种程度上说明其未能积极悔罪,这可能影响法官在量刑时对被告人认罪态度的评价。

当然,如果案件定罪量刑的争议较大,甚至涉及不构成犯罪,犯罪嫌疑人可以不签署认罪认罚具结书以寻求更好的辩护空间和机会。

建议与提示 犯罪嫌疑人一旦决定不签署认罪认罚具结书,可以事先和辩护律师进行充分沟通,对不签署认罪认罚具结书可能产生的后果有明确清楚的认识,确保自愿承受不签署认罪认罚具结书的后果。不签署认罪认罚具结书的目的是争取更轻的裁判结果。即使不签署认罪认罚具结书,犯罪嫌疑人仍有权通过完整的庭审程序进行辩护,包括对控方指控的反驳、提供证据以及申请证人出庭作证等。

法律依据

《刑事诉讼法》

第十五条 犯罪嫌疑人、被告人自愿如实供述自己的罪行,承认指控的犯罪事实,愿意接受处罚的,可以依法从宽处理。

第一百七十四条 犯罪嫌疑人自愿认罪,同意量刑建议和程序适用的,应当在辩护人或者值班律师在场的情况下签署认罪认罚具结书。

犯罪嫌疑人认罪认罚,有下列情形之一的,不需要签署认罪认罚具结书:

(一)犯罪嫌疑人是盲、聋、哑人,或者是尚未完全丧失辨认或者控制自己行为能力的精神病人的;

(二)未成年犯罪嫌疑人的法定代理人、辩护人对未成年人认罪认罚有异议的;

(三)其他不需要签署认罪认罚具结书的情形。

88 不同阶段的认罪认罚，有什么不一样？

答 不同阶段的认罪认罚的不同主要体现在从宽处理的幅度以及对诉讼进程的影响。

解析 在刑事诉讼过程中，犯罪嫌疑人或被告人在侦查阶段、审查起诉阶段以及审判阶段分别认罪认罚的区别如下：

(1)侦查阶段。在侦查阶段认罪认罚，意味着犯罪嫌疑人尽早地承认罪行和接受处罚，这有助于加快侦查进程，减少不必要的调查成本。根据相关规定，侦查阶段认罪认罚并在后续阶段保持认罪态度，有可能享受到更大的从宽幅度。

(2)审查起诉阶段。在此阶段认罪认罚，除了能体现悔罪态度外，还会涉及签署认罪认罚具结书。签署认罪认罚具结书后，法院一般会按照检察机关的量刑建议从宽处理，从宽幅度相比侦查阶段稍小一些。

(3)审判阶段。在审判阶段认罪认罚，尽管也能体现悔罪和接受法律制裁的态度，但由于这个阶段已经是诉讼后期，从宽的幅度相较于侦查和审查起诉阶段更小。然而，即便是审判阶段才认罪认罚，依然可以从宽处理，只不过从宽的力度相对较小。

建议与提示 如果犯罪嫌疑人、被告人确实实施了犯罪行为并确实认识到了该犯罪行为的社会危害性，愿意真诚悔罪希望得到从宽处理，则应该尽可能早地提出自愿签署认罪认罚具结书的意愿。实践中，早签署好于晚签署，前后一致，稳定认罪、彻底认罪，得到从宽判处的概率更大。

法律依据

《刑事诉讼法》

第十五条 犯罪嫌疑人、被告人自愿如实供述自己的罪行，承认指控的犯罪事实，愿意接受处罚的，可以依法从宽处理。

最高人民法院《关于适用〈中华人民共和国刑事诉讼法〉的解释》

第三百四十七条第三款 被告人认罪认罚的，可以依照刑事诉讼法第十五条的规定，在程序上从简、实体上从宽处理。

89 被告人签署认罪认罚具结书时必须有律师在场吗？

答 法律规定，犯罪嫌疑人、被告人自愿认罪并同意量刑建议和程序适用的，应当在辩护人或者值班律师在场的情况下签署认罪认罚具结书。

解析 签署认罪认罚具结书这一关键环节，法律要求辩护人或值班律师在场，以确保犯罪嫌疑人、被告人的合法权益得到有效维护，他们的知情权、参与权和辩护权得到保障，同时也保证认罪认罚的自愿性和真实性。

建议与提示 犯罪嫌疑人、被告人应确保在充分理解认罪认罚的法律后果和量刑建议的基础上再做决定，切勿盲目签署。

法律依据

《刑事诉讼法》

第一百七十四条 犯罪嫌疑人自愿认罪，同意量刑建议和程序适用的，应当在辩护人或者值班律师在场的情况下签署认罪认罚具结书。犯罪嫌疑人认罪认罚，有下列情形之一的，不需要签署认罪认罚具结书：

（一）犯罪嫌疑人是盲、聋、哑人，或者是尚未完全丧失辨认或者控制自己行为能力的精神病人的；

（二）未成年犯罪嫌疑人的法定代理人、辩护人对未成年人认罪认罚有异议的；

（三）其他不需要签署认罪认罚具结书的情形。

90 已经签署认罪认罚具结书，在庭审中可以反悔吗？

答 可以反悔。

解析 认罪认罚从宽制度虽然鼓励犯罪嫌疑人、被告人自愿认罪认罚，但法律同样尊重和保障其在诉讼过程中的辩护权和反悔权。一旦被告人在庭审过程中反悔，其原本可能享有的认罪认罚从宽处理失效，转而进入正常的庭审程序，由法院根据案件事实、证据和法律规定作出裁决。

建议与提示 在法律允许的范围内,被告人可以根据新的事实、证据变化或对原认罪认罚情况的重新认识提出反悔。被告人若在庭审过程中反悔,应及时告知法庭并陈述反悔的理由。但应当注意,反悔可能面临更为严格的庭审程序和更高的刑罚风险。

法律依据

《刑事诉讼法》

第二百零一条 对于认罪认罚案件,人民法院依法作出判决时,一般应当采纳人民检察院指控的罪名和量刑建议,但有下列情形的除外:

(一)被告人的行为不构成犯罪或者不应当追究其刑事责任的;

(二)被告人违背意愿认罪认罚的;

(三)被告人否认指控的犯罪事实的;

(四)起诉指控的罪名与审理认定的罪名不一致的;

(五)其他可能影响公正审判的情形。

人民法院经审理认为量刑建议明显不当,或者被告人、辩护人对量刑建议提出异议的,人民检察院可以调整量刑建议。人民检察院不调整量刑建议或者调整量刑建议后仍然明显不当的,人民法院应当依法作出判决。

最高人民法院、最高人民检察院、公安部、国家安全部、司法部《印发〈关于适用认罪认罚从宽制度的指导意见〉的通知》

53. 审判阶段反悔的处理。案件审理过程中,被告人反悔不再认罪认罚的,人民法院应当根据审理查明的事实,依法作出裁判。需要转换程序的,依照本意见的相关规定处理。

91 刑事案件是否涉案人员全部归案后才会被起诉?

答 不是。对于团伙作案,并不是一定要涉案人员全部归案才会被起诉。

解析 团伙作案的部分犯罪分子在逃,在押犯的犯罪事实已查清并有确实、充分证据的，应按照《刑事诉讼法》规定的诉讼程序，该起诉的起诉，该定罪判刑的定罪判刑。

所谓团伙作案，包括一般共同犯罪与犯罪集团。

一般共同犯罪，简称一般共犯，又称非集团性共犯，指没有特殊组织形式的共同犯罪。这种形式的共同犯罪，共同犯罪人一般是为实施某种特定的犯罪而临时结合，一旦完成特定的犯罪后，他们之间可能就再无合作。一般共同犯罪，既可以是事前通谋的共同犯罪，也可以是事前无通谋的共同犯罪；既可以是简单共同犯罪，也可以是复杂共同犯罪。

犯罪集团，往往是3人以上为实施一次或多次犯罪，经事前通谋而建立的犯罪组织。其主要特点有以下三点：(1)具有一定的组织性，有领导、有组织、有计划地进行犯罪活动；(2)具有一定的目的性，为实施一种或多种犯罪而组建；(3)具有一定的稳定性，组织纪律比较严密，一般有实施多次犯罪的计划，有些甚至以犯罪为常业。

建议与提示 在涉及团伙作案的共同犯罪或犯罪集团的犯罪行为的案件中，由于可能存在部分同案人员尚未到案的情况，法律规定司法机关不能因此拖延对已归案人员和已查清事实的处理。但需要注意的是，未到案人员可能会影响某些案件细节的查证，导致对已到案犯罪嫌疑人有利的情节未能充分查明。

因此，已经到案的犯罪嫌疑人应做到以下两点：

(1)主动详细说明情况。特别是要讲清楚未到案同伙在案件中的具体行为，以及这些行为与自己有何关联。

(2)建议尽快寻求律师帮助。通过专业辩护人及时提出辩护意见，重点说明未到案人员涉及的重要情节对自身责任认定的影响。

例如，若案件中有人尚未被抓捕，辩护律师可以着重说明“关键行为实际由未到案人员实施”“当事人参与的程度较低”等事实，这些说明可能直接影响对已到案犯罪嫌疑人的处理结果。

法律依据

《刑法》

第二十五条 共同犯罪是指二人以上共同故意犯罪。

二人以上共同过失犯罪，不以共同犯罪论处；应当负刑事责任的，按照他们所犯的罪分别处罚。

第二十六条　组织、领导犯罪集团进行犯罪活动的或者在共同犯罪中起主要作用的，是主犯。

三人以上为共同实施犯罪而组成的较为固定的犯罪组织，是犯罪集团。

对组织、领导犯罪集团的首要分子，按照集团所犯的全部罪行处罚。

对于第三款规定以外的主犯，应当按照其所参与的或者组织、指挥的全部犯罪处罚。

《刑事诉讼法》

第二百九十八条　对于贪污贿赂犯罪、恐怖活动犯罪等重大犯罪案件，犯罪嫌疑人、被告人逃匿，在通缉一年后不能到案，或者犯罪嫌疑人、被告人死亡，依照刑法规定应当追缴其违法所得及其他涉案财产的，人民检察院可以向人民法院提出没收违法所得的申请。

公安机关认为有前款规定情形的，应当写出没收违法所得意见书，移送人民检察院。

没收违法所得的申请应当提供与犯罪事实、违法所得相关的证据材料，并列明财产的种类、数量、所在地及查封、扣押、冻结的情况。

人民法院在必要的时候，可以查封、扣押、冻结申请没收的财产。

最高人民检察院、公安部《关于印发〈最高人民检察院、公安部关于规范刑事案件“另案处理”适用的指导意见〉的通知》

第三条　涉案的部分犯罪嫌疑人有下列情形之一的，可以适用“另案处理”：

……

（三）在同案犯罪嫌疑人被提请批准逮捕或者移送审查起诉时在逃，无法到案的；

……

（五）涉嫌犯罪的现有证据暂不符合提请批准逮捕或者移送审查起诉标准，需要继续侦查，而同案犯罪嫌疑人符合提请批准逮捕或者移送审查起诉标准的；

（六）其他适用“另案处理”更为适宜的情形。

第十四条 人民检察院对于犯罪嫌疑人长期在逃或者久侦不结的“另案处理”案件,可以适时向公安机关发函催办。公安机关应当及时将开展工作情况函告人民检察院。

92 值班律师有没有辩护权?

答 值班律师没有辩护权。

解析 值班律师与委托的辩护人和指定的辩护人在法律地位和职能上存在明显差异。委托的辩护人和指定的辩护人具有相同的法律地位,都是实质意义上的辩护人,而值班律师与当事人之间没有委托的辩护关系,其介入刑事诉讼的阶段和所享有的权利也与辩护律师不同。值班律师的职能包括为犯罪嫌疑人、被告人提供法律咨询、程序选择建议等,这些职能只能被定性为法律帮助而不属于辩护权。

建议与提示 鉴于值班律师的作用与地位的有限性,因为其没有全程参与全案的侦查、审查起诉,以及法庭审理的辩护,对于案件情况,包括事实、证据等可能了解有限,甚至不太了解,其对于维护当事人实体权益的作用是很有限的。因此,建议当事人或其家属聘请律师参与辩护,或依法申请法律援助律师全程参与辩护。以更有效地维护自己的合法权益。

法律依据

《刑事诉讼法》

第三十六条 法律援助机构可以在人民法院、看守所等场所派驻值班律师。犯罪嫌疑人、被告人没有委托辩护人,法律援助机构没有指派律师为其提供辩护的,由值班律师为犯罪嫌疑人、被告人提供法律咨询、程序选择建议、申请变更强制措施、对案件处理提出意见等法律帮助。

人民法院、人民检察院、看守所应当告知犯罪嫌疑人、被告人有权约见值班律师,并为犯罪嫌疑人、被告人约见值班律师提供便利。

最高人民法院、最高人民检察院、公安部、司法部《关于印发〈法律援助值班律师工作办法〉的通知》

第六条　值班律师依法提供以下法律帮助：

（一）提供法律咨询；

（二）提供程序选择建议；

（三）帮助犯罪嫌疑人、被告人申请变更强制措施；

（四）对案件处理提出意见；

（五）帮助犯罪嫌疑人、被告人及其近亲属申请法律援助；

（六）法律法规规定的其他事项。

值班律师在认罪认罚案件中，还应当提供以下法律帮助：

（一）向犯罪嫌疑人、被告人释明认罪认罚的性质和法律规定；

（二）对人民检察院指控罪名、量刑建议、诉讼程序适用等事项提出意见；

（三）犯罪嫌疑人签署认罪认罚具结书时在场。

值班律师办理案件时，可以应犯罪嫌疑人、被告人的约见进行会见，也可以经办案机关允许主动会见；自人民检察院对案件审查起诉之日起可以查阅案卷材料、了解案情。

第四篇

监委与职务犯罪

93 监委办理什么案件?

答 监委依法对所有行使公权力的公职人员进行监察,对涉嫌贪污贿赂、滥用职权、玩忽职守、权力“寻租”、利益输送、徇私舞弊以及浪费国家资财等职务违法和职务犯罪的案件进行调查。

解析 监察机关负责调查的职务违法是指公职人员实施的与其职务相关联,虽不构成犯罪但依法应当承担法律责任的违法行为。具体有以下几种:(1)利用职权实施的违法行为;(2)利用职务上的影响实施的违法行为;(3)履行职责不力、失职失责的违法行为;(4)其他违反与公职人员职务相关的特定义务的违法行为。

监察机关调查的职务犯罪主要是以下几大类:(1)公职人员涉嫌贪污贿赂犯罪;(2)公职人员涉嫌滥用职权犯罪;(3)公职人员涉嫌玩忽职守犯罪;(4)公职人员涉嫌徇私舞弊犯罪;(5)公职人员在行使公权力过程中涉及的重大责任事故犯罪;(6)公职人员在行使公权力过程中涉及的其他犯罪。《中华人民共和国监察法实施条例》主要规定了101个由监察机关进行调查的罪名。

国家监察委员会,由全国人民代表大会产生,是最高监察机关,领导地方各级监察委员会的工作。国家监察委员会就是反腐败工作机构,整合了原监察部、原国家预防腐败局、最高人民检察院反贪总局等部门的工作力量,在党中央的直接领导下开展反腐败工作,加强党对反腐败工作的统一领导,将有效解决监察范围过窄、反腐败力量分散、纪法衔接不畅等问题。

监委是行使国家监察职能的专责机关,依法对所有行使公权力的公职人员进行监察。

作为反腐败工作机构,国家监察委员会与中央纪委有什么关系呢?在党中央统一领导下,中央纪委同国家监委合署办公,履行纪检、监察两项职能,实行一套工作机构、两个机关名称,从而实现党内监督和国家机关监督、党的纪律检查和国家监察有机统一,实现对所有行使公权力的公职人员监察全覆盖。

建议与提示 根据《监察法》的规定,以下人员都属于监察机关的监察对象:(1)中国共产党机关、人民代表大会及其常务委员会机关、人民政府、监察委员会、法院、检察院、中国人民政治协商会议各级委员会机关、民主党派机关和工商业联合会机关的公务员，以及参照《公务员法》管理的人员；(2)法律、法规授权或者受国家机关依法委托管理公共事务的组织中从事公务的人员；(3)国有企业管理人员；(4)公办的教育、科研、文化、医疗卫生、体育等单位中从事管理的人员；(5)基层群众性自治组织中从事管理的人员；(6)其他依法履行公职的人员。

国家进行监察体制改革，实施监察法的目的，就是加强对公职人员的监督管理，希望广大公职人员在新时代能够坚守公职人员的清正廉洁、公正为民，忠实地执行好宪法和法律，履行好各自的法定职责，保守国家秘密和工作秘密，忠于职守、接受监督、廉洁奉公。

法律依据

《监察法》

第三条 各级监察委员会是行使国家监察职能的专责机关，依照本法对所有行使公权力的公职人员（以下称公职人员）进行监察，调查职务违法和职务犯罪，开展廉政建设和反腐败工作，维护宪法和法律的尊严。

第十一条 监察委员会依照本法和有关法律规定履行监督、调查、处置职责：

（一）对公职人员开展廉政教育，对其依法履职、秉公用权、廉洁从政从业以及道德操守情况进行监督检查；

（二）对涉嫌贪污贿赂、滥用职权、玩忽职守、权力寻租、利益输送、徇私舞弊以及浪费国家资财等职务违法和职务犯罪进行调查；

（三）对违法的公职人员依法作出政务处分决定；对履行职责不力、失职失责的领导人员进行问责；对涉嫌职务犯罪的，将调查结果移送人民检察院依法审查、提起公诉；向监察对象所在单位提出监察建议。

第三十七条 人民法院、人民检察院、公安机关、审计机关等国家机关在工作中发现公职人员涉嫌贪污贿赂、失职渎职等职务违法或者职务犯罪的问题线索，应当移送监察机关，由监察机关依法调查处置。

被调查人既涉嫌严重职务违法或者职务犯罪，又涉嫌其他违法犯罪的，一般应当由监察机关为主调查，其他机关予以协助。

第五十二条第一款　监察机关根据监督、调查结果，依法作出如下处置：

……

（四）对涉嫌职务犯罪的，监察机关经调查认为犯罪事实清楚，证据确实、充分的，制作起诉意见书，连同案卷材料、证据一并移送人民检察院依法审查、提起公诉；

……

《刑事诉讼法》

第十九条第一款　刑事案件的侦查由公安机关进行，法律另有规定的除外。

94　监委办案有期限吗？最长多久结案？

答　监察机关办理涉嫌职务违法或职务犯罪的案件，对被调查人采取留置措施的，办案期限参照法律规定的留置期限，不得超过3个月。在特殊情况下，可以延长一次，延长时间不得超过3个月。

如果对被调查人没有采取留置措施，则应当在立案后1年以内作出处理决定；对被调查人解除留置措施的，应当在解除留置措施后1年以内作出处理决定。案情重大复杂的案件，经上一级监察机关批准，可以适当延长，但延长期限不得超过6个月。

解析　法律中只对被调查人没有被采取留置措施及被解除留置措施的情形下的监察机关的办案期限作出了明确规定。对于被调查人被采取留置措施的并未明确办案期限，只规定了留置期限。但是对此不应进行无限扩大化解释，对于被调查人被采取留置措施的，监察机关的办案期限应当参照留置期限进行限缩。

建议与提示　“立党为公，执政为民”是中国共产党的执政理念，也是“三个代表”重要思想的本质。“立党为公”，是指中国共产党除了最广大人民群众的根本利益外，没有任何的私利私求可言。其核心是“公”字，“公”是国家和民族的公共利益，全体人民的共同理想，全社会的公共事务等实体性含义与公平、公正、公开等程序性要求的统一性。“执政为民”，是指中华人民共和国的政权是人民的政权，权力是人民赋予的，中国共产党会为人民掌好权、用好权。

因此，每一位公职人员在自己的公务活动中，都应该遵纪守法、忠于职守，做廉洁奉公的表率，一旦监察机关对其提起监察调查，自当认真接受监督监察，有则改之、无则加勉。

法律依据

《监察法》

第四十七条 监察机关采取留置措施，应当由监察机关领导人员集体研究决定。设区的市级以下监察机关采取留置措施，应当报上一级监察机关批准。省级监察机关采取留置措施，应当报国家监察委员会备案。

第四十八条第一款 留置时间不得超过三个月。在特殊情况下，可以延长一次，延长时间不得超过三个月。省级以下监察机关采取留置措施的，延长留置时间应当报上一级监察机关批准。监察机关发现采取留置措施不当或者不需要继续采取留置措施的，应当及时解除或者变更为责令候查措施。

第四十九条第一款 监察机关采取强制到案、责令候查、管护、留置措施，可以根据工作需要提请公安机关配合。公安机关应当依法予以协助。

《中华人民共和国监察法实施条例》

第一百八十五条 监察机关对已经立案的职务违法或者职务犯罪案件应当依法进行调查，收集证据查明违法犯罪事实。

调查职务违法或者职务犯罪案件，对被调查人没有采取留置措施的，应当在立案后一年以内作出处理决定；对被调查人解除留置措施的，应当在解除留置措施后一年以内作出处理决定。案情重大复杂的案件，经上一级监察机关批准，可以适当延长，但延长期限不得超过六个月。

被调查人在监察机关立案调查以后逃匿的，调查期限自被调查人到案之日起重新计算。

95 监委办理的案件，有哪几种结果？

答 监察机关办理的案件，分 3 种情况处理：被调查人员没有犯错，积极配合调查的，监委会将其释放；违法的，监委将会根据所犯过错进行处分；涉嫌犯罪的，监委将先根据所犯过错进行处分，再移交给检察院提起公诉，由法院判决。

解析 监察机关办理案件，根据监督、调查结果，具体会作出以下 6 种不同的处置结果：

第一，对有职务违法行为但情节较轻的公职人员，按照管理权限，直接或者委托有关机关、人员，进行谈话提醒、批评教育、责令检查，或者予以诫勉。

第二，对违法的公职人员依照法定程序作出警告、记过、记大过、降级、撤职、开除等政务处分决定。

第三，对不履行或者不正确履行职责负有责任的领导人员，按照管理权限对其直接作出问责决定，或者向有权作出问责决定的机关提出问责建议。

第四，对涉嫌职务犯罪的，监察机关经调查认为犯罪事实清楚，证据确实、充分的，制作起诉意见书，连同案卷材料、证据一并移送检察院依法审查、提起公诉。

第五，对监察对象所在单位廉政建设和履行职责存在的问题等提出监察建议。

第六，对于经调查没有证据证明被调查人存在违法犯罪行为的，撤销案件，并通知被调查人所在单位。

建议与提示 公职人员公务活动的公正性、廉洁性，是公职人员在从事公务活动或者其他活动中应当遵守的行为规则。无论有无违规违纪行为、有无渎职失职行为，都应自觉接受监察机关的监督调查，以做好遵纪守法的榜样与表率。当然，面临监察机构的调查与监督，必要时也可以向律师或其他法律专家、学者咨询了解相关法律知识，以维护自己的合法权益。

法律依据

《监察法》

第五十二条 监察机关根据监督、调查结果，依法作出如下处置：

（一）对有职务违法行为但情节较轻的公职人员，按照管理权限，直接或者委托有关机关、人员，进行谈话提醒、批评教育、责令检查，或者予以诫勉；

（二）对违法的公职人员依照法定程序作出警告、记过、记大过、降级、撤职、开除等政务处分决定；

（三）对不履行或者不正确履行职责负有责任的领导人员，按照管理权限对其直接作出问责决定，或者向有权作出问责决定的机关提出问责建议；

（四）对涉嫌职务犯罪的，监察机关经调查认为犯罪事实清楚，证据确实、充分的，制作起诉意见书，连同案卷材料、证据一并移送人民检察院依法审查、提起公诉；

（五）对监察对象所在单位廉政建设和履行职责存在的问题等提出监察建议。

监察机关经调查，对没有证据证明被调查人存在违法犯罪行为的，应当撤销案件，并通知被调查人所在单位。

96 监委留置人员，要经过什么程序作出？

答 监察机关采取留置措施，应当由监察机关领导人员集体研究决定。设区的市级以下监察机关采取留置措施，应当报上一级监察机关批准。省级监察机关采取留置措施，应当报国家监委员会备案。留置措施是监察机关所采用的限制被调查人的人身自由的一项严厉措施。

解析 监委对采取留置措施的要求十分严格，并非有职务违法或职务犯罪的嫌疑就可以采取留置措施。其前提条件是被调查人必须涉嫌贪污贿赂、失职渎职等严重职务违法或者职务犯罪，而且监察机关必须已经掌握了部分违法犯罪事实和证据，在仍有重要问题需要调查的情况下，如出现以下情形之一，经过依法审批程序，才可以采取留置程序：(1)涉及案情重大、复杂的;(2)可能逃跑、自杀的;(3)可能串供或者伪造、隐匿、毁灭证据的;(4)可能有其他妨碍调查行为的。同时,对涉嫌行贿犯罪或者共同职务犯罪的涉案人员,在满足上述条件的情况下,监察机关也可以采取留置措施。

采取留置措施主要包括纪检监察机关内部研究程序和报请同级党委审批程序。就内部程序而言,审查调查组提出留置建议,提交书记专题会议研究,一般由监委主要领导、分管领导、审查调查部门(专案组)主要负责人、案管室主要负责人等人员参加,专案组等承办部门负责人汇报情况。需要报同级党委审批的,以立案呈批报告等形式报同级党委主要负责人审批。采取留置措施后,纪委领导成员可将留置情况在纪委常委会会议上通报。

建议与提示 公职人员一旦被采取留置措施,将在较长一段时间里与外界隔绝。《监察法》实施之后,留置措施取代了过去纪委办案采用的“双规”“双指”措施。此时,被留置人员的家人一方面可以加强与监委办案机关的沟通交流,配合监委办案;另一方面也可以积极向律师、法律界人士咨询了解案件可能的情况,维护被调查人员的合法权益。

法律依据

《监察法》

第二十四条 被调查人涉嫌贪污贿赂、失职渎职等严重职务违法或者职务犯罪,监察机关已经掌握其部分违法犯罪事实及证据,仍有重要问题需要进一步调查,并有下列情形之一的,经监察机关依法审批,可以将其留置在特定场所:

(一)涉及案情重大、复杂的;

(二)可能逃跑、自杀的;

(三)可能串供或者伪造、隐匿、毁灭证据的;

(四)可能有其他妨碍调查行为的。

对涉嫌行贿犯罪或者共同职务犯罪的涉案人员,监察机关可以依照前款规定采取留置措施。

留置场所的设置、管理和监督依照国家有关规定执行。

第四十七条 监察机关采取留置措施,应当由监察机关领导人员集体研究决定。设区的市级以下监察机关采取留置措施,应当报上一级监察机关批准。省级监察机关采取留置措施,应当报国家监察委员会备案。

第四十八条第一款 留置时间不得超过三个月。在特殊情况下,可以延长一次,延长时间不得超过三个月。省级以下监察机关采取留置措施的,延长留置时间应当报上一级监察机关批准。监察机关发现采取留置措施不当或者不需要继续采取留置措施的,应当及时解除或者变更为责令候查措施。

第四十九条第一款 监察机关采取强制到案、责令候查、管护、留置措施,可以根据工作需要提请公安机关配合。公安机关应当依法予以协助。

《中华人民共和国监察法实施条例》

第九十二条第一款 监察机关调查严重职务违法或者职务犯罪,对于符合监察法第二十二条第一款规定的,经依法审批,可以对被调查人采取留置措施。

97 监委留置人员,应该多久通知其单位和家属?

答 依照法律规定,除通知有碍调查的外,监察机关应当在采取留置措施后24小时以内,通知被留置人员所在单位和家属。

解析 对被调查人采取留置措施后,原则上应当在24小时以内通知被留置人员所在单位和家属,但如果出现有可能毁灭、伪造证据,干扰证人作证或者串供等有碍调查的情形,则没有必须24小时以内通知的限制。但是,在有碍调查的情形消失后,监察机关应当立即通知被留置人员所在单位和家属。

建议与提示 当家人被监察机关留置后,作为家属,必然会感到茫然、惊慌失措,但此时更应沉着冷静。当监察机关在住所进行搜查、扣押时,千万不要采取过激或者不理智的行为,阻碍监察机关办案;相反,可以要求调查人员出具相关搜查、扣押手续,记录搜查过程和扣押物品等,以确保调查人员的程序合法。在面对监察机关的询问时,不要害怕,只要配合调查,对所提出的问题进行客观陈述即可,不要进行主观臆断或者推测;对调查人员的揣测性提问、诱导性提问、欺骗性提问和与案件无关的提问,可以拒绝回答，切实保护好自身的合法权益。同时可以自己选择接受询问调查的地点。面对办案机关的退赃要求时，一定要谨慎对待，要让退赃情节在案件的处理结果方面发挥最大的作用。

虽然被留置期间家属跟律师都不能会见当事人，但是家属可以及时向律师咨询，了解一些相关的法律规定和程序，并且听取律师的专业建议，从而可以更沉着冷静地去面对和处理问题。

法律依据

《监察法》

第五十条　采取管护或者留置措施后，应当在二十四小时以内，通知被管护人员、被留置人员所在单位和家属，但有可能伪造、隐匿、毁灭证据，干扰证人作证或者串供等有碍调查情形的除外。有碍调查的情形消失后，应当立即通知被管护人员、被留置人员所在单位和家属。解除管护或者留置的，应当及时通知被管护人员、被留置人员所在单位和家属。

被管护人员、被留置人员及其近亲属有权申请变更管护、留置措施。监察机关收到申请后，应当在三日以内作出决定；不同意变更措施的，应当告知申请人，并说明不同意的理由。

监察机关应当保障被强制到案人员、被管护人员以及被留置人员的饮食、休息和安全，提供医疗服务。对其谈话、讯问的，应当合理安排时间和时长，谈话笔录、讯问笔录由被谈话人、被讯问人阅看后签名。

被管护人员、被留置人员涉嫌犯罪移送司法机关后，被依法判处管制、拘役或者有期徒刑的，管护、留置一日折抵管制二日，折抵拘役、有期徒刑一日。

《中华人民共和国监察法实施条例》

第八十六条　证人未被限制人身自由的，可以在其工作地点、住所或者其提出的地点进行询问，也可以通知其到指定地点接受询问。到证人提出的地点或者调查人员指定的地点进行询问的，应当在笔录中记明。

调查人员认为有必要或者证人提出需要由所在单位派员或者其家属陪同到询问地点的，应当办理交接手续并填写《陪送交接单》。

98 监委留置的最长时间是多少？

答 一般不超过3个月，最长不超过6个月。

解析 依照法律规定，监察机关的留置时间不得超过3个月。在特殊情况下，可以延长一次，但延长时间不得超过3个月。因此，留置的最长时间不超过6个月。

建议与提示 当家人被监察机关留置，家属能做的事情其实非常有限，留置期间家属和律师都无法介入和会见。因为留置是监察措施，不属于刑事强制措施，所以在此期间也不存在申请取保候审的问题，因此只有耐心等候监察机关的调查和处置结果。

法律依据

《监察法》

第四十七条 监察机关采取留置措施，应当由监察机关领导人员集体研究决定。设区的市级以下监察机关采取留置措施，应当报上一级监察机关批准。省级监察机关采取留置措施，应当报国家监察委员会备案。

第四十八条第一款 留置时间不得超过三个月。在特殊情况下，可以延长一次，延长时间不得超过三个月。省级以下监察机关采取留置措施的，延长留置时间应当报上一级监察机关批准。监察机关发现采取留置措施不当或者不需要继续采取留置措施的，应当及时解除或者变更为责令候查措施。

第四十九条第一款 监察机关采取强制到案、责令候查、管护、留置措施，可以根据工作需要提请公安机关配合。公安机关应当依法予以协助。

99 留置、刑事拘留，如何折抵刑期？

答 被监察机关留置的被调查人，因涉嫌职务犯罪被移送司法机关后，被依法判处管制、拘役或者有期徒刑的，留置一日折抵管制的刑期二日，折抵拘役、有期徒刑的刑期一日。因涉嫌刑事犯罪被刑事拘留的，判决执行以前先行羁押的，羁押一日折抵管制的刑期二日，折抵拘役、有期徒刑的刑期一日。

解析 刑期折抵是刑事司法中的一项重要制度，是将受刑人在判决执行前羁押的期间换算为刑期。刑期的折抵只适用于判决执行前的羁押，判决执行后的羁押不得折抵。对受刑人在判决执行前所受到的羁押时间进行刑期换算与折抵，既是避免双重处罚，体现“一事不二罚”的法理精神，也是对法律公平正义原则的体现，以保障服刑人的合法权益，有利于受刑人的服刑改造。

建议与提示 需要注意的是，留置时间折抵刑期的问题只存在于被判处管制、拘役或有期徒刑的情形。依法被宣告缓刑的，如果事后缓刑被撤销，那么之前留置的期限可以被折抵。

法律依据

《刑法》

第四十一条 管制的刑期，从判决执行之日起计算；判决执行以前先行羁押的，羁押一日折抵刑期二日。

第四十四条 拘役的刑期，从判决执行之日起计算；判决执行以前先行羁押的，羁押一日折抵刑期一日。

第四十七条 有期徒刑的刑期，从判决执行之日起计算；判决执行以前先行羁押的，羁押一日折抵刑期一日。

《监察法》

第五十条 采取管护或者留置措施后，应当在二十四小时以内，通知被管护人员、被留置人员所在单位和家属，但有可能伪造、隐匿、毁灭证据，干扰证人作证或者串供等有碍调查情形的除外。有碍调查的情形消失后，应当立即通知被管护人员、被留置人员所在单位和家属。解除管护或者留置的，应当及时通知被管护人员、被留置人员所在单位和家属。

被管护人员、被留置人员及其近亲属有权申请变更管护、留置措施。监察机关收到申请后，应当在三日以内作出决定；不同意变更措施的，应当告知申请人,并说明不同意的理由。

监察机关应当保障被强制到案人员、被管护人员以及被留置人员的饮食、休息和安全,提供医疗服务。对其谈话、讯问的,应当合理安排时间和时长,谈话笔录、讯问笔录由被谈话人、被讯问人阅看后签名。

被管护人员、被留置人员涉嫌犯罪移送司法机关后,被依法判处管制、拘役或者有期徒刑的,管护、留置一日折抵管制二日,折抵拘役、有期徒刑一日。

100 被留置人员律师可以会见吗?

答 不可以,留置期间律师和家属都不能会见被留置人员。

解析 依照《监察法》的规定,对被调查人员的留置措施,实际上是一种对调查人员是否违法违纪与是否构成刑事犯罪的行政监察调查程序,不是司法程序。在此期间律师不能会见被调查人员。律师行使辩护权、进行会见是根据《刑事诉讼法》等法律赋予的权利,但留置期间的律师会见并没有法律依据,因此律师是不能会见被留置人员的。只有当涉嫌职务犯罪被移送检察院后,当事人才可以委托律师进行会见。

建议与提示 虽然留置期间律师可以做的工作有限,但是家属可以聘请律师提供法律咨询,梳理和分析情况,以便为后续可能面临的情况提前做好准备。如果涉嫌职务犯罪,可以通过让律师提前介入,更好地开展后续的辩护工作。

101 监委办案期间可以聘请律师提供哪些法律帮助?

答 虽然此阶段无法聘请律师参与辩护,但家属可以聘请律师提供以下法律咨询与帮助:(1)解答家属的法律疑惑;(2)根据家属了解与提供的情况进行合理合法的法律分析与预判;(3)在法律允许的范围内作出被调查人员可能解除被调查,或调查之后移送司法机关处理的相关预案;(4)必要时就退赃退赔等事项提供法律建议。

解析 因为监委查办案件性质不同于普通刑事案件，查办人员为公职人员等特殊性，其查处案件相较其他一般刑事案件更为隐秘，办案过程更为封闭，监察机关办案是依照《监察法》，而不是《刑事诉讼法》办案。律师不能依《刑事诉讼法》的规定进行会见，监察机关也没有法律义务解答律师提出的法律意见。

建议与提示 公职人员被监委调查时，由于日常工作所享有的较好的社会地位与荣誉，与突然遭受调查而带来的社会地位与声誉的影响，容易形成巨大的心理落差，被调查人员及家属均容易感到茫然无措。此时，被调查人员及其家属不仅需要人文关怀、心理疏导，也迫切需要法律辅导。因此，被调查人员及其家属依然可以聘请律师提供法律相应的帮助。

102 律师什么时候可以会见相关人员？

答 在监察机关将案件移送到检察院，检察院对监查人员采取拘留措施之后律师就可以会见被留置人员。

解析 《刑事诉讼法》第170条第2款规定，对于监察机关移送起诉的已采取留置措施的案件，检察院应当对犯罪嫌疑人先行拘留，留置措施自动解除。此时，监察人员家属可以依照《刑事诉讼法》的规定，聘请律师会见当事人。

建议与提示 司法实践中，检察机关一般在收到监委移送的案件7天以后通知犯罪嫌疑人的家属可以聘请律师会见。

法律依据

《刑事诉讼法》

第三十四条第一款 犯罪嫌疑人自被侦查机关第一次讯问或者采取强制措施之日起，有权委托辩护人；在侦查期间，只能委托律师作为辩护人。被告人有权随时委托辩护人。

第三十九条 辩护律师可以同在押的犯罪嫌疑人、被告人会见和通信。其他辩护人经人民法院、人民检察院许可,也可以同在押的犯罪嫌疑人、被告人会见和通信。

辩护律师持律师执业证书、律师事务所证明和委托书或者法律援助公函要求会见在押的犯罪嫌疑人、被告人的,看守所应当及时安排会见,至迟不得超过四十八小时。

危害国家安全犯罪、恐怖活动犯罪案件,在侦查期间辩护律师会见在押的犯罪嫌疑人,应当经侦查机关许可。上述案件,侦查机关应当事先通知看守所。

辩护律师会见在押的犯罪嫌疑人、被告人,可以了解案件有关情况,提供法律咨询等;自案件移送审查起诉之日起,可以向犯罪嫌疑人、被告人核实有关证据。辩护律师会见犯罪嫌疑人、被告人时不被监听。

辩护律师同被监视居住的犯罪嫌疑人、被告人会见、通信,适用第一款、第三款、第四款的规定。

第一百七十条 人民检察院对于监察机关移送起诉的案件,依照本法和监察法的有关规定进行审查。人民检察院经审查,认为需要补充核实的,应当退回监察机关补充调查,必要时可以自行补充侦查。

对于监察机关移送起诉的已采取留置措施的案件,人民检察院应当对犯罪嫌疑人先行拘留,留置措施自动解除。人民检察院应当在拘留后的十日以内作出是否逮捕、取保候审或者监视居住的决定。在特殊情况下,决定的时间可以延长一日至四日。人民检察院决定采取强制措施的期间不计入审查起诉期限。

103 什么是监委的"初步核实"?可以采取什么措施?

答 监委的"初步核实"是指监察机关对具有可查性的涉嫌违纪或者职务违法、职务犯罪问题线索开展初步核实工作,收集客观性证据,确保真实性和准确性。监察机关在初步核实中,可以依法采取谈话、询问、查询、调取、勘验检查、鉴定等措施。

解析 纪检监察机关采取初步核实方式处置问题线索，应当制订工作方案，成立核查组，履行审批程序。依照《中国共产党纪律检查机关监督执纪工作规则》的有关规定，在初步核实中，核查组经批准可以采取必要措施收集证据，与相关人员谈话了解情况，要求相关组织作出说明，调取个人有关事项报告，查阅复制文件、账目、档案等资料，核查资产情况和有关信息，进行鉴定勘验。对被核查人及相关人员主动上交的财物，核查组应当予以暂扣。需要采取技术调查或者限制出境等措施的，纪检监察机关应当严格履行审批手续，交有关机关执行。

建议与提示 初步核实是纪检监察部门处理投诉、报案、查处违纪违法行为的常规工作，遇到这种情况，公职人员及其家属应积极配合，及时将有关问题搞清楚，避免事情复杂化。对于是否涉及违纪违法的法律疑惑，也可以向律师、法律专家学者咨询。

法律依据

《监察法》

第四十一条 需要采取初步核实方式处置问题线索的，监察机关应当依法履行审批程序，成立核查组。初步核实工作结束后，核查组应当撰写初步核实情况报告，提出处理建议。承办部门应当提出分类处理意见。初步核实情况报告和分类处理意见报监察机关主要负责人审批。

《中华人民共和国监察法实施条例》

第五十五条 监察机关在初步核实中，可以依法采取谈话、询问、查询、调取、勘验检查、鉴定措施；立案后可以采取讯问、留置、冻结、搜查、查封、扣押、通缉措施。需要采取技术调查、限制出境措施的，应当按照规定交有关机关依法执行。设区的市级以下监察机关在初步核实中不得采取技术调查措施。

开展问责调查，根据具体情况可以依法采取相关监察措施。

《中国共产党纪律检查机关监督执纪工作规则》

第三十二条 党委（党组）、纪委监委（纪检监察组）应当对具有可查性的涉嫌违纪或者职务违法、职务犯罪问题线索，扎实开展初步核实工作，收集客观性证据,确保真实性和准确性。

第三十三条 纪检监察机关采取初步核实方式处置问题线索,应当制定工作方案,成立核查组,履行审批程序。被核查人为下一级党委(党组)主要负责人的,纪检监察机关应当报同级党委主要负责人批准。

第三十四条 核查组经批准可以采取必要措施收集证据,与相关人员谈话了解情况,要求相关组织作出说明,调取个人有关事项报告,查阅复制文件、账目、档案等资料,查核资产情况和有关信息,进行鉴定勘验。对被核查人及相关人员主动上交的财物,核查组应当予以暂扣。

需要采取技术调查或者限制出境等措施的,纪检监察机关应当严格履行审批手续,交有关机关执行。

104 监察机关是否可以采取查封、冻结措施?有无期限规定?

答 监察机关可以采取查封、冻结措施。冻结财产的期限不得超过6个月。如需延长期限,则应按规定办理续冻手续,但每次续冻期限不得超过6个月。

解析 监察机关在调查严重职务违法或者职务犯罪的过程中,根据工作需要,按规定报批后,可以依法查询、冻结涉案单位和个人的存款、汇款、债券、股票、基金份额等财产,也可以依法查封、扣押用以证明被调查人涉嫌违法犯罪以及情节轻重的财物、文件、电子数据等证据材料。

查封、扣押的财物、文件,冻结的财产经查明与案件无关的,应当在查明后3日内解除查封、扣押及冻结,并予以退还。

建议与提示 监察机关及其工作人员如果查封、扣押、冻结了与案件无关的财物,被调查人及其近亲属可以向该机关进行申诉。

法律依据

《监察法》

第二十六条 监察机关调查涉嫌贪污贿赂、失职渎职等严重职务违法或者职务犯罪，根据工作需要，可以依照规定查询、冻结涉案单位和个人的存款、汇款、债券、股票、基金份额等财产。有关单位和个人应当配合。

冻结的财产经查明与案件无关的，应当在查明后三日内解除冻结，予以退还。

第二十八条　监察机关在调查过程中，可以调取、查封、扣押用以证明被调查人涉嫌违法犯罪的财物、文件和电子数据等信息。采取调取、查封、扣押措施，应当收集原物原件，会同持有人或者保管人、见证人，当面逐一拍照、登记、编号，开列清单，由在场人员当场核对、签名，并将清单副本交财物、文件的持有人或者保管人。

对调取、查封、扣押的财物、文件，监察机关应当设立专用账户、专门场所，确定专门人员妥善保管，严格履行交接、调取手续，定期对账核实，不得毁损或者用于其他目的。对价值不明物品应当及时鉴定，专门封存保管。

查封、扣押的财物、文件经查明与案件无关的，应当在查明后三日内解除查封、扣押，予以退还。

第六十九条　监察机关及其工作人员有下列行为之一的，被调查人及其近亲属、利害关系人有权向该机关申诉：

（一）采取强制到案、责令候查、管护、留置或者禁闭措施法定期限届满，不予以解除或者变更的；

（二）查封、扣押、冻结与案件无关或者明显超出涉案范围的财物的；

（三）应当解除查封、扣押、冻结措施而不解除的；

（四）贪污、挪用、私分、调换或者违反规定使用查封、扣押、冻结的财物的；

（五）利用职权非法干扰企业生产经营或者侵害企业经营者人身权利、财产权利和其他合法权益的；

（六）其他违反法律法规、侵害被调查人合法权益的行为。

受理申诉的监察机关应当在受理申诉之日起一个月内作出处理决定。申诉人对处理决定不服的，可以在收到处理决定之日起一个月内向上一级监察机关申请复查，上一级监察机关应当在收到复查申请之日起二个月内作出处理决定，情况属实的，及时予以纠正。

《中华人民共和国监察法实施条例》

第五十五条　监察机关在初步核实中，可以依法采取谈话、询问、查询、调取、勘验检查、鉴定措施;立案后可以采取讯问、留置、冻结、搜查、查封、扣押、通缉措施。需要采取技术调查、限制出境措施的,应当按照规定交有关机关依法执行。设区的市级以下监察机关在初步核实中不得采取技术调查措施。

开展问责调查,根据具体情况可以依法采取相关监察措施。

第一百零四条 监察机关调查严重职务违法或者职务犯罪,根据工作需要,按规定报批后,可以依法查询、冻结涉案单位和个人的存款、汇款、债券、股票、基金份额等财产。

第一百零八条 冻结财产的期限不得超过六个月。冻结期限到期未办理续冻手续的,冻结自动解除。

有特殊原因需要延长冻结期限的,应当在到期前按原程序报批,办理续冻手续。每次续冻期限不得超过六个月。

第一百二十五条 监察机关按规定报批后,可以依法查封、扣押用以证明被调查人涉嫌违法犯罪以及情节轻重的财物、文件、电子数据等证据材料。

对于被调查人到案时随身携带的物品,以及被调查人或者其他相关人员主动上交的财物和文件,依法需要扣押的,依照前款规定办理。对于被调查人随身携带的与案件无关的个人用品,应当逐件登记,随案移交或者退还。

第五篇

法庭审理

105　案件移送到法院审理后，有哪些流程？

答　案件移送到法院之后，统称为法庭审理阶段。

解析　法庭审理包括法庭开庭的准备工作，法庭的开庭审判，也包括法庭开庭审判过程中或开庭审判后的裁判与裁决活动。

法庭审判是法院采取开庭的方式，在公诉人、当事人和其他诉讼参与人的参加下，听取控、辩双方对证据、案件事实和运用法律展开辩论的情况下，依法确定被告人是否有罪，应否判刑，给予何种刑事处罚的诉讼活动。法庭审理，亦称法庭审判，是法院的主要诉讼活动，是对案件进行实体审理并作出判决的关键阶段。

建议与提示　进入法庭审理阶段是对被告人作出裁判的最后一个法定程序。在此之前，当事人被称为犯罪嫌疑人，这个阶段称为被告人，从被诉主体名称变化上也可体现这个阶段对于刑事案件当事人的重要性。也就是罪与非罪、罪轻与罪重、此罪还是彼罪，在这个阶段是要“盖棺定论”的，虽然还可能有二审，但这个阶段结束，对案件是要作出实体裁判的。因此，无论是当事人本人还是家属均应高度重视。

法律依据

《刑事诉讼法》

第一百八十六条　人民法院对提起公诉的案件进行审查后，对于起诉书中有明确的指控犯罪事实的，应当决定开庭审判。

第一百八十七条　人民法院决定开庭审判后，应当确定合议庭的组成人员，将人民检察院的起诉书副本至迟在开庭十日以前送达被告人及其辩护人。

在开庭以前，审判人员可以召集公诉人、当事人和辩护人、诉讼代理人，对回避、出庭证人名单、非法证据排除等与审判相关的问题，了解情况，听取意见。

人民法院确定开庭日期后，应当将开庭的时间、地点通知人民检察院，传唤当事人，通知辩护人、诉讼代理人、证人、鉴定人和翻译人员，传票和通知书至迟在开庭三日以前送达。公开审判的案件,应当在开庭三日以前先期公布案由、被告人姓名、开庭时间和地点。

上述活动情形应当写入笔录,由审判人员和书记员签名。

第一百八十八条 人民法院审判第一审案件应当公开进行。但是有关国家秘密或者个人隐私的案件,不公开审理;涉及商业秘密的案件,当事人申请不公开审理的,可以不公开审理。

不公开审理的案件,应当当庭宣布不公开审理的理由。

第二百零二条 宣告判决,一律公开进行。

当庭宣告判决的,应当在五日以内将判决书送达当事人和提起公诉的人民检察院;定期宣告判决的,应当在宣告后立即将判决书送达当事人和提起公诉的人民检察院。判决书应当同时送达辩护人、诉讼代理人。

第二百二十七条 被告人、自诉人和他们的法定代理人,不服地方各级人民法院第一审的判决、裁定,有权用书状或者口头向上一级人民法院上诉。被告人的辩护人和近亲属,经被告人同意,可以提出上诉。

附带民事诉讼的当事人和他们的法定代理人,可以对地方各级人民法院第一审的判决、裁定中的附带民事诉讼部分,提出上诉。

对被告人的上诉权,不得以任何借口加以剥夺。

106 法院庭审分哪几个阶段?

答 根据《刑事诉讼法》的规定,法庭审判的程序可分为法庭调查、法庭辩论、被告人最后陈述等阶段。在法庭审判过程中的各个阶段各有侧重与分工,以完成案件审理各个阶段的任务,从而实现对案件的公开公正审理。

解析 法庭调查阶段:法庭在查明与确认到庭人员身份之后,就会进行法庭调查,这是查明案件事实的关键。通过公诉人、当事人、辩护人、证人的陈述和举证,以及法庭的询问和质证,全面、客观地揭示案件真相。

法庭辩论阶段:在查明事实的基础上,控辩双方就证据的证明力、被告人的罪名、罪责轻重以及刑罚适用等问题展开辩论,充分阐述各自的立场和理由。

被告人最后陈述阶段：被告人就被指控的罪行进行最后辩护和陈述，是被告人自我辩护的重要机会。

建议与提示 面对刑事庭审，家属容易情绪激动，但应尽量保持冷静和理智，避免影响庭审进程和结果。家属应尊重法庭的权威，遵守法庭纪律，不得干扰庭审的正常进行。刑事案件会涉及复杂的法律程序和专业知识，家属应积极寻求律师的帮助，与辩护律师提前交流协商，便于更好地了解案件进展并获得专业的法律帮助。

法律依据

《刑事诉讼法》

第一百九十条 开庭的时候，审判长查明当事人是否到庭，宣布案由；宣布合议庭的组成人员、书记员、公诉人、辩护人、诉讼代理人、鉴定人和翻译人员的名单；告知当事人有权对合议庭组成人员、书记员、公诉人、鉴定人和翻译人员申请回避；告知被告人享有辩护权利。

被告人认罪认罚的，审判长应当告知被告人享有的诉讼权利和认罪认罚的法律规定，审查认罪认罚的自愿性和认罪认罚具结书内容的真实性、合法性。

第一百九十一条 公诉人在法庭上宣读起诉书后，被告人、被害人可以就起诉书指控的犯罪进行陈述，公诉人可以讯问被告人。

被害人、附带民事诉讼的原告人和辩护人、诉讼代理人，经审判长许可，可以向被告人发问。

审判人员可以讯问被告人。

第一百九十五条 公诉人、辩护人应当向法庭出示物证，让当事人辨认，对未到庭的证人的证言笔录、鉴定人的鉴定意见、勘验笔录和其他作为证据的文书，应当当庭宣读。审判人员应当听取公诉人、当事人和辩护人、诉讼代理人的意见。

第一百九十八条 法庭审理过程中，对与定罪、量刑有关的事实、证据都应当进行调查、辩论。

经审判长许可，公诉人、当事人和辩护人、诉讼代理人可以对证据和案件情况发表意见并且可以互相辩论。

审判长在宣布辩论终结后,被告人有最后陈述的权利。

第二百条 在被告人最后陈述后,审判长宣布休庭,合议庭进行评议,根据已经查明的事实、证据和有关的法律规定,分别作出以下判决:

(一)案件事实清楚,证据确实、充分,依据法律认定被告人有罪的,应当作出有罪判决;

(二)依据法律认定被告人无罪的,应当作出无罪判决;

(三)证据不足,不能认定被告人有罪的,应当作出证据不足、指控的犯罪不能成立的无罪判决。

107 法院审判阶段(一审期间)的期限是多长?

答 公诉案件一审应当在2个月以内宣判,最迟不得超过3个月。对于可能判处死刑的案件或者附带民事诉讼的案件,可以延长3个月;因特殊情况还需要延长的,报请最高人民法院批准。

解析 审理刑事案件的时间长短,受多种因素影响,如案件的复杂程度、涉及证据的收集与审查、被告人的辩护权利保障等。一般而言,简单的刑事案件可能会在数月内完成审理,而复杂的案件可能耗时一年以上。

刑事案件的审理遵循《刑事诉讼法》的相关规定。该法规定了刑事案件的立案、侦查、审查起诉、审判等各个环节的时限要求,以确保案件的及时审理和公正裁判。法院审理公诉案件,应当在受理后2个月以内宣判,至迟不得超过3个月。对于可能判处死刑的案件或者附带民事诉讼的案件,以及有《刑事诉讼法》第158条规定情形之一的,经上一级法院批准,可以延长3个月;因特殊情况还需要延长的,报请最高人民法院批准。

需要注意的是,上述时限仅为一般性规定,实际审理时间可能会因各种因素而有所延长。例如,案件涉及重大疑难复杂问题、需要调取新证据或者重新鉴定等情况,都可能导致审理时间的延长。

建议与提示 对于刑事案件被告人的家属来说,面对漫长的审理过程,需要保持冷静和耐心:家属应理解并尊重法律程序,不要试图通过非法手段干预案件的审理,相信司法机关会依法公正处理案件,维护被告人的合法权益;家属可以通过合法途径了解案件的进展情况,如向办案机关咨询、查阅相关文书等。同时,可以关注媒体的报道,了解案件的社会影响。

此外,在被告人被羁押期间,家属应给予其必要的情感支持和物质帮助,有助于被告人情绪稳定,以相对积极的心态面对审理过程。

法律依据

《刑事诉讼法》

第一百五十八条 下列案件在本法第一百五十六条规定的期限届满不能侦查终结的,经省、自治区、直辖市人民检察院批准或者决定,可以延长二个月:

(一)交通十分不便的边远地区的重大复杂案件;

(二)重大的犯罪集团案件;

(三)流窜作案的重大复杂案件;

(四)犯罪涉及面广,取证困难的重大复杂案件。

第二百零八条第一款 人民法院审理公诉案件,应当在受理后二个月以内宣判,至迟不得超过三个月。对于可能判处死刑的案件或者附带民事诉讼的案件,以及有本法第一百五十八条规定情形之一的,经上一级人民法院批准,可以延长三个月;因特殊情况还需要延长的,报请最高人民法院批准。

108 什么是申请回避权?

答 申请回避权是当事人享有的一项诉讼权利。在诉讼中,当事人认为审判人员、书记员、翻译人员、鉴定人员或勘验人员与案件有利害关系或者有其他关系可能影响公正审判的,有权申请回避。

解析 回避制度是为了保证案件公正审理而设立的一种审判制度,它是自然公正原则在现代法中的引申,对实现司法公正有着重要意义。实行回避制度,可以有效防止司法人员滥用职权徇私舞弊或主观臆断、先入为主，从而保证司法人员秉公执法、客观公正地处理案件；保证办案人员和案件的处理结果无利害关系，从而消除当事人的思想顾虑，增强司法裁判的公信力；还可以充分体现诉讼的民主性和进步性，提高司法的透明度。当事人申请回避，应当说明理由，并在案件开始审理时提出；回避事由在案件开始审理后知道的，应当在法庭辩论终结前提出。对当事人提出的回避申请，法院应当在3日内以口头或者书面形式作出决定。

建议与提示 依法律规定，回避权的使用有明确的条件要求及程序规范，不可盲目使用，以免影响案件的正常审理。当然，如果有应予回避的法定事由发生，当事人或接受委托的辩护人亦可依法及时提出，以免影响案件审理的公正性。

法律依据

《刑事诉讼法》

第二十九条 审判人员、检察人员、侦查人员有下列情形之一的，应当自行回避，当事人及其法定代理人也有权要求他们回避：

（一）是本案的当事人或者是当事人的近亲属的；

（二）本人或者他的近亲属和本案有利害关系的；

（三）担任过本案的证人、鉴定人、辩护人、诉讼代理人的；

（四）与本案当事人有其他关系，可能影响公正处理案件的。

第三十条 审判人员、检察人员、侦查人员不得接受当事人及其委托的人的请客送礼，不得违反规定会见当事人及其委托的人。

审判人员、检察人员、侦查人员违反前款规定的，应当依法追究法律责任。当事人及其法定代理人有权要求他们回避。

第三十一条 审判人员、检察人员、侦查人员的回避，应当分别由院长、检察长、公安机关负责人决定；院长的回避，由本院审判委员会决定；检察长和公安机关负责人的回避，由同级人民检察院检察委员会决定。

对侦查人员的回避作出决定前，侦查人员不能停止对案件的侦查。

对驳回申请回避的决定，当事人及其法定代理人可以申请复议一次。

第三十二条 本章关于回避的规定适用于书记员、翻译人员和鉴定人。

辩护人、诉讼代理人可以依照本章的规定要求回避、申请复议。

109 什么是庭前会议？

答 庭前会议，是在正式庭审之前，由法院召集公诉人、当事人、辩护人、诉讼代理人等，主要就案件审理的相关事项了解情况、听取意见的预备性程序。

解析 庭前会议的主要目的是确保庭审的顺利进行，解决可能导致庭审中断的程序性问题，如管辖、回避、非法证据排除等，以及整理和明确庭审的焦点和争议。通过庭前会议，可以提前了解案件的事实和证据情况，为庭审做好充分的准备。

建议与提示 律师申请召开庭前会议是为了保障被告人的合法权益，确保庭审的公正和效率。在庭前会议中，辩护律师可依据《刑事诉讼法》的规定及时提出相关申请、异议和要求，就案件事实、证据等问题与公诉人、法庭进行及时的沟通与交流。是否召开庭前会议，对于比较复杂、疑难的案件非常重要，有经验的律师会根据案件需要，在法庭开庭审理前及时向法院提出召开庭前会议申请，通过法院召开庭前会议的方式，就案件的待证事实，法庭举证质证的程序与方式，需要重新核查、勘验的证据，需要申请当庭出庭作证的证人、专家证人等，提前与公诉方、法庭沟通协调好，便于真正查明案件事实，为案件辩护取得相应的效果做好准备。

法律依据

最高人民法院《关于适用〈中华人民共和国刑事诉讼法〉的解释》

第二百二十六条 案件具有下列情形之一的，人民法院可以决定召开庭前会议：

（一）证据材料较多、案情重大复杂的；

（二）控辩双方对事实、证据存在较大争议的；

（三）社会影响重大的；

（四）需要召开庭前会议的其他情形。

第二百二十七条 控辩双方可以申请人民法院召开庭前会议，提出申请应当说明理由。人民法院经审查认为有必要的，应当召开庭前会议；决定不召开的，应当告知申请人。

第二百二十八条 庭前会议可以就下列事项向控辩双方了解情况，听取意见：

（一）是否对案件管辖有异议；

（二）是否申请有关人员回避；

（三）是否申请不公开审理；

（四）是否申请排除非法证据；

（五）是否提供新的证据材料；

（六）是否申请重新鉴定或者勘验；

（七）是否申请收集、调取证明被告人无罪或者罪轻的证据材料；

（八）是否申请证人、鉴定人、有专门知识的人、调查人员、侦查人员或者其他人员出庭，是否对出庭人员名单有异议；

（九）是否对涉案财物的权属情况和人民检察院的处理建议有异议；

（十）与审判相关的其他问题。

庭前会议中，人民法院可以开展附带民事调解。

对第一款规定中可能导致庭审中断的程序性事项，人民法院可以在庭前会议后依法作出处理，并在庭审中说明处理决定和理由。控辩双方没有新的理由，在庭审中再次提出有关申请或者异议的，法庭可以在说明庭前会议情况和处理决定理由后，依法予以驳回。

庭前会议情况应当制作笔录，由参会人员核对后签名。

第二百二十九条 庭前会议中，审判人员可以询问控辩双方对证据材料有无异议，对有异议的证据，应当在庭审时重点调查；无异议的，庭审时举证、质证可以简化。

第二百三十条 庭前会议由审判长主持，合议庭其他审判员也可以主持庭前会议。

召开庭前会议应当通知公诉人、辩护人到场。

庭前会议准备就非法证据排除了解情况、听取意见，或者准备询问控辩双方对证据材料的意见的，应当通知被告人到场。有多名被告人的案件，可以根据情况确定参加庭前会议的被告人。

第二百三十一条 庭前会议一般不公开进行。

根据案件情况，庭前会议可以采用视频等方式进行。

第二百三十二条　人民法院在庭前会议中听取控辩双方对案件事实、证据材料的意见后，对明显事实不清、证据不足的案件，可以建议人民检察院补充材料或者撤回起诉。建议撤回起诉的案件，人民检察院不同意的，开庭审理后，没有新的事实和理由，一般不准许撤回起诉。

第二百三十三条　对召开庭前会议的案件，可以在开庭时告知庭前会议情况。对庭前会议中达成一致意见的事项，法庭在向控辩双方核实后，可以当庭予以确认；未达成一致意见的事项，法庭可以归纳控辩双方争议焦点，听取控辩双方意见，依法作出处理。

控辩双方在庭前会议中就有关事项达成一致意见，在庭审中反悔的，除有正当理由外，法庭一般不再进行处理。

110　犯罪嫌疑人（被告人）认罪认罚，又全额退赃、退赔，可以被判无罪吗？

答　在我国，认罪认罚、全额退赃退赔并不等于一定能够获得无罪判决。这些行为可能会在量刑时作为从轻或减轻处罚的情节被考虑，但并不意味着犯罪本身被否定。

解析　首先，认罪认罚是我国刑事诉讼中的一种制度，具体是指犯罪嫌疑人或被告人自愿如实供述自己的罪行，对指控的犯罪事实没有异议，并愿意接受处罚的，可以依法从宽处理。全额退赃退赔则是表明被告人对其犯罪行为有所悔悟，并尽力弥补损失，这在量刑时会被视为一个积极的因素。

其次，是否判决被告人无罪取决于案件的具体情况，包括犯罪事实、证据等。如果犯罪事实清楚，证据确实、充分，即使被告人认罪认罚并全额退赃退赔，也不会因此就被判无罪。法院在审理案件时，会综合考虑各种因素，包括被告人的认罪态度、退赃退赔情况，以及案件的具体事实和证据等来作出公正的判决。

建议与提示　前文已补充说明，虽然认罪认罚和全额退赃退赔可能有助于减轻刑罚，但并不能保证一定能够获得无罪判决。每个案件都有其独特的情况和背景，最终的判决结果需要由法院根据法律和事实进行裁定。

但是,退赃退赔对于弥补受害人的损失、减少社会危害有积极作用,因此,当事人及家属应在辩护律师的指导与帮助下,根据案件情况,在能力范围内积极配合检察院或法院做好退赃退赔工作,以最大限度地争取一个好的结果。

法律依据

《刑事诉讼法》

第二百条 在被告人最后陈述后,审判长宣布休庭,合议庭进行评议,根据已经查明的事实、证据和有关的法律规定,分别作出以下判决:

(一)案件事实清楚,证据确实、充分,依据法律认定被告人有罪的,应当作出有罪判决;

(二)依据法律认定被告人无罪的,应当作出无罪判决;

(三)证据不足,不能认定被告人有罪的,应当作出证据不足、指控的犯罪不能成立的无罪判决。

第二百零一条 对于认罪认罚案件,人民法院依法作出判决时,一般应当采纳人民检察院指控的罪名和量刑建议,但有下列情形的除外:

(一)被告人的行为不构成犯罪或者不应当追究其刑事责任的;

(二)被告人违背意愿认罪认罚的;

(三)被告人否认指控的犯罪事实的;

(四)起诉指控的罪名与审理认定的罪名不一致的;

(五)其他可能影响公正审判的情形。

人民法院经审理认为量刑建议明显不当,或者被告人、辩护人对量刑建议提出异议的,人民检察院可以调整量刑建议。人民检察院不调整量刑建议或者调整量刑建议后仍然明显不当的,人民法院应当依法作出判决。

111 零口供是否会被判有罪?

答 案件零口供,犯罪嫌疑人或被告人仍然有可能被判有罪。

解析 零口供并不意味着没有证据能证明犯罪事实。在刑事案件中,法院定罪的依据是事实和证据，而不仅仅是被告人的口供。即使犯罪嫌疑人或被告人保持沉默或拒绝供述，但如果有其他充分的证据能够证明其犯罪事实，法院仍然可以对其进行定罪。我国《刑事诉讼法》规定，没有被告人供述，证据确实、充分的，可以认定被告人有罪和处以刑罚。这些证据可能包括现场勘查、物证、证人证言、视听资料等。

然而，定罪是一个复杂的过程，需要遵循严格的法律程序和证据规则。法院在作出判决时，会综合考虑所有相关证据，并确保证据的真实性、合法性和充分性。如果证据不足以证明犯罪事实，或者存在合理的怀疑，法院将不会作出有罪判决。

因此，即使面临零口供的情况，犯罪嫌疑人或被告人仍然有可能被判有罪，但这取决于案件的具体情况和证据的充分性。需要注意的是，我国法律严禁通过暴力、威胁、引诱、欺骗等非法方法获取证据。在刑事案件中，法院会遵循“重证据、重调查、不轻信口供”的原则，确保案件的公正审理和被告人的合法权益得到保护。

建议与提示 涉及零口供的刑事案件，家属应保持冷静和理智，避免情绪化或过度焦虑；可以寻求专业律师的帮助，为涉案亲属提供法律建议和辩护。同时，家属自身也可以积极了解案件的相关信息，包括案件的进展、证据的收集等，有助于更好地了解案件的实际情况，并作出更明智的决策。

此外，家属应支持涉案亲人，给予他们精神上的鼓励和支持。尽管涉案亲人可能面临很大的压力和困难，但家属的关心和支持是他们渡过难关的重要力量。

法律依据

《刑事诉讼法》

第五十五条　对一切案件的判处都要重证据，重调查研究，不轻信口供。只有被告人供述，没有其他证据的，不能认定被告人有罪和处以刑罚；没有被告人供述，证据确实、充分的，可以认定被告人有罪和处以刑罚。

证据确实、充分，应当符合以下条件：

（一）定罪量刑的事实都有证据证明；

（二）据以定案的证据均经法定程序查证属实；

（三）综合全案证据，对所认定事实已排除合理怀疑。

112 什么是公开审判制度？

答 公开审判制度，是指法院在审理案件时，除法律明确规定不公开或经当事人申请不公开审理的案件外，审判过程和审判结果应当向社会公众开放的制度。具体包括允许群众旁听庭审、媒体报道案件审理情况，以及公开宣布判决结果等，以确保审判活动的透明度和公正性。

解析 公开审判是现代法治国家的一项基本原则，旨在通过公开司法程序增强司法裁判的公信力，保障公民的知情权、参与权和监督权，预防司法腐败，促进司法公正。它要求审判活动除合议庭评议等特定环节外，原则上全程对外公开，让正义不仅得到实现，还要以看得见的方式实现。

建议与提示 公众参与旁听时应遵守法庭秩序，媒体在报道时应注意尊重当事人隐私并且不影响案件的公正审判。当事人若认为案件涉及个人隐私、商业秘密或其他特殊情况，可以依法申请不公开审理。同时，公众和当事人可关注法院发布的公告，以获取案件开庭、宣判等相关信息。

法律依据

《刑事诉讼法》

第一百八十八条 人民法院审判第一审案件应当公开进行。但是有关国家秘密或者个人隐私的案件，不公开审理；涉及商业秘密的案件，当事人申请不公开审理的，可以不公开审理。

不公开审理的案件，应当当庭宣布不公开审理的理由。

113 法院审理案件时，有时会看到有人民陪审员，他们是什么身份？

答 人民陪审员，是指由法定程序产生，代表人民群众在法院参加合议庭审判活动的人员，是人民群众参与国家管理，行使审判权，对审判工作进行监督的重要体现。

解析 公民有依法担任人民陪审员的权利和义务，具备以下条件的公民可以担任人民陪审员：拥护《宪法》，年满28周岁，遵纪守法、品行良好、公道正派，具有正常履行职责的身体条件。人民陪审员依法享有参加审判活动、独立发表意见、获得履职保障等权利。

建议与提示 任何公民，如果被选为人民陪审员，应当珍惜并认真履行这一公民义务，保持公正、客观的态度，不受外界干扰，仔细听取双方的陈述和证据，独立判断事实。同时，参与陪审的公民需要注意保密义务，不得泄露案件审理中的信息。对于普通民众而言，了解人民陪审员的角色和作用，有助于更好地理解司法程序，提升法律意识。

法律依据

《人民陪审员法》

第二条 公民有依法担任人民陪审员的权利和义务。

人民陪审员依照本法产生，依法参加人民法院的审判活动，除法律另有规定外，同法官有同等权利。

第三条 人民陪审员依法享有参加审判活动、独立发表意见、获得履职保障等权利。

人民陪审员应当忠实履行审判职责，保守审判秘密，注重司法礼仪，维护司法形象。

第四条 人民陪审员依法参加审判活动，受法律保护。

人民法院应当依法保障人民陪审员履行审判职责。

人民陪审员所在单位、户籍所在地或者经常居住地的基层群众性自治组织应当依法保障人民陪审员参加审判活动。

第五条 公民担任人民陪审员，应当具备下列条件：

（一）拥护中华人民共和国宪法；

（二）年满二十八周岁；

（三）遵纪守法、品行良好、公道正派；

(四)具有正常履行职责的身体条件。

担任人民陪审员,一般应当具有高中以上文化程度。

第六条 下列人员不能担任人民陪审员:

(一)人民代表大会常务委员会的组成人员,监察委员会、人民法院、人民检察院、公安机关、国家安全机关、司法行政机关的工作人员;

(二)律师、公证员、仲裁员、基层法律服务工作者;

(三)其他因职务原因不适宜担任人民陪审员的人员。

第七条 有下列情形之一的,不得担任人民陪审员:

(一)受过刑事处罚的;

(二)被开除公职的;

(三)被吊销律师、公证员执业证书的;

(四)被纳入失信被执行人名单的;

(五)因受惩戒被免除人民陪审员职务的;

(六)其他有严重违法违纪行为,可能影响司法公信的。

114 法院对什么案件可以不公开审理?

答 法院审判第一审案件应当公开进行。但是有关国家秘密或者个人隐私的案件,不公开审理;涉及商业秘密的案件,当事人申请不公开审理的,可以不公开审理。

解析 公开,是不隐蔽,面向公众公开进行。不公开审理,就是不向公众、不对外公开审理的审判方式,也就是说家属或亲戚朋友无法到法庭旁听。法院审理第一审刑事案件,实行公开为原则,不公开为例外的审判制度。

对于涉及国家秘密或者个人隐私的案件实行不公开审理。对于涉及商业秘密的案件,经当事人或辩护人申请不公开审理的,可以不公开审理。

审判的时候被告人不满18周岁的案件,不公开审理。但是,经未成年被告人及其法定代理人同意,未成年被告人所在学校和未成年人保护组织可以派代表到场。

除此之外的案件，虽然都是公开开庭审理，但是精神病人、醉酒的人、未经法院批准的未成年人以及其他不宜旁听的人不得旁听案件审理。如果被害人人数众多，且案件不属于附带民事诉讼范围，则被害人可以推选若干代表人参加庭审。

建议与提示 家人被抓之后，未经法院判决之前，我国的看管羁押制度原则上是不允许家属会见犯罪嫌疑人（被告人）的，所以家属往往只有等到案件移送至法院进行开庭审理时，才有可能见到其家人，了解其精神状态与身体状况。

因此，在案件开庭前，家属可以向法院咨询是否是公开开庭，已经聘请辩护人的，可以向其聘请的律师了解。

法律依据

《刑事诉讼法》

第一百八十八条 人民法院审判第一审案件应当公开进行。但是有关国家秘密或者个人隐私的案件，不公开审理；涉及商业秘密的案件，当事人申请不公开审理的，可以不公开审理。

不公开审理的案件，应当当庭宣布不公开审理的理由。

第二百八十五条 审判的时候被告人不满十八周岁的案件，不公开审理。但是，经未成年被告人及其法定代理人同意，未成年被告人所在学校和未成年人保护组织可以派代表到场。

最高人民法院《关于适用〈中华人民共和国刑事诉讼法〉的解释》

第二百二十二条 审判案件应当公开进行。

案件涉及国家秘密或者个人隐私的，不公开审理；涉及商业秘密，当事人提出申请的，法庭可以决定不公开审理。

不公开审理的案件，任何人不得旁听，但具有刑事诉讼法第二百八十五条规定情形的除外。

第二百二十三条 精神病人、醉酒的人、未经人民法院批准的未成年人以及其他不宜旁听的人不得旁听案件审理。

第二百二十四条 被害人人数众多，且案件不属于附带民事诉讼范围的,被害人可以推选若干代表人参加庭审。

115 哪些案件必须由律师担任辩护人?

答 根据法律规定,犯罪嫌疑人、被告人具有下列情形时应当通知法律援助机构指派律师担任辩护人:(1)盲、聋、哑人;(2)尚未完全丧失辨认或者控制自己行为能力的精神病人;(3)可能被判处无期徒刑、死刑的人;(4)未成年人;(5)被告人及其近亲属没有委托辩护人的情况下,法院缺席审判案件的;(6)高级人民法院复核死刑案件,被告人没有委托辩护人的。也就是说,上述情况的案件必须要有律师出庭参与辩护。

解析 现代刑事法律制度中,辩护权的行使是刑事诉讼的重要活动之一,刑事诉讼的进行有赖于控诉、辩护、审判三种职能相互作用,共同推动刑事诉讼的进程。在控诉权与审判权共同构成国家司法权的背景下,如何保障被告人的辩护权,确保三种职能的均衡协调,是构建现代、文明、稳定的刑事诉讼制度的重要议题。

从实践来看,刑事案件的侦、控、审涉及当事人的人身自由与财产处分,案件处理结果对于当事人本人及其家庭可能都会产生重大影响,此时,请律师辩护是维护犯罪嫌疑人被告人合法权益的唯一途径。所以法律规定了某些特殊案件的当事人在法庭审理中必须获得辩护,以保障当事人的合法权益。

建议与提示 根据法律规定,以上特殊案件的辩护权必须得到保障。因此,对于确有经济困难的当事人及其家属,即使当事人及其家属不自行聘请律师,国家也会提供法律援助律师给予法律帮助,包括参与法庭辩护。当然,对于罪行比较严重的、案情比较复杂的案件,在能力允许的情况下,当事人或其家属还是尽早聘请专业律师参与辩护更好,这既能协助司法机关公正高效地审理案件,也能更好地保护好犯罪嫌疑人或被告人的合法权益。

法律依据

《刑事诉讼法》

第三十五条 犯罪嫌疑人、被告人因经济困难或者其他原因没有委托辩护人的,本人及其近亲属可以向法律援助机构提出申请。对符合法律援助条件的,法律援助机构应当指派律师为其提供辩护。

犯罪嫌疑人、被告人是盲、聋、哑人,或者是尚未完全丧失辨认或者控制自己行为能力的精神病人,没有委托辩护人的,人民法院、人民检察院和公安机关应当通知法律援助机构指派律师为其提供辩护。

犯罪嫌疑人、被告人可能被判处无期徒刑、死刑,没有委托辩护人的,人民法院、人民检察院和公安机关应当通知法律援助机构指派律师为其提供辩护。

第二百七十八条 未成年犯罪嫌疑人、被告人没有委托辩护人的,人民法院、人民检察院、公安机关应当通知法律援助机构指派律师为其提供辩护。

第二百九十三条 人民法院缺席审判案件,被告人有权委托辩护人,被告人的近亲属可以代为委托辩护人。被告人及其近亲属没有委托辩护人的,人民法院应当通知法律援助机构指派律师为其提供辩护。

最高人民法院《关于适用〈中华人民共和国刑事诉讼法〉的解释》

第四十七条 对下列没有委托辩护人的被告人,人民法院应当通知法律援助机构指派律师为其提供辩护:

(一)盲、聋、哑人;

(二)尚未完全丧失辨认或者控制自己行为能力的精神病人;

(三)可能被判处无期徒刑、死刑的人。

高级人民法院复核死刑案件,被告人没有委托辩护人的,应当通知法律援助机构指派律师为其提供辩护。

死刑缓期执行期间故意犯罪的案件,适用前两款规定。

116 刑事被告人或其家属可否选择审理案件的法官?

答 不可以。法官的分配和案件的审理应遵循法定的程序和规则,以确保司法公正和审判独立,但是有合法理由而依法申请法官回避的除外。

解析 在我国,案件的分配通常由法院内部的立案庭或相关机构根据案件性质、法官的专业领域和案件量等因素进行。这种分配旨在确保案件能够得到公正、高效审理,同时避免人为干预和利益冲突。

根据相关法律的规定,法官在审理案件时应当依法独立、公正地行使审判权,不受任何行政机关、社会团体和个人的干涉。同时,被告人在刑事诉讼过程中享有一系列法定权利,包括辩护权、申请回避权等,但并未赋予被告人或其家属选择法官的权利。

此外,选择法官的做法可能会引发一系列问题,如法官与当事人之间的不正当关系、利益输送等,进而损害司法公正和公信力。因此,从法律和制度的角度出发,被告人或其家属选择法官是不被允许的。

建议与提示 刑事被告人及其家属虽然不能选择审理案件的法官,但是法律赋予了被告人多种方式保障其合法权益:如聘请专业律师,为被告人聘请一名经验丰富、专业素养高的律师,有助于被告人充分了解自己的权利和义务,制定合理的辩护策略,并在法庭上有效维护自己的合法权益。家属自己也可以关注案件的进展情况,了解法院是否依法公正地审理案件。如果发现存在程序违法或不当行为,可以向有关部门反映或提出申诉。

法律依据

《法官法》

第三条 法官必须忠实执行宪法和法律,维护社会公平正义,全心全意为人民服务。

第七条 法官依法履行职责,受法律保护,不受行政机关、社会团体和个人的干涉。

《刑事诉讼法》

第二十九条 审判人员、检察人员、侦查人员有下列情形之一的,应当

自行回避,当事人及其法定代理人也有权要求他们回避:

……

(四)与本案当事人有其他关系,可能影响公正处理案件的。

117 法庭审理为什么会有速裁程序、简易程序、普通程序?

答 法庭审理刑事案件时之所以设置速裁程序、简易程序和普通程序,是为了适应不同案件的复杂程度和审理需求,确保案件得到公正、高效的处理。每种程序都有其适用的条件和特点,没有绝对的“最好”程序,而是应根据案件的具体情况选择最合适的程序。

解析 这三种程序的适用情形与主要特点如下:

(1)速裁程序:适用于可能被判处3年有期徒刑以下刑罚的轻微刑事案件,且被告人认罪认罚并同意适用该程序。速裁程序的特点是审理速度快,程序简化,旨在提高轻微刑事案件的审理效率。

(2)简易程序:适用于事实清楚、证据充分,被告人承认自己所犯罪行,且对指控的犯罪事实没有异议的刑事案件。简易程序相对普通程序而言,简化了部分审理环节,但仍保留了基本的法庭调查和辩论程序。

(3)普通程序:适用于不适用速裁程序和简易程序的其他刑事案件。按照普通程序审理案件时,应按照法律规定的程序进行,包括立案、侦查、审查起诉、审判等环节,确保案件得到全面、公正的审理。

建议与提示 根据案件情况的不同,法庭审理可能适用不同的审理程序,对于这种相对属于纯法律性的问题,被告人及其家属可能不太理解,辩护律师应积极给予被告人及其家属法律辅导。辩护律师、被告人及其家属在法庭审理前或审理过程中,需要注意以下几个方面的事项:

一是了解案件性质与特点。家属在了解案件的基本情况和性质后,可以与律师共同分析案件可适用的审理程序。对于轻微刑事案件,如果被告人认罪认罚,可以考虑选择速裁程序;对于案情相对复杂但被告人认罪的案件,可以考虑适用简易程序;而对于案情重大、复杂的案件,则可能需要适用普通程序。

二是尊重被告人意愿。在选择审理程序时，应尊重被告人的意愿。被告人有权选择是否同意适用速裁程序或简易程序；家属应与被告人充分沟通，了解其意愿并尊重其选择。

三是配合好律师工作。家属应积极配合律师的工作，提供必要的证据和信息，帮助律师更好地了解案件情况。同时，家属也应保持理性和冷静，不要轻信不实传言或过度焦虑，以免影响案件的审理进程。

法律依据

《刑事诉讼法》

第一百五十八条 下列案件在本法第一百五十六条规定的期限届满不能侦查终结的，经省、自治区、直辖市人民检察院批准或者决定，可以延长二个月：

（一）交通十分不便的边远地区的重大复杂案件；

（二）重大的犯罪集团案件；

（三）流窜作案的重大复杂案件；

（四）犯罪涉及面广，取证困难的重大复杂案件。

第二百零八条 人民法院审理公诉案件，应当在受理后二个月以内宣判，至迟不得超过三个月。对于可能判处死刑的案件或者附带民事诉讼的案件，以及有本法第一百五十八条规定情形之一的，经上一级人民法院批准，可以延长三个月；因特殊情况还需要延长的，报请最高人民法院批准。

人民法院改变管辖的案件，从改变后的人民法院收到案件之日起计算审理期限。

人民检察院补充侦查的案件，补充侦查完毕移送人民法院后，人民法院重新计算审理期限。

第二百一十四条第一款 基层人民法院管辖的案件，符合下列条件的，可以适用简易程序审判：

（一）案件事实清楚、证据充分的；

（二）被告人承认自己所犯罪行，对指控的犯罪事实没有异议的；

（三）被告人对适用简易程序没有异议的。

第二百二十二条 基层人民法院管辖的可能判处三年有期徒刑以下刑

罚的案件，案件事实清楚，证据确实、充分，被告人认罪认罚并同意适用速裁程序的，可以适用速裁程序，由审判员一人独任审判。

人民检察院在提起公诉的时候，可以建议人民法院适用速裁程序。

118 法庭开庭审理后多长时间会作出判决？

答 刑事案件开庭后，判决的作出时间并不是固定的，它受到多种因素的影响，包括案件的复杂程度、证据的充分性、辩护人的辩护策略以及法院的工作效率等。一般而言，简单的刑事案件可能在开庭后不久便能作出判决，而复杂的案件则可能需要更长的时间。但是原则上，法庭的判决应当在法定的审理期限内作出。

解析 根据我国《刑事诉讼法》的相关规定，法院审理一审公诉案件，应当在受理后2个月以内宣判，至迟不得超过3个月。对于可能判处死刑的案件或者附带民事诉讼的案件，以及有《刑事诉讼法》第158条规定情形之一的（如交通十分不便的边远地区的重大复杂案件、重大的犯罪集团案件、流窜作案的重大复杂案件、犯罪涉及面广，取证困难的重大复杂案件等），经上一级法院批准，可以延长3个月；因特殊情况还需要延长的，报请最高人民法院批准。此外，法院改变管辖的案件，从改变后的法院收到案件之日起计算审理期限。检察院补充侦查的案件，补充侦查完毕移送法院后，法院重新计算审理期限。

在司法实践中，法院会根据案件的实际情况，合理安排庭审和判决的时间。庭审过程中，法官会听取控辩双方的意见和证据，对案件进行充分的审理和审查。庭审结束后，法官会根据庭审查明的事实和证据，结合相关法律规定，进行判决的撰写和审批。这个过程可能需要一定的时间，以确保判决的准确性和公正性。

建议与提示 面对刑事案件开庭后等待判决的焦虑，家属要保持冷静和耐心：刑事案件的处理过程往往较为复杂，需要一定的时间，家属不要过于急躁或焦虑，以免影响自己的情绪和判断。如果家属对案件的处理过程或结果有疑问或不满，可以寻求专业的法律帮助。律师可以为家属提供专业的法律建议和指导，帮助被告人及其家属更好地维护自己的合法权益。

法律依据

《刑事诉讼法》

第二百零八条 人民法院审理公诉案件，应当在受理后二个月以内宣判，至迟不得超过三个月。对于可能判处死刑的案件或者附带民事诉讼的案件，以及有本法第一百五十八条规定情形之一的，经上一级人民法院批准，可以延长三个月；因特殊情况还需要延长的，报请最高人民法院批准。

人民法院改变管辖的案件，从改变后的人民法院收到案件之日起计算审理期限。

人民检察院补充侦查的案件，补充侦查完毕移送人民法院后，人民法院重新计算审理期限。

第二百零九条 人民检察院发现人民法院审理案件违反法律规定的诉讼程序，有权向人民法院提出纠正意见。

第二百四十三条 第二审人民法院受理上诉、抗诉案件，应当在二个月以内审结。对于可能判处死刑的案件或者附带民事诉讼的案件，以及有本法第一百五十八条规定情形之一的，经省、自治区、直辖市高级人民法院批准或者决定，可以延长二个月；因特殊情况还需要延长的，报请最高人民法院批准。

最高人民法院受理上诉、抗诉案件的审理期限，由最高人民法院决定。

119 到了法院审理阶段，还可不可以聘请律师？最多可以聘请几位律师？

答 可以。在法院审理阶段，被告人或犯罪嫌疑人仍然可以聘请律师作为辩护人，为其在诉讼过程中提供专业的法律服务。根据法律的规定，被告人或犯罪嫌疑人最多可以聘请2名律师参与辩护。

解析 在我国，根据《刑事诉讼法》和相关司法解释的规定，被告人或犯罪嫌疑人在刑事诉讼过程中享有辩护权,可以委托律师作为辩护人。这一权利在法院审理阶段同样适用,无论是在一审、二审还是再审程序中,被告人或犯罪嫌疑人都有权聘请律师为其辩护。

关于律师的数量,法律明确规定,一个被告人或犯罪嫌疑人最多可以聘请2名律师参与辩护。这一规定旨在保障被告人或犯罪嫌疑人的合法权益得到充分维护,也确保了诉讼程序的顺利进行。2名律师可以共同制定辩护策略,协助被告人或犯罪嫌疑人进行证据收集、案件分析等工作,为其提供更加全面、专业的法律服务。

建议与提示 对于被告人或犯罪嫌疑人的家属来说,在法院审理阶段聘请律师是非常重要的,建议尽早聘请律师,并有针对性地选择专业律师。在选择律师时,家属应注重律师的专业背景和经验,选择具有丰富刑事辩护经验的律师可以更好地维护被告人或犯罪嫌疑人的合法权益。

法律依据

《刑事诉讼法》

第三十三条第一款 犯罪嫌疑人、被告人除自己行使辩护权以外,还可以委托一至二人作为辩护人。下列的人可以被委托为辩护人:

(一)律师;

……

第三十七条 辩护人的责任是根据事实和法律,提出犯罪嫌疑人、被告人无罪、罪轻或者减轻、免除其刑事责任的材料和意见,维护犯罪嫌疑人、被告人的诉讼权利和其他合法权益。

第四十九条 辩护人、诉讼代理人认为公安机关、人民检察院、人民法院及其工作人员阻碍其依法行使诉讼权利的,有权向同级或者上一级人民检察院申诉或者控告。人民检察院对申诉或者控告应当及时进行审查,情况属实的,通知有关机关予以纠正。

120 法庭审理过程中如果将简易程序又转换为普通程序？是否对当事人不利？

答 不一定。在刑事案件中，法院将简易程序转换为普通程序，并不一定对当事人不利。实际上，这种转换通常是为了确保案件能够得到更全面、细致的审理，从而维护当事人的合法权益。

解析 简易程序通常适用于案件事实清楚、证据充分、罪行较轻的案件，审理过程相对简化。然而，当案件事实相对复杂、法律争议较大，或者需要更深入地调查取证时，简易程序可能无法满足审理的需要。例如，被告人可能不构成犯罪，可能不负刑事责任，被告人当庭对指控的犯罪事实予以否认，案件事实不清、证据不足等。在这些情况下，转换为普通程序能够更好地保障案件得到公正、公平的审理。

普通程序在审理过程中更为严格和规范，包括更为详细的证据收集、审查、质证等环节，有助于确保案件的证据充分、事实认定准确。同时，普通程序还赋予了当事人更多的诉讼权利，如申请回避、提出新证据等，这是基于维护当事人合法权益的需要而设置。

建议与提示 虽然程序的转换可能会导致审理期限延长，增加一定的诉讼成本，但从长远来看，这有助于确保案件得到正确的处理，维护当事人的合法权益。因此，当事人应该积极配合法院的工作，按照法院的要求参与案件的审理。

法律依据

《刑事诉讼法》

第二百一十四条 基层人民法院管辖的案件，符合下列条件的，可以适用简易程序审判：

（一）案件事实清楚、证据充分的；

（二）被告人承认自己所犯罪行，对指控的犯罪事实没有异议的；

（三）被告人对适用简易程序没有异议的。

人民检察院在提起公诉的时候，可以建议人民法院适用简易程序。

最高人民法院《关于适用〈中华人民共和国刑事诉讼法〉的解释》

第三百六十八条　适用简易程序审理案件，在法庭审理过程中，具有下列情形之一的，应当转为普通程序审理：

（一）被告人的行为可能不构成犯罪的；

（二）被告人可能不负刑事责任的；

（三）被告人当庭对起诉指控的犯罪事实予以否认的；

（四）案件事实不清、证据不足的；

（五）不应当或者不宜适用简易程序的其他情形。

决定转为普通程序审理的案件，审理期限应当从作出决定之日起计算。

121 法庭审理中公诉人表现强势，自己聘请的律师太柔弱，要不要更换律师？

答 在法庭审理过程中，公诉人表现强势，而自己聘请的律师显得较为柔弱，这确实可能会给当事人带来一定的担忧。然而，是否更换律师，需要综合考虑多个因素，谨慎决策，并注意需要得到法庭的确认。

解析 是否更换律师，建议从以下几个方面来考虑：

首先，需要评估律师的专业能力和案件情况。律师在法庭上的表现受到多种因素影响，包括案件复杂性、证据充分性、对手表现等。如果律师在专业能力上没有问题，只是在某些场合下表现得相对保守或柔弱，那么并不一定需要更换律师。俗话说，有理不在言高。辩护结果的好坏，重在依据案件的事实与证据提出合理的辩护意见，而不是搞华而不实的“花架子”或虚张声势。但是，如果律师在案件处理上存在明显的失误或不足，那么可以考虑更换律师。

其次，需要考虑更换律师的风险和成本。更换律师可能会导致案件审理进程的延误，同时还需要重新建立与新律师的沟通和信任关系。此外，新律师对案件的了解和熟悉程度也可能不如原律师。因此，在决定更换律师之前，需要认真权衡这些风险和成本。

最后，如果确实认为需要更换律师，建议与当前律师进行沟通，了解他们的看法和建议，以便更好地作出决策。同时，在选择新律师时，应注重考查其专业能力、案件经验、沟通能力等，确保新律师能够更好地为当事人服务。

建议与提示 每个律师的辩护风格，与其表达习惯、表达能力、专业水平相关。对于辩护律师的能力的判断，不能以声音高低或气场大小来衡量。法庭对案件的审理也不会以控辩哪一方的气势强弱来作出判断，而是依据案件事实与证据本身来作出裁判。因此，关键在于律师在法庭能否提出符合案情的法律意见，并得到法庭的采纳。也就是说，关键还是在于辩护律师的专业能力，而不是外在的声音与气势。这才是被告人及其家人衡量辩护律师水平，决定是否更换律师的根本。

法律依据

《刑事诉讼法》

第三十七条 辩护人的责任是根据事实和法律，提出犯罪嫌疑人、被告人无罪、罪轻或者减轻、免除其刑事责任的材料和意见，维护犯罪嫌疑人、被告人的诉讼权利和其他合法权益。

《律师法》

第三十一条 律师担任辩护人的，应当根据事实和法律，提出犯罪嫌疑人、被告人无罪、罪轻或者减轻、免除其刑事责任的材料和意见，维护犯罪嫌疑人、被告人的诉讼权利和其他合法权益。

第三十二条 委托人可以拒绝已委托的律师为其继续辩护或者代理，同时可以另行委托律师担任辩护人或者代理人。

律师接受委托后，无正当理由的，不得拒绝辩护或者代理。但是，委托事项违法、委托人利用律师提供的服务从事违法活动或者委托人故意隐瞒与案件有关的重要事实的，律师有权拒绝辩护或者代理。

122 什么是程序辩护？什么是实体辩护？

答 程序辩护，是指对侦查、起诉、审判等刑事诉讼过程的程序是否合法提出意见与建议。

实体辩护，是在诉讼过程中对案件的实体问题，主要是事实问题发表意见与看法。

解析 在刑事诉讼中，程序正义与实体正义同等重要。律师通过程序辩护，可以指出侦查、起诉、审判等环节中的程序违法情形，要求审判机关进行纠正。程序辩护的法律依据主要包括《刑事诉讼法》及相关的司法解释和规范性文件，这些法律文件对刑事诉讼的各个环节都进行了详细的规定，为律师进行程序辩护提供了依据。

实体辩护则主要关注案件的事实和证据。律师需要仔细研究案件材料，包括起诉书、证据材料等，分析被告人的行为是否构成犯罪、犯罪情节的轻重以及应否承担刑事责任。在实体辩护中，律师通常会运用《刑法》及相关司法解释的规定，结合案件事实，提出证明被告人无罪、罪轻或应减轻或免除刑事责任的理由和证据。

建议与提示 对于家属而言，在面临刑事案件的困境时，了解程序辩护和实体辩护的概念和重要性至关重要。以下是对家属的三条建议：

（1）积极配合律师工作。家属应积极配合律师的工作，提供必要的案件信息和证据材料。这有助于律师更全面地了解案件情况，制定更有效的辩护策略。

（2）保持冷静和理性。在面对刑事案件时，家属往往容易情绪化，然而，保持冷静和理性对于案件的处理至关重要。家属应相信律师的专业能力，避免对案件处理产生不必要的干扰。

（3）了解案件进展和结果。家属应定期与律师沟通，了解案件的进展和结果。这有助于家属及时了解案件情况，做好相应的心理准备和应对措施。

法律依据

《刑事诉讼法》

第三条 对刑事案件的侦查、拘留、执行逮捕、预审，由公安机关负责。检察、批准逮捕、检察机关直接受理的案件的侦查、提起公诉，由人民检察院负责。审判由人民法院负责。除法律特别规定的以外,其他任何机关、团体和个人都无权行使这些权力。

人民法院、人民检察院和公安机关进行刑事诉讼,必须严格遵守本法和其他法律的有关规定。

第五条 人民法院依照法律规定独立行使审判权,人民检察院依照法律规定独立行使检察权,不受行政机关、社会团体和个人的干涉。

第七条 人民法院、人民检察院和公安机关进行刑事诉讼,应当分工负责,互相配合,互相制约,以保证准确有效地执行法律。

第八条 人民检察院依法对刑事诉讼实行法律监督。

第十条 人民法院审判案件,实行两审终审制。

第十一条 人民法院审判案件,除本法另有规定的以外,一律公开进行。被告人有权获得辩护,人民法院有义务保证被告人获得辩护。

第十二条 未经人民法院依法判决,对任何人都不得确定有罪。

第十四条 人民法院、人民检察院和公安机关应当保障犯罪嫌疑人、被告人和其他诉讼参与人依法享有的辩护权和其他诉讼权利。

诉讼参与人对于审判人员、检察人员和侦查人员侵犯公民诉讼权利和人身侮辱的行为,有权提出控告。

123 程序辩护有意义吗?

答 有意义。

解析 首先,程序辩护有其独立价值,其理论基础是程序公正。程序公正本身就是独立于实体的基本价值,而程序辩护同样有其独立价值。程序辩护的实质是通过指控程序违法,以攻为守的诉讼活动,从而维护犯罪嫌疑人、被告人的合法权益。在刑事诉讼中,程序辩护不仅有助于确保程序的公正性和合法性,还可以促进实体结果的公正性。

其次,程序辩护在纠正"重实体、轻程序"的传统法律观念方面起着重要作用。长期以来,我国存在重实体、轻程序,重结果、轻过程,重打击犯罪、轻保护人权的法律传统。然而,程序辩护的引入和实践,有助于人们认识到程序本身的重要性,以及程序公正对实体公正的影响。

再次,程序辩护有助于保护被告人的诉讼权利和人格尊严。在刑事诉讼中,被告人往往处于弱势地位,其诉讼权利和人格尊严可能受到侵犯。程序辩护为被告人提供了一个通过合法手段确保其诉讼权利得到有效保障的机会。

最后,程序辩护的成功可能导致有罪判决的证据被宣告无效,或者一审法院的裁决被推翻。这意味着程序辩护不仅具有理论意义,还具有实际的操作效果,能够直接影响案件的实体处理结果。

建议与提示 程序辩护在刑事诉讼中具有不可忽视的意义和价值。它有助于实现程序公正、保护被告人的合法权益、纠正传统法律观念,以及确保实体结果的公正性。因此,在刑事辩护中,程序辩护应当得到充分的重视和应用。

法律依据

《刑事诉讼法》

第二百三十八条 第二审人民法院发现第一审人民法院的审理有下列违反法律规定的诉讼程序的情形之一的,应当裁定撤销原判,发回原审人民法院重新审判:

(一)违反本法有关公开审判的规定的;

(二)违反回避制度的;

(三)剥夺或者限制了当事人的法定诉讼权利,可能影响公正审判的;

(四)审判组织的组成不合法的;

(五)其他违反法律规定的诉讼程序,可能影响公正审判的。

第二百五十三条 当事人及其法定代理人、近亲属的申诉符合下列情形之一的,人民法院应当重新审判:

(一)有新的证据证明原判决、裁定认定的事实确有错误,可能影响定罪量刑的;

(二)据以定罪量刑的证据不确实、不充分、依法应当予以排除,或者证明案件事实的主要证据之间存在矛盾的;

(三)原判决、裁定适用法律确有错误的;

(四)违反法律规定的诉讼程序,可能影响公正审判的;

(五)审判人员在审理该案件的时候,有贪污受贿,徇私舞弊,枉法裁判行为的。

124 什么是无罪辩护?什么是罪轻辩护?

答 无罪辩护,是指被告人和其辩护律师在庭审中为被告人作无罪的辩解。

罪轻辩护,则是辩护人根据事实和法律,提出犯罪嫌疑人、被告人罪轻或者减轻其刑事责任的材料和意见,以维护犯罪嫌疑人、被告人的诉讼权利和其他合法权益。

解析 实践中,以下情况可以做无罪辩护:(1)没有犯罪事实的;(2)指控犯罪的事实不清、证据不足的;(3)被告人行为情节显著轻微、危害不大的;(4)其他依法应认定被告人无罪的情况。

罪轻辩护中,针对确实构成犯罪的案件,辩护人会根据案件的事实、证据,结合被告人在案件中所涉及的犯罪情节、地位、作用,有无投案自首,有无与被害人达成赔偿与谅解等情况,依照法律规定的法定从轻、减轻,或者酌定的从轻、减轻处罚情节等,为被告人争取较轻的刑罚。

根据我国法律实践,罪轻辩护的情况主要包括从轻处罚、减轻处罚和否定从重处罚等情形。

建议与提示 无罪辩护和罪轻辩护是刑事辩护中的两种重要策略,它们各自有着不同的定义和适用场景,但目标都是维护被告人的合法权益,确保司法公正。在具体的案件中,律师会根据案件的具体情况选择最合适的辩护策略。

法律依据

《刑事诉讼法》

第三十七条 辩护人的责任是根据事实和法律,提出犯罪嫌疑人、被告人无罪、罪轻或者减轻、免除其刑事责任的材料和意见,维护犯罪嫌疑人、被告人的诉讼权利和其他合法权益。

125 法庭审理会开几次庭?案件简单,法院已经开过一次庭的,为什么又通知开庭?

答 刑事案件的开庭次数并不固定,是根据案件的复杂性和审理过程中的具体情况来决定的。

解析 一般情况下,刑事案件在一个审判程序中只开一次庭,开庭审理的时间长短或者天数根据具体案件而有所不同。然而,在第一次开庭时出现应当中止审理的情形时,案件就会开第二次庭。法院会控制开庭的次数,每个案件都会在庭审前做好准备,争取一次开庭审理完毕。

至于有的案件已经开过一次庭,又通知开庭的,可能有多种原因。例如,第一次开庭后,法院可能发现了一些新的证据或者情况,需要进一步审理;又如,被告人、辩护人提出了新的辩护意见或请求,需要再次开庭进行辩论;等等。此外,如果案件中存在一些复杂的法律问题或事实争议,法院也可能需要多次开庭以确保案件得到公正、公平的审理。

建议与提示 请注意,具体的开庭和审理程序可能会因地区和案件类型的不同而有差异。因此,辩护人通常会与法院保持密切联系,以便及时了解案件的最新进展和安排。

法律依据

《刑事诉讼法》

第一百八十六条 人民法院对提起公诉的案件进行审查后,对于起诉书中有明确的指控犯罪事实的,应当决定开庭审判。

126 缓刑是什么意思？是不用坐牢吗？

答 缓刑并非一定不用坐牢。缓刑是对被判处一定刑罚的罪犯，在一定期限内附条件地不执行所判刑罚的制度，是对刑罚的暂缓执行，其执行形式为对触犯刑法，经法定程序确认已构成犯罪、应受刑罚处罚的行为人，先行宣告定罪，但暂不执行所判处的刑罚。缓刑不是一种刑罚，而是一种刑罚的执行方式。缓刑与死刑缓期执行是截然不同的概念，需要在认识和运用中加以区别。

解析 虽然被宣告缓刑的犯罪分子在缓刑考验期内不要求被收监服刑，但必须遵守一定的规定，如服从监督、定期向考察机关汇报自己的活动情况，以及在离开所居住的市县或者迁居时，应当报请考察机关批准。

如果在考验期限内，被宣告缓刑的犯罪分子没有违反相关的法律法规或者国务院有关部门有关缓刑的监督管理规定，且未犯新罪或未被发现判决前有漏罪，那么原判的刑罚就不再执行。这意味着，在这种情况下，犯罪分子实际上并不需要坐牢。然而，如果违反上述规定，情节严重，或者犯新罪、被发现判决前的漏罪，那么缓刑可能会被撤销，犯罪分子可能会被收监执行原判刑罚。

请注意，缓刑的适用条件是特定的，包括被判处的是拘役或者 3 年以下有期徒刑的刑罚，并且犯罪情节较轻、有悔罪表现、没有再犯罪的危险以及宣告缓刑对所居住社区没有重大不良影响。

建议与提示 缓刑是对被判处一定刑罚的罪犯，在一定期限内附条件地不执行所判刑罚的制度，因此被宣告缓刑的人在缓刑考验期间要严格遵守缓刑的监督管理规定，避免缓刑被撤销。家属也应积极协助犯罪分子在缓刑考验期间严格遵守相关规定。

法律依据

《刑法》

第七十二条 对于被判处拘役、三年以下有期徒刑的犯罪分子，同时符合下列条件的，可以宣告缓刑，对其中不满十八周岁的人、怀孕的妇女和已满七十五周岁的人，应当宣告缓刑：

（一）犯罪情节较轻；

（二）有悔罪表现；

（三）没有再犯罪的危险；

（四）宣告缓刑对所居住社区没有重大不良影响。

宣告缓刑，可以根据犯罪情况，同时禁止犯罪分子在缓刑考验期限内从事特定活动，进入特定区域、场所，接触特定的人。

被宣告缓刑的犯罪分子，如果被判处附加刑，附加刑仍须执行。

第七十五条　被宣告缓刑的犯罪分子，应当遵守下列规定：

（一）遵守法律、行政法规，服从监督；

（二）按照考察机关的规定报告自己的活动情况；

（三）遵守考察机关关于会客的规定；

（四）离开所居住的市、县或者迁居，应当报经考察机关批准。

第七十六条　对宣告缓刑的犯罪分子，在缓刑考验期限内，依法实行社区矫正，如果没有本法第七十七条规定的情形，缓刑考验期满，原判的刑罚就不再执行，并公开予以宣告。

第七十七条　被宣告缓刑的犯罪分子，在缓刑考验期限内犯新罪或者发现判决宣告以前还有其他罪没有判决的，应当撤销缓刑，对新犯的罪或者新发现的罪作出判决，把前罪和后罪所判处的刑罚，依照本法第六十九条的规定，决定执行的刑罚。

被宣告缓刑的犯罪分子，在缓刑考验期限内，违反法律、行政法规或者国务院有关部门关于缓刑的监督管理规定，或者违反人民法院判决中的禁止令，情节严重的，应当撤销缓刑，执行原判刑罚。

127　法院判处罚金，是否属于以罚代刑？

答　法院判处罚金并不意味着以罚代刑。

解析　罚金是法院判处被告人向国家缴纳一定数额金钱的刑罚方法，属于财产刑的一种。在我国，罚金是一种附加刑。我国的刑罚分为主刑（管制、拘役、有期徒刑、无期徒刑、死刑）和附加刑（罚金、剥夺政治权利、没收财产）。但是对于犯罪的外国人，依据《刑法》的规定，可以独立适用或者附加适用驱逐出境。罚金可以单处也可以并处。判处罚金并不能免除其有期徒刑。刑罚执行必须严格依照法律规定进行，不能随意以罚金替代刑罚。

我国《刑法》规定的罚金，有单科式、选科式、并科式、复合式四种适用形式。

罚金数额应当与犯罪情节相适应。也就是说，犯罪情节严重的，罚金数额应当多些；犯罪情节较轻的，罚金数额应当少些，这是罪刑均衡原则在罚金裁量上的具体体现。

罚金具有以下特征：

（1）罚金与没收财产一样，都是法院对犯罪分子采取的强制性财产惩罚措施。

（2）按照刑法"罪责自负，反对株连"的原则，罚金同没收财产一样，只能执行犯罪分子个人所有的财产，不能执行犯罪分子家属所有或者应有的财产。

（3）罚金的范围只能是强制犯罪分子缴纳个人所有的一定数额的金钱。如果没有钱款，可以对其拥有的合法财产采取查封、扣押、冻结、变卖、拍卖措施，用变卖、拍卖的钱款折抵罚金。

（4）罚金的缴纳是在法院判决的同时或法院判决生效之后依法予以执行。

建议与提示 根据《刑法》的规定，目前大量的涉及财产犯罪的罪名，有并处或单处罚金刑的规定，司法实务中，法院均会根据案件情况作出罚金具体数额的判决，辩护人应就案件的罚金刑同时发表相应的辩护意见。被告人本人及其家属亦应及时将涉案财产情况告知辩护人，特别是属于家庭的财产及个人非涉案财物，应向辩护人积极提供线索与依据，便于辩护人向法庭提出涉案财产的辩护意见，并就案件发表财产刑辩护意见。

法律依据

《刑事诉讼法》

第二百七十一条 被判处罚金的罪犯，期满不缴纳的，人民法院应当强制缴纳；如果由于遭遇不能抗拒的灾祸等原因缴纳确实有困难的，经人民法院裁定，可以延期缴纳、酌情减少或者免除。

128 法院开庭审理前已经取保候审、没有羁押的，是否意味着会被判处缓刑或者无罪？

答 尚不确定。法院开庭审理前已经取保候审且没有羁押的被告人有很大概率但并不一定会被判处缓刑或者无罪。

解析 取保候审是一种刑事强制措施，用于确保被告人在审判过程中随传随到，并不直接决定案件的最终判决结果。

判处缓刑或者无罪取决于案件的具体情况，包括犯罪事实、证据、被告人的犯罪情节和悔罪表现等因素。法院会根据这些因素来综合判断被告人是否适合判处缓刑，或者是否构成犯罪。

因此，即使被告人已经取保候审且没有羁押，也不能保证一定会被判处缓刑或者无罪。每个案件都需要根据具体情况进行审理和判决。

建议与提示 审判阶段还能办理取保候审的案件获得较轻判罚甚至缓刑的可能性较大，被告人一定要和辩护人相互配合好，处理好每一个细节，力争最好的结果。

法律依据

《刑事诉讼法》

第六十六条　人民法院、人民检察院和公安机关根据案件情况，对犯罪嫌疑人、被告人可以拘传、取保候审或者监视居住。

第六十七条　人民法院、人民检察院和公安机关对有下列情形之一的犯罪嫌疑人、被告人，可以取保候审：

（一）可能判处管制、拘役或者独立适用附加刑的；

（二）可能判处有期徒刑以上刑罚，采取取保候审不致发生社会危险性的；

（三）患有严重疾病、生活不能自理，怀孕或者正在哺乳自己婴儿的妇女，采取取保候审不致发生社会危险性的；

（四）羁押期限届满，案件尚未办结，需要采取取保候审的。

取保候审由公安机关执行。

第六十八条 人民法院、人民检察院和公安机关决定对犯罪嫌疑人、被告人取保候审，应当责令犯罪嫌疑人、被告人提出保证人或者交纳保证金。

第七十一条 被取保候审的犯罪嫌疑人、被告人应当遵守以下规定：

（一）未经执行机关批准不得离开所居住的市、县；

（二）住址、工作单位和联系方式发生变动的，在二十四小时以内向执行机关报告；

（三）在传讯的时候及时到案；

（四）不得以任何形式干扰证人作证；

（五）不得毁灭、伪造证据或者串供。

人民法院、人民检察院和公安机关可以根据案件情况，责令被取保候审的犯罪嫌疑人、被告人遵守以下一项或者多项规定：

（一）不得进入特定的场所；

（二）不得与特定的人员会见或者通信；

（三）不得从事特定的活动；

（四）将护照等出入境证件、驾驶证件交执行机关保存。

被取保候审的犯罪嫌疑人、被告人违反前两款规定，已交纳保证金的，没收部分或者全部保证金，并且区别情形，责令犯罪嫌疑人、被告人具结悔过，重新交纳保证金、提出保证人，或者监视居住、予以逮捕。

对违反取保候审规定，需要予以逮捕的，可以对犯罪嫌疑人、被告人先行拘留。

129 什么是排除非法证据？如何排除非法证据？

答 排除非法证据，是指法院不得以非法证据作为认定案件事实和裁判的根据。排除非法证据需要按照法定的程序进行。

解析 非法证据排除的概念源于英美法系，主要是基于人权保障或其他政策的考虑，为了防止不可靠的证人以及误导的证言影响案件裁判，而明确规定将某些证据加以排除。非法证据主要包括两类：一是通过非法手段收集的证人证言、被害人陈述以及采用刑讯逼供等非法方法收集的犯罪嫌疑人、被告人供述。二是收集程序不符合法定程序，且可能严重影响司法公正的证据。对于前者，应当予以排除。对于后者，如果能够补正或者作出合理解释，则可以作为合法证据使用；若不能补正或作出合理解释，也应当予以排除。

非法证据的排除可以通过书面或口头的形式提出。在起诉书副本送达被告人后到开庭审判前的一段时间内，被告人及其辩护人如果认为被告人审判前的供述是非法取得的，可以向法院提交书面意见。如果书写确有困难，可以口头告诉，由人民法院工作人员或者辩护律师作出笔录，并由被告人签名或者捺指印。在庭审过程中，也可以口头形式直接向法庭提出。

法院在审理案件时，对证据的合法性存在疑问的，可以依职权启动证据合法性审查程序，也可以应当事人申请与辩护人要求启动证据合法性审查程序，但司法实践中法院依职权启动的极少，主要还是需要辩护人申请启动证据合法性审查程序。

建议与提示 因为非法证据不能作为认定案件事实和裁判的依据，因此非法证据的排除是刑事案件辩护过程中辩护人为被告人获得从轻、减轻，甚至免除处罚的一个重要“抓手”。无论是被告人还是被告人的家属，如果案件在侦查、起诉过程中存在非法获取的证据，或者采用了非法手段获取证据，均应及时向辩护人反映，以便辩护人及时提出非法证据排除申请，以利于法庭作出公正审判，维护当事人的合法权益。

法律依据

《刑事诉讼法》

第五十六条 采用刑讯逼供等非法方法收集的犯罪嫌疑人、被告人供述和采用暴力、威胁等非法方法收集的证人证言、被害人陈述，应当予以排除。收集物证、书证不符合法定程序，可能严重影响司法公正的，应当予以补正或者作出合理解释;不能补正或者作出合理解释的,对该证据应当予以排除。

在侦查、审查起诉、审判时发现有应当排除的证据的,应当依法予以排除,不得作为起诉意见、起诉决定和判决的依据。

第五十七条 人民检察院接到报案、控告、举报或者发现侦查人员以非法方法收集证据的,应当进行调查核实。对于确有以非法方法收集证据情形的,应当提出纠正意见;构成犯罪的,依法追究刑事责任。

第五十八条 法庭审理过程中,审判人员认为可能存在本法第五十六条规定的以非法方法收集证据情形的,应当对证据收集的合法性进行法庭调查。

当事人及其辩护人、诉讼代理人有权申请人民法院对以非法方法收集的证据依法予以排除。申请排除以非法方法收集的证据的,应当提供相关线索或者材料。

第五十九条 在对证据收集的合法性进行法庭调查的过程中,人民检察院应当对证据收集的合法性加以证明。

现有证据材料不能证明证据收集的合法性的,人民检察院可以提请人民法院通知有关侦查人员或者其他人员出庭说明情况;人民法院可以通知有关侦查人员或者其他人员出庭说明情况。有关侦查人员或者其他人员也可以要求出庭说明情况。经人民法院通知,有关人员应当出庭。

第六十条 对于经过法庭审理,确认或者不能排除存在本法第五十六条规定的以非法方法收集证据情形的,对有关证据应当予以排除。

最高人民法院《关于适用〈中华人民共和国刑事诉讼法〉的解释》

第一百二十三条 采用下列非法方法收集的被告人供述,应当予以排除:

(一)采用殴打、违法使用戒具等暴力方法或者变相肉刑的恶劣手段,使被告人遭受难以忍受的痛苦而违背意愿作出的供述;

(二)采用以暴力或者严重损害本人及其近亲属合法权益等相威胁的方法,使被告人遭受难以忍受的痛苦而违背意愿作出的供述;

(三)采用非法拘禁等非法限制人身自由的方法收集的被告人供述。

第一百二十四条 采用刑讯逼供方法使被告人作出供述,之后被告人受该刑讯逼供行为影响而作出的与该供述相同的重复性供述，应当一并排除，但下列情形除外：

（一）调查、侦查期间，监察机关、侦查机关根据控告、举报或者自己发现等，确认或者不能排除以非法方法收集证据而更换调查、侦查人员，其他调查、侦查人员再次讯问时告知有关权利和认罪的法律后果，被告人自愿供述的；

（二）审查逮捕、审查起诉和审判期间，检察人员、审判人员讯问时告知诉讼权利和认罪的法律后果，被告人自愿供述的。

第一百二十五条　采用暴力、威胁以及非法限制人身自由等非法方法收集的证人证言、被害人陈述，应当予以排除。

第一百二十六条　收集物证、书证不符合法定程序，可能严重影响司法公正的，应当予以补正或者作出合理解释；不能补正或者作出合理解释的，对该证据应当予以排除。

认定"可能严重影响司法公正"，应当综合考虑收集证据违反法定程序以及所造成后果的严重程度等情况。

第一百二十七条　当事人及其辩护人、诉讼代理人申请人民法院排除以非法方法收集的证据的，应当提供涉嫌非法取证的人员、时间、地点、方式、内容等相关线索或者材料。

第一百二十八条　人民法院向被告人及其辩护人送达起诉书副本时，应当告知其申请排除非法证据的，应当在开庭审理前提出，但庭审期间才发现相关线索或者材料的除外。

第一百二十九条　开庭审理前，当事人及其辩护人、诉讼代理人申请人民法院排除非法证据的，人民法院应当在开庭前及时将申请书或者申请笔录及相关线索、材料的复制件送交人民检察院。

第一百三十条　开庭审理前，人民法院可以召开庭前会议，就非法证据排除等问题了解情况，听取意见。

在庭前会议中，人民检察院可以通过出示有关证据材料等方式，对证据收集的合法性加以说明。必要时，可以通知调查人员、侦查人员或者其他人员参加庭前会议，说明情况。

第一百三十一条　在庭前会议中，人民检察院可以撤回有关证据。撤回的证据，没有新的理由，不得在庭审中出示。

当事人及其辩护人、诉讼代理人可以撤回排除非法证据的申请。撤回申请后，没有新的线索或者材料，不得再次对有关证据提出排除申请。

第一百三十二条 当事人及其辩护人、诉讼代理人在开庭审理前未申请排除非法证据，在庭审过程中提出申请的，应当说明理由。人民法院经审查，对证据收集的合法性有疑问的，应当进行调查；没有疑问的，驳回申请。

驳回排除非法证据的申请后，当事人及其辩护人、诉讼代理人没有新的线索或者材料，以相同理由再次提出申请的，人民法院不再审查。

第一百三十三条 控辩双方在庭前会议中对证据收集是否合法未达成一致意见，人民法院对证据收集的合法性有疑问的，应当在庭审中进行调查；对证据收集的合法性没有疑问，且无新的线索或者材料表明可能存在非法取证的，可以决定不再进行调查并说明理由。

第一百三十四条 庭审期间，法庭决定对证据收集的合法性进行调查的，应当先行当庭调查。但为防止庭审过分迟延，也可以在法庭调查结束前调查。

第一百三十五条 法庭决定对证据收集的合法性进行调查的，由公诉人通过宣读调查、侦查讯问笔录、出示提讯登记、体检记录、对讯问合法性的核查材料等证据材料，有针对性地播放讯问录音录像，提请法庭通知有关调查人员、侦查人员或者其他人员出庭说明情况等方式，证明证据收集的合法性。

讯问录音录像涉及国家秘密、商业秘密、个人隐私或者其他不宜公开内容的，法庭可以决定对讯问录音录像不公开播放、质证。

公诉人提交的取证过程合法的说明材料，应当经有关调查人员、侦查人员签名，并加盖单位印章。未经签名或者盖章的，不得作为证据使用。

上述说明材料不能单独作为证明取证过程合法的根据。

第一百三十六条 控辩双方申请法庭通知调查人员、侦查人员或者其他人员出庭说明情况，法庭认为有必要的，应当通知有关人员出庭。

根据案件情况，法庭可以依职权通知调查人员、侦查人员或者其他人员出庭说明情况。

调查人员、侦查人员或者其他人员出庭的，应当向法庭说明证据收集过程，并就相关情况接受控辩双方和法庭的询问。

第一百三十七条 法庭对证据收集的合法性进行调查后，确认或者不能排除存在刑事诉讼法第五十六条规定的以非法方法收集证据情形的，对有关证据应当排除。

第一百三十八条　具有下列情形之一的，第二审人民法院应当对证据收集的合法性进行审查，并根据刑事诉讼法和本解释的有关规定作出处理：

（一）第一审人民法院对当事人及其辩护人、诉讼代理人排除非法证据的申请没有审查，且以该证据作为定案根据的；

（二）人民检察院或者被告人、自诉人及其法定代理人不服第一审人民法院作出的有关证据收集合法性的调查结论，提出抗诉、上诉的；

（三）当事人及其辩护人、诉讼代理人在第一审结束后才发现相关线索或者材料，申请人民法院排除非法证据的。

130 什么是刑事和解与刑事谅解？

答 刑事和解，是指在刑事诉讼过程中，犯罪嫌疑人或被告人以认罪、赔偿、道歉等形式与被害人达成和解后，司法机关根据案件的具体情况对犯罪嫌疑人、被告人不再追究刑事责任或从轻、减轻刑事责任的一种制度。

刑事谅解，是指犯罪嫌疑人、被告人与被害人就犯罪行为造成的危害、损失及赔偿进行沟通与磋商，进而达成协议并取得被害人谅解。

解析 刑事和解与刑事谅解的区别在于以下三个方面。

第一，对于刑事自诉案件，一般被害人在法院宣告判决前可以与被告人自行和解；对于公诉案件，只有法律规定的因民间纠纷引起，涉嫌《刑法》分则第四章、第五章规定的可能判处3年有期徒刑以下刑罚的犯罪案件，以及除渎职犯罪以外的可能判处7年有期徒刑以下刑罚的过失犯罪案件，被告人才能和被害人达成和解协议。但是刑事谅解的适用案件范围更广，没有明确的界定。

第二，对于公诉案件的和解，公、检、法机关要对真实性、合法性进行审查，并主持制作和解协议书；但刑事谅解是被害人与被告人自行协商的结果，公、检、法机关并不参与，也不主持制作谅解的相关文书。

第三，刑事谅解只是作为量刑情节予以考量，而刑事和解则是作为《刑事诉讼法》中的一项重要制度予以施行。二者的共同点在于，都在某种程度上减轻了犯罪嫌疑人或被告人的刑事责任、宽慰了被害人,有利于矛盾纠纷的解决和社会的根本稳定。

建议与提示 无论是刑事和解还是刑事谅解,对于犯罪嫌疑人(被告人)都有重要意义,在可能的情况下应当与受害人一方积极协商、尽可能取得对方谅解。

法律依据

《刑事诉讼法》

第二百八十八条 下列公诉案件,犯罪嫌疑人、被告人真诚悔罪,通过向被害人赔偿损失、赔礼道歉等方式获得被害人谅解,被害人自愿和解的,双方当事人可以和解:

(一)因民间纠纷引起,涉嫌刑法分则第四章、第五章规定的犯罪案件,可能判处三年有期徒刑以下刑罚的;

(二)除渎职犯罪以外的可能判处七年有期徒刑以下刑罚的过失犯罪案件。

犯罪嫌疑人、被告人在五年以内曾经故意犯罪的,不适用本章规定的程序。

第二百八十九条 双方当事人和解的,公安机关、人民检察院、人民法院应当听取当事人和其他有关人员的意见,对和解的自愿性、合法性进行审查,并主持制作和解协议书。

第二百九十条 对于达成和解协议的案件,公安机关可以向人民检察院提出从宽处理的建议。人民检察院可以向人民法院提出从宽处罚的建议;对于犯罪情节轻微,不需要判处刑罚的,可以作出不起诉的决定。人民法院可以依法对被告人从宽处罚。

131 什么是缺席审判程序?

答 刑事缺席审判程序,是指在特定刑事案件中,被告人因为逃匿、严重疾病、死亡等缺席庭审，法院根据控诉方的起诉对案件进行审理，依法追究缺席被告人刑事责任的一种特殊审判程序。

解析 根据法律的规定，可以进行缺席审判的案件包括以下几种：(1)贪污贿赂犯罪案件；(2)需要及时进行审判，经最高人民检察院核准的严重危害国家安全犯罪、恐怖活动犯罪案件；(3)犯罪嫌疑人、被告人在境外的案件；(4)被告人患有严重疾病无法出庭，中止审理超过6个月仍无法出庭，被告人及其法定代理人、近亲属申请或者同意恢复审理的案件。

建议与提示 对于缺席审判案件，法院同样依照法定的程序进行审理。被告人的家属与近亲属，亦可以聘请律师参与辩护，或自行申请出席法庭旁听，以了解案件审理情况。对于缺席审判的案件，建议被告人及其积极聘请律师参与案件辩护，就案件事实、证据，以及法律适用出庭发表辩护意见，包括但不限于案件的定罪与量刑。以及时维护当事人的合法权益。

法律依据

《刑事诉讼法》

第二百九十一条 对于贪污贿赂犯罪案件，以及需要及时进行审判，经最高人民检察院核准的严重危害国家安全犯罪、恐怖活动犯罪案件，犯罪嫌疑人、被告人在境外，监察机关、公安机关移送起诉，人民检察院认为犯罪事实已经查清，证据确实、充分，依法应当追究刑事责任的，可以向人民法院提起公诉。人民法院进行审查后，对于起诉书中有明确的指控犯罪事实，符合缺席审判程序适用条件的，应当决定开庭审判。

前款案件，由犯罪地、被告人离境前居住地或者最高人民法院指定的中级人民法院组成合议庭进行审理。

第二百九十二条 人民法院应当通过有关国际条约规定的或者外交途径提出的司法协助方式，或者被告人所在地法律允许的其他方式，将传票和人民检察院的起诉书副本送达被告人。传票和起诉书副本送达后，被告人未按要求到案的，人民法院应当开庭审理，依法作出判决，并对违法所得及其他涉案财产作出处理。

第二百九十三条 人民法院缺席审判案件，被告人有权委托辩护人，被告人的近亲属可以代为委托辩护人。被告人及其近亲属没有委托辩护人的,人民法院应当通知法律援助机构指派律师为其提供辩护。

第二百九十六条 因被告人患有严重疾病无法出庭,中止审理超过六个月,被告人仍无法出庭,被告人及其法定代理人、近亲属申请或者同意恢复审理的,人民法院可以在被告人不出庭的情况下缺席审理,依法作出判决。

第二百九十七条 被告人死亡的,人民法院应当裁定终止审理,但有证据证明被告人无罪,人民法院经缺席审理确认无罪的,应当依法作出判决。

人民法院按照审判监督程序重新审判的案件,被告人死亡的,人民法院可以缺席审理,依法作出判决。

最高人民法院《关于适用〈中华人民共和国刑事诉讼法〉的解释》

第五百九十九条 对人民检察院依照刑事诉讼法第二百九十一条第一款的规定提起公诉的案件,人民法院审查后,应当按照下列情形分别处理:

(一)符合缺席审判程序适用条件,属于本院管辖,且材料齐全的,应当受理;

(二)不属于可以适用缺席审判程序的案件范围、不属于本院管辖或者不符合缺席审判程序的其他适用条件的,应当退回人民检察院;

(三)材料不全的,应当通知人民检察院在三十日以内补送;三十日以内不能补送的,应当退回人民检察院。

第六百零五条 因被告人患有严重疾病导致缺乏受审能力,无法出庭受审,中止审理超过六个月,被告人仍无法出庭,被告人及其法定代理人、近亲属申请或者同意恢复审理的,人民法院可以根据刑事诉讼法第二百九十六条的规定缺席审判。

符合前款规定的情形,被告人无法表达意愿的,其法定代理人、近亲属可以代为申请或者同意恢复审理。

132 什么是自诉案件?

答 自诉案件即刑事自诉案件,是指法律规定的可以由被害人或者其法定代理人、近亲属直接向法院起诉要求追究被告人刑事责任，法院能够直接受理的刑事案件。

解析 法院直接受理的自诉案件包括以下几种：

（1）告诉才处理的案件。如侮辱、诽谤案（但严重危害社会秩序和国家利益的除外）；暴力干涉婚姻自由案；虐待案；侵占案。

（2）检察院没有提起公诉，被害人有证据证明的轻微刑事案件。如故意伤害案；非法侵入住宅案；侵犯通信自由案；重婚案；遗弃案；生产、销售伪劣商品案（但严重危害社会秩序和国家利益的除外）；侵犯知识产权案（但严重危害社会秩序和国家利益的除外）；《刑法》分则第四章、第五章规定的对被告人可能判处3年有期徒刑以下刑罚的其他轻微刑事案件。对于以上列举的案件，被害人直接向法院起诉的，法院应当依法受理。对其中证据不足、可以由公安机关受理的，或者认为对被告人可能判处3年有期徒刑以上刑罚的，应当告知被害人向公安机关报案，或者移送公安机关立案侦查。

（3）被害人有证据证明对被告人侵犯自己人身、财产权利的行为应当依法追究刑事责任，且有证据证明曾经提出控告，而公安机关或者检察院不予追究被告人刑事责任的案件。

建议与提示 《刑事诉讼法》及最高人民法院《关于适用〈中华人民共和国刑事诉讼法〉的解释》对自诉案件的范围作出了明确规定，被害人遭受不法侵害之后应积极通过合法手段与途径去维护自己的合法权益。必要时可以聘请律师协助收集相关证据，向法院提起自诉。

法律依据

《刑事诉讼法》

第二百一十条 自诉案件包括下列案件：

（一）告诉才处理的案件；

（二）被害人有证据证明的轻微刑事案件；

（三）被害人有证据证明对被告人侵犯自己人身、财产权利的行为应当依法追究刑事责任，而公安机关或者人民检察院不予追究被告人刑事责任的案件。

133 自诉案件和公诉案件的举证原则有什么区别?

答 自诉案件和公诉案件的举证责任的承担者不同。公诉案件中被告人有罪的举证责任由检察院承担,自诉案件中被告人有罪的举证责任由自诉人承担。

解析 公诉案件是由国家公诉机关即检察院提起的,其举证责任主要由公诉人承担。在公诉案件中,公诉人应当全面审查案件事实和证据。在庭审过程中,公诉人需要客观公正地向法庭提供证明被告人有罪、罪重或者罪轻的证据,同时需要解释证据的来源、出处和目的。

在自诉案件中,自诉人需要承担举证责任,即需要提供能够证明被告人有罪的证据,这意味着自诉人需要自行搜集、整理并提交相关证据,以支持自己的诉讼主张。

建议与提示 在自诉案件和公诉案件中虽然自诉人和公诉人分别需要承担举证责任,但并不意味着犯罪嫌疑人、被告人没有举证的权利。犯罪嫌疑人、被告人也可以提供证据来反驳公诉机关或自诉人的诉讼主张,以维护自己的合法权益。

法律依据

《刑事诉讼法》

第五十一条 公诉案件中被告人有罪的举证责任由人民检察院承担,自诉案件中被告人有罪的举证责任由自诉人承担。

134 什么类型的刑事案件,被害人可以提起附带民事诉讼?

答 依据《刑事诉讼法》的规定,被害人由于被告人的犯罪行为而遭受物质损失的,在刑事诉讼过程中,有权提起附带民事诉讼。常见的可以提起附带民事诉讼的刑事案件有故意伤害、交通肇事、寻衅滋事、故意毁坏财物,以及故意杀人、放火等。

解析 被害人提起附带民事诉讼仅限于被害人因人身权利受到犯罪侵犯或者财物被犯罪分子毁坏而遭受物质损失的情形，该损失是指直接经济损失。财物毁坏遭受的损失的赔偿范围以实际损失为限；人身权利受到侵害而遭受物质损失的赔偿范围包括医疗费、护理费、交通费、误工费、残疾辅助器具费、住院伙食补助费、营养费、丧葬费等。因受到犯罪侵犯，提起附带民事诉讼或者单独提起民事诉讼要求赔偿精神损失的，法院一般不予受理。

在盗窃、诈骗、抢劫、抢夺、职务侵占、贪污等案件中，由于犯罪行为人采用了非法占有的手段，占有或处置被害人财产，这类案件是由法院在依法认定被告人构成犯罪的同时，直接责令追缴或者退赔，不需要被害人另行提起附带民事诉讼。

建议与提示 刑事附带民事诉讼应当在刑事案件立案后及时提起。如果一审期间未提起附带民事诉讼，而在二审期间提起，通常法院的做法是先进行调解，调解不成的会告知当事人在刑事判决、裁定生效后再另行提起民事诉讼。

值得一提的是，被害人不是必须以提起刑事附带民事诉讼的方式才能获得赔偿，除了提起附带民事诉讼之外，还可以另行单独提起民事诉讼。被害人、被害人的法定代理人、被害人的近亲属（被害人死亡时）均有权提起附带民事诉讼。而刑事附带民事诉讼的被告人并不仅仅是指刑事案件被告人，依法负有赔偿责任的人都可以作为附带民事诉讼的被告人，包括刑事被告人以及未被追究刑事责任的其他共同侵害人；刑事被告人的监护人；死刑罪犯的遗产继承人；共同犯罪案件中，案件审结前死亡的被告人的遗产继承人；对被害人的物质损失依法应当承担赔偿责任的其他单位和个人，如应承担保险赔偿责任的保险人等。如果刑事附带民事诉讼的被告人的亲友自愿代为赔偿，法院通常也是准许的。

法律依据

《刑法》

第三十六条 由于犯罪行为而使被害人遭受经济损失的，对犯罪分子除依法给予刑事处罚外，并应根据情况判处赔偿经济损失。

承担民事赔偿责任的犯罪分子，同时被判处罚金，其财产不足以全部支付的，或者被判处没收财产的，应当先承担对被害人的民事赔偿责任。

第六十四条 犯罪分子违法所得的一切财物，应当予以追缴或者责令退赔；对被害人的合法财产，应当及时返还；违禁品和供犯罪所用的本人财物，应当予以没收。没收的财物和罚金，一律上缴国库，不得挪用和自行处理。

《刑事诉讼法》

第一百零一条 被害人由于被告人的犯罪行为而遭受物质损失的，在刑事诉讼过程中，有权提起附带民事诉讼。被害人死亡或者丧失行为能力的，被害人的法定代理人、近亲属有权提起附带民事诉讼。

如果是国家财产、集体财产遭受损失的，人民检察院在提起公诉的时候，可以提起附带民事诉讼。

最高人民法院《关于适用〈中华人民共和国刑事诉讼法〉的解释》

第一百七十五条 被害人因人身权利受到犯罪侵犯或者财物被犯罪分子毁坏而遭受物质损失的，有权在刑事诉讼过程中提起附带民事诉讼；被害人死亡或者丧失行为能力的，其法定代理人、近亲属有权提起附带民事诉讼。

因受到犯罪侵犯，提起附带民事诉讼或者单独提起民事诉讼要求赔偿精神损失的，人民法院一般不予受理。

第一百七十六条 被告人非法占有、处置被害人财产的，应当依法予以追缴或者责令退赔。被害人提起附带民事诉讼的，人民法院不予受理。追缴、退赔的情况，可以作为量刑情节考虑。

第一百八十条 附带民事诉讼中依法负有赔偿责任的人包括：

（一）刑事被告人以及未被追究刑事责任的其他共同侵害人；

（二）刑事被告人的监护人；

（三）死刑罪犯的遗产继承人；

（四）共同犯罪案件中，案件审结前死亡的被告人的遗产继承人；

（五）对被害人的物质损失依法应当承担赔偿责任的其他单位和个人。

附带民事诉讼被告人的亲友自愿代为赔偿的，可以准许。

第一百八十四条 附带民事诉讼应当在刑事案件立案后及时提起。

提起附带民事诉讼应当提交附带民事起诉状。

第一百九十二条　对附带民事诉讼作出判决，应当根据犯罪行为造成的物质损失，结合案件具体情况，确定被告人应当赔偿的数额。

犯罪行为造成被害人人身损害的，应当赔偿医疗费、护理费、交通费等为治疗和康复支付的合理费用，以及因误工减少的收入。造成被害人残疾的，还应当赔偿残疾生活辅助器具费等费用；造成被害人死亡的，还应当赔偿丧葬费等费用。

驾驶机动车致人伤亡或者造成公私财产重大损失，构成犯罪的，依照《中华人民共和国道路交通安全法》第七十六条的规定确定赔偿责任。

附带民事诉讼当事人就民事赔偿问题达成调解、和解协议的，赔偿范围、数额不受第二款、第三款规定的限制。

第一百九十八条　第一审期间未提起附带民事诉讼，在第二审期间提起的，第二审人民法院可以依法进行调解；调解不成的，告知当事人可以在刑事判决、裁定生效后另行提起民事诉讼。

135 刑事附带民事诉讼案件，法院是否可以查封、扣押或冻结被告人的财产？

答　可以。法院既可依职权自行采取查封、扣押或冻结被告人财产的保全措施，也可以依附带民事诉讼原告人或者检察院的申请采取保全措施。

解析　按照法律的规定，法院对可能因被告人的行为或者其他原因，使附带民事判决难以执行的案件，在必要的时候，可以采取保全措施，查封、扣押或者冻结被告人的财产。附带民事诉讼原告人或者检察院也可以申请法院采取保全措施，查封、扣押或冻结被告人的财产。

建议与提示　如果因受到犯罪侵害而遭受物质损失，需要提起刑事附带民事诉讼请求赔偿，但在法院未受理刑事案件之前，遇到紧急情况，不立即申请保全将会导致自己的合法权益受到难以弥补的损害时，可以先向被保全财产所在地、被申请人居住地或者对案件有管辖权的法院申请采取保全措施。但申请采取保全措施之后，要记得在法院受理刑事案件后 15 日以内提起附带民事诉讼，否则法院会将已采取的保全措施予以解除。

法律依据

《刑事诉讼法》

第一百零二条 人民法院在必要的时候，可以采取保全措施，查封、扣押或者冻结被告人的财产。附带民事诉讼原告人或者人民检察院可以申请人民法院采取保全措施。人民法院采取保全措施，适用民事诉讼法的有关规定。

《民事诉讼法》

第一百零三条 人民法院对于可能因当事人一方的行为或者其他原因，使判决难以执行或者造成当事人其他损害的案件，根据对方当事人的申请，可以裁定对其财产进行保全、责令其作出一定行为或者禁止其作出一定行为；当事人没有提出申请的，人民法院在必要时也可以裁定采取保全措施。

人民法院采取保全措施，可以责令申请人提供担保，申请人不提供担保的，裁定驳回申请。

人民法院接受申请后，对情况紧急的，必须在四十八小时内作出裁定；裁定采取保全措施的，应当立即开始执行。

第一百零四条 利害关系人因情况紧急，不立即申请保全将会使其合法权益受到难以弥补的损害的，可以在提起诉讼或者申请仲裁前向被保全财产所在地、被申请人住所地或者对案件有管辖权的人民法院申请采取保全措施。申请人应当提供担保，不提供担保的，裁定驳回申请。

人民法院接受申请后，必须在四十八小时内作出裁定；裁定采取保全措施的，应当立即开始执行。

申请人在人民法院采取保全措施后三十日内不依法提起诉讼或者申请仲裁的，人民法院应当解除保全。

第一百零五条 保全限于请求的范围，或者与本案有关的财物。

第一百零六条 财产保全采取查封、扣押、冻结或者法律规定的其他方法。人民法院保全财产后，应当立即通知被保全财产的人。

财产已被查封、冻结的，不得重复查封、冻结。

第一百零七条　财产纠纷案件，被申请人提供担保的，人民法院应当裁定解除保全。

最高人民法院《关于适用〈中华人民共和国刑事诉讼法〉的解释》

第一百八十九条　人民法院对可能因被告人的行为或者其他原因，使附带民事判决难以执行的案件，根据附带民事诉讼原告人的申请，可以裁定采取保全措施，查封、扣押或者冻结被告人的财产；附带民事诉讼原告人未提出申请的，必要时，人民法院也可以采取保全措施。

有权提起附带民事诉讼的人因情况紧急，不立即申请保全将会使其合法权益受到难以弥补的损害的，可以在提起附带民事诉讼前，向被保全财产所在地、被申请人居住地或者对案件有管辖权的人民法院申请采取保全措施。申请人在人民法院受理刑事案件后十五日以内未提起附带民事诉讼的，人民法院应当解除保全措施。

人民法院采取保全措施，适用民事诉讼法第一百条至第一百零五条的有关规定，但民事诉讼法第一百零一条第三款的规定除外。

136 刑事附带民事诉讼案件，刑事部分和民事部分是合并审理还是分开审理？

答　附带民事诉讼应当同刑事案件一并审判，只有为了防止刑事案件审判的过分迟延，才可以在刑事案件审判后，由同一审判组织继续审理附带民事诉讼。

解析　附带民事诉讼本身就是依附于刑事诉讼的，如果被害人遭受伤害的事实是在案被告人涉案行为所造成，民事部分原则上就应当与刑事部分一并审理。但是由于刑事案件的被告人通常都是处于羁押状态，而刑事案件的审判必须严格按照审限进行，否则很可能超期羁押，侵犯被告人的人身权利，为防止刑事案件的审判过分迟延，可以将民事部分和刑事部分分开审理。

法律规定附带民事诉讼必须由同一审判组织继续审理民事部分，也是基于附带民事诉讼与刑事诉讼两者具有依附性，由同一审判组织继续审理民事部分不仅有利于尽快查清案件事实，也能有效提高审理效率。

建议与提示 依照《刑事诉讼法》的规定，被害人由于被告人的犯罪行为而遭受物质损失的，在刑事诉讼过程中，有权提起附带民事诉讼。如果是国家财产、集体财产遭受损失的，检察院在提起公诉的时候，可以提起附带民事诉讼。鉴于刑事案件审理程序与时限的要求，附带民事诉讼应在刑事案件审查起诉或法院审理过程中及时提出，被害人或其家属应在被害人遭受不法侵害之后，要积极咨询法律专业人士或及时聘请律师代理附带民事诉讼，以及时维护自己的合法权益。

法律依据

《刑事诉讼法》

第一百零四条 附带民事诉讼应当同刑事案件一并审判，只有为了防止刑事案件审判的过分迟延，才可以在刑事案件审判后，由同一审判组织继续审理附带民事诉讼。

最高人民法院《关于适用〈中华人民共和国刑事诉讼法〉的解释》

第一百九十六条 附带民事诉讼应当同刑事案件一并审判，只有为了防止刑事案件审判的过分迟延，才可以在刑事案件审判后，由同一审判组织继续审理附带民事诉讼；同一审判组织的成员确实不能继续参与审判的，可以更换。

137 铁路公安、铁路法院、军事法院，这些单位有什么特殊性？归哪里管理？

答 这些单位因其工作性质的特殊性，隶属于不同的管理部门，采取不同于一般地方管理的体制，以满足特定领域的专业需求和管理要求。铁路公安与铁路法院虽然职能不同，但都与铁路运输系统紧密相关，前者侧重于安全保卫，后者专注于司法审判。军事法院则服务于国防和军队建设，维护军队内部的法治秩序。

解析 铁路公安、铁路法院和军事法院三家单位的职责和管理单位，分别如下：铁路公安是负责铁路系统内部安全保卫工作的专门警察机构，直接受我国公安部铁路公安局（公安部十局）的领导，不归地方公安管理。铁路公安的主要职责包括维护铁路运输安全、打击违法犯罪、处理突发事件等，以确保铁路系统的正常运行。

铁路法院原隶属于铁路系统，负责处理与铁路运输相关的各类案件。近年来，按照国家司法体制改革的要求，铁路法院已与铁路运输企业分离，实行属地管辖，转为地方管理，但仍保留其专业特色，主要审理与铁路运输相关的民事、刑事和行政案件。

军事法院是中国特色的专门人民法院之一，负责审理军队内部的刑事案件和与军事活动相关的案件。军事法院体系独立于普通法院系统，直接隶属于中央军事委员会和最高人民法院，受其双重领导，不归地方管理，以确保军队司法工作的特殊性和独立性。

建议与提示 对于公众而言，了解这些特殊司法机构的性质和职能有助于在遇到相关领域的问题时，能够准确寻求帮助并理解相应的法律程序。例如，涉及铁路方面的法律问题应联系铁路法院或铁路公安；而与军事相关的法律事务，则应通过军事法院处理。

法律依据

《刑事诉讼法》

第三百零八条 军队保卫部门对军队内部发生的刑事案件行使侦查权。

中国海警局履行海上维权执法职责，对海上发生的刑事案件行使侦查权。

对罪犯在监狱内犯罪的案件由监狱进行侦查。

军队保卫部门、中国海警局、监狱办理刑事案件，适用本法的有关规定。

《铁路法》

第四十三条 铁路公安机关和地方公安机关分工负责共同维护铁路治

安秩序。车站和列车内的治安秩序，由铁路公安机关负责维护；铁路沿线的治安秩序，由地方公安机关和铁路公安机关共同负责维护，以地方公安机关为主。

最高人民法院《关于铁路运输法院案件管辖范围的若干规定》

第一条 铁路运输法院受理同级铁路运输检察院依法提起公诉的刑事案件。

下列刑事公诉案件，由犯罪地的铁路运输法院管辖：

（一）车站、货场、运输指挥机构等铁路工作区域发生的犯罪；

（二）针对铁路线路、机车车辆、通讯、电力等铁路设备、设施的犯罪；

（三）铁路运输企业职工在执行职务中发生的犯罪。

在列车上的犯罪，由犯罪发生后该列车最初停靠的车站所在地或者目的地的铁路运输法院管辖；但在国际列车上的犯罪，按照我国与相关国家签订的有关管辖协定确定管辖，没有协定的，由犯罪发生后该列车最初停靠的中国车站所在地或者目的地的铁路运输法院管辖。

《人民法院组织法》

第十五条第一款 专门人民法院包括军事法院和海事法院、知识产权法院、金融法院等。

138 什么是未成年人犯罪？

答 未成年人犯罪，是指未满16周岁的青少年违反国家刑事法律规定，实施《刑法》所禁止的、应受刑罚处罚的危害社会的行为。对于未满16周岁需要承担刑事责任的情形，法律作出了明确规定。

解析 《刑法》规定，承担刑事责任的一般年龄界限是年满16周岁，即凡年满16周岁的人，实施了《刑法》规定的任何一种犯罪行为，都应负刑事责任。未满16周岁的人实施了《刑法》规定的行为，在一般情况下是不负刑事责任的。但考虑到有些犯罪社会危害性很大，如杀人、抢劫、强奸、爆炸等，因此犯这类罪，即便未满16周岁，也应当负刑事责任。

此外，我国《刑法》还规定，已满 14 周岁不满 16 周岁的人，犯故意杀人、故意伤害致人重伤或者死亡、强奸、抢劫、贩卖毒品、放火、爆炸、投放危险物质罪的，应当负刑事责任。

已满 12 周岁不满 14 周岁的人，犯故意杀人、故意伤害罪，致人死亡或者以特别残忍手段致人重伤造成严重残疾，情节恶劣，经最高人民检察院核准追诉的，应当负刑事责任。

对依照上述规定追究刑事责任的不满 18 周岁的人，应当从轻或者减轻处罚。

因不满 16 周岁不予刑事处罚的，责令他的家长或者监护人加以管教；在必要的时候，可以由政府矫治教育。

建议与提示 鉴于未成年人犯罪同样会造成社会危害，全社会应加强对未成年人的教育与疏导，加强青少年的普法教育与学习，具体建议如下。

（1）加强教育和监管。未成年人的价值观和行为模式尚未完全形成，家庭是他们最早接触和最主要的社会化场所。家长应加强对孩子的教育和监管，尤其是在道德品质、法律意识和行为规范方面。通过与孩子建立良好的沟通机制，及时发现和纠正孩子的不良行为，防止其走上犯罪道路。

（2）营造良好的家庭环境。家庭环境对孩子的成长至关重要，家长应努力营造一个温馨、和谐、充满爱的家庭环境，让孩子感受到家庭的温暖和支持。同时，家长要注重自身的言传身教，以良好的行为举止为孩子树立榜样。

（3）关注孩子的心理健康。未成年人在成长过程中可能会遇到各种心理问题，如焦虑、抑郁、自卑等，家长应关注孩子的心理健康状况，及时发现并寻求专业帮助。通过心理咨询、心理治疗等，帮助孩子解决心理问题，预防因心理问题而引发的犯罪行为。

法律依据

《刑法》

第十七条　已满十六周岁的人犯罪，应当负刑事责任。

已满十四周岁不满十六周岁的人，犯故意杀人、故意伤害致人重伤或者死亡、强奸、抢劫、贩卖毒品、放火、爆炸、投放危险物质罪的，应当负刑事责任。

已满十二周岁不满十四周岁的人，犯故意杀人、故意伤害罪，致人死亡或者以特别残忍手段致人重伤造成严重残疾，情节恶劣，经最高人民检察院核准追诉的，应当负刑事责任。

对依照前三款规定追究刑事责任的不满十八周岁的人，应当从轻或者减轻处罚。

因不满十六周岁不予刑事处罚的，责令其父母或者其他监护人加以管教；在必要的时候，依法进行专门矫治教育。

139 对未成年人犯罪审理应贯彻什么方针与政策?

答 在我国，对于未成年人犯罪的审理贯彻着"教育、感化、挽救"的方针，坚持"教育为主、惩罚为辅"的原则。这意味着在处理未成年人犯罪案件时，司法机关会优先考虑对未成年人的教育、改造和挽救，而非单纯的惩罚。

解析 (1)方针与原则。《刑事诉讼法》、《未成年人保护法》和《预防未成年人犯罪法》均明确规定了未成年人犯罪审理的基本方针和原则。对违法犯罪的未成年人，实行教育、感化、挽救的方针，坚持教育为主、惩罚为辅的原则，这一原则体现了中国法律对未成年人犯罪的审慎态度和人文关怀。

(2)司法实践。在司法实践中，对于未成年人犯罪的审理通常会以分案处理、圆桌审判、审理前进行社会调查、审理过程中邀请未成年人父母或监护人参加等方式，保护未成年人合法权益。

(3)法律效果与社会效果。通过在未成年人犯罪审理中贯彻教育、感化、挽救的方针和教育为主、惩罚为辅的原则，实践中取得了良好的法律效果和社会效果。一方面，这一方针和政策有助于未成年人认识到自己的错误，积极改造自己，重新融入社会；另一方面，这也符合社会对未成年人犯罪的普遍期待，有助于维护社会稳定和谐。

建议与提示 作为未成年人的法定监护人，家长应当加强对孩子的家庭教育，关注孩子的心理健康和成长需求。通过与孩子建立良好的沟通机制，了解孩子的思想动态，及时发现并纠正孩子的错误行为。当孩子涉嫌犯罪时，家长应当积极配合司法机关的工作，如实陈述事实，积极协助司法机关查明案件真相。同时，家长日常也要关注孩子的心理变化，给予孩子必要的心理支持和帮助，鼓励孩子积极改造自己，争取早日回归社会。

法律依据

《刑事诉讼法》

第二百七十七条　对犯罪的未成年人实行教育、感化、挽救的方针，坚持教育为主、惩罚为辅的原则。

人民法院、人民检察院和公安机关办理未成年人刑事案件，应当保障未成年人行使其诉讼权利，保障未成年人得到法律帮助，并由熟悉未成年人身心特点的审判人员、检察人员、侦查人员承办。

第二百七十八条　未成年犯罪嫌疑人、被告人没有委托辩护人的，人民法院、人民检察院、公安机关应当通知法律援助机构指派律师为其提供辩护。

第二百七十九条　公安机关、人民检察院、人民法院办理未成年人刑事案件，根据情况可以对未成年犯罪嫌疑人、被告人的成长经历、犯罪原因、监护教育等情况进行调查。

第二百八十条　对未成年犯罪嫌疑人、被告人应当严格限制适用逮捕措施。人民检察院审查批准逮捕和人民法院决定逮捕，应当讯问未成年犯罪嫌疑人、被告人，听取辩护律师的意见。

对被拘留、逮捕和执行刑罚的未成年人与成年人应当分别关押、分别管理、分别教育。

第二百八十一条　对于未成年人刑事案件，在讯问和审判的时候，应当通知未成年犯罪嫌疑人、被告人的法定代理人到场。无法通知、法定代理人不能到场或者法定代理人是共犯的，也可以通知未成年犯罪嫌疑人、被告人的其他成年亲属，所在学校、单位、居住地基层组织或者未成年人保护组织的代表到场，并将有关情况记录在案。到场的法定代理人可以代为行使未成年犯罪嫌疑人、被告人的诉讼权利。

到场的法定代理人或者其他人员认为办案人员在讯问、审判中侵犯未成年人合法权益的，可以提出意见。讯问笔录、法庭笔录应当交给到场的法定代理人或者其他人员阅读或者向他宣读。

讯问女性未成年犯罪嫌疑人,应当有女工作人员在场。

审判未成年人刑事案件,未成年被告人最后陈述后,其法定代理人可以进行补充陈述。

询问未成年被害人、证人,适用第一款、第二款、第三款的规定。

第二百八十二条 对于未成年人涉嫌刑法分则第四章、第五章、第六章规定的犯罪,可能判处一年有期徒刑以下刑罚,符合起诉条件,但有悔罪表现的,人民检察院可以作出附条件不起诉的决定。人民检察院在作出附条件不起诉的决定以前,应当听取公安机关、被害人的意见。

对附条件不起诉的决定,公安机关要求复议、提请复核或者被害人申诉的,适用本法第一百七十九条、第一百八十条的规定。

未成年犯罪嫌疑人及其法定代理人对人民检察院决定附条件不起诉有异议的,人民检察院应当作出起诉的决定。

第二百八十五条 审判的时候被告人不满十八周岁的案件,不公开审理。但是,经未成年被告人及其法定代理人同意,未成年被告人所在学校和未成年人保护组织可以派代表到场。

第二百八十六条 犯罪的时候不满十八周岁,被判处五年有期徒刑以下刑罚的,应当对相关犯罪记录予以封存。

犯罪记录被封存的,不得向任何单位和个人提供,但司法机关为办案需要或者有关单位根据国家规定进行查询的除外。依法进行查询的单位,应当对被封存的犯罪记录的情况予以保密。

第二百八十七条 办理未成年人刑事案件,除本章已有规定的以外,按照本法的其他规定进行。

《未成年人保护法》

第一百零二条 公安机关、人民检察院、人民法院和司法行政部门办理涉及未成年人案件,应当考虑未成年人身心特点和健康成长的需要,使用未成年人能够理解的语言和表达方式,听取未成年人的意见。

第一百一十条 公安机关、人民检察院、人民法院讯问未成年犯罪嫌疑人、被告人,询问未成年被害人、证人,应当依法通知其法定代理人或者其成年亲属、所在学校的代表等合适成年人到场,并采取适当方式,在适当场所进行，保障未成年人的名誉权、隐私权和其他合法权益。

人民法院开庭审理涉及未成年人案件，未成年被害人、证人一般不出庭作证；必须出庭的，应当采取保护其隐私的技术手段和心理干预等保护措施。

《预防未成年人犯罪法》

第四十五条 未成年人实施刑法规定的行为、因不满法定刑事责任年龄不予刑事处罚的，经专门教育指导委员会评估同意，教育行政部门会同公安机关可以决定对其进行专门矫治教育。

省级人民政府应当结合本地的实际情况，至少确定一所专门学校按照分校区、分班级等方式设置专门场所，对前款规定的未成年人进行专门矫治教育。

前款规定的专门场所实行闭环管理，公安机关、司法行政部门负责未成年人的矫治工作，教育行政部门承担未成年人的教育工作。

第五十九条 未成年人的犯罪记录依法被封存的，公安机关、人民检察院、人民法院和司法行政部门不得向任何单位或者个人提供，但司法机关因办案需要或者有关单位根据国家有关规定进行查询的除外。依法进行查询的单位和个人应当对相关记录信息予以保密。

未成年人接受专门矫治教育、专门教育的记录，以及被行政处罚、采取刑事强制措施和不起诉的记录，适用前款规定。

140 什么是刑事诉讼中的强制医疗？

答 刑事诉讼中的强制医疗，是指法院决定对实施暴力行为、危害公共安全或者严重危害公民人身安全的精神病人，在必要的时候，通过强制的方法对其进行医疗的一种特殊手段。这一制度的设立，旨在保护社会公共安全，同时维护精神病人的合法权益。

解析 我国《刑事诉讼法》规定了强制医疗的相关内容。根据规定，对于实施暴力行为，危害公共安全或者严重危害公民人身安全，经法定程序鉴定依法不负刑事责任的精神病人，有继续危害社会可能的，可以予以强制医疗。

强制医疗的决定机关为法院，执行机关为公安机关。公安机关发现精神病人符合强制医疗条件的，应当作出强制医疗意见书，并将其移送检察院。对于公安机关移送的或者在审查起诉过程中发现的精神病人符合强制医疗条件的，检察院应当向法院提出强制医疗的申请。法院在审理案件过程中发现被告人符合强制医疗条件的，可以作出强制医疗的决定。强制医疗的审理程序遵循特别程序的规定，包括开庭审理、证据审查、辩护与代理、决定和复议等环节。在审理过程中，应当充分保障被申请人的合法权益，确保其得到公正对待。

建议与提示 当精神病人涉及刑事诉讼时，家属应当积极配合司法机关的调查工作，如实提供有关情况，协助司法机关对病人进行公正的处理。

法律依据

《刑事诉讼法》

第三百零二条 实施暴力行为，危害公共安全或者严重危害公民人身安全，经法定程序鉴定依法不负刑事责任的精神病人，有继续危害社会可能的，可以予以强制医疗。

第三百零三条 根据本章规定对精神病人强制医疗的，由人民法院决定。

公安机关发现精神病人符合强制医疗条件的，应当写出强制医疗意见书，移送人民检察院。对于公安机关移送的或者在审查起诉过程中发现的精神病人符合强制医疗条件的，人民检察院应当向人民法院提出强制医疗的申请。人民法院在审理案件过程中发现被告人符合强制医疗条件的，可以作出强制医疗的决定。

对实施暴力行为的精神病人，在人民法院决定强制医疗前，公安机关可以采取临时的保护性约束措施。

第三百零四条 人民法院受理强制医疗的申请后，应当组成合议庭进行审理。

人民法院审理强制医疗案件，应当通知被申请人或者被告人的法定代理人到场。被申请人或者被告人没有委托诉讼代理人的，人民法院应当通知法律援助机构指派律师为其提供法律帮助。

第三百零五条 人民法院经审理，对于被申请人或者被告人符合强制医疗条件的，应当在一个月以内作出强制医疗的决定。

被决定强制医疗的人、被害人及其法定代理人、近亲属对强制医疗决定不服的，可以向上一级人民法院申请复议。

第三百零六条 强制医疗机构应当定期对被强制医疗的人进行诊断评估。对于已不具有人身危险性，不需要继续强制医疗的，应当及时提出解除意见，报决定强制医疗的人民法院批准。

被强制医疗的人及其近亲属有权申请解除强制医疗。

第三百零七条 人民检察院对强制医疗的决定和执行实行监督。

141 我国刑事案件实行几审终审制？

答 我国刑事案件实行两审终审制。

解析 两审终审制，即一个案件需经过两级法院审判后方可宣告终结并发生法律效力。地方各级法院审理一审案件，在作出判决和裁定之后，还不能立即发生法律效力，只有在法定期限内有上诉权的当事人没有上诉，检察院也没有提出抗诉的情况下，一审判决、裁定才能发生法律效力。只有在法定期限内，有上诉权的上诉人提出上诉，或者检察院提出抗诉，上一级法院才能对案件进行审理。二审法院所作的判决和裁定为发生法律效力的判决和裁定，当事人不得再对其提出上诉，检察院也不得再对其提出抗诉。但是法定的例外是，最高人民法院的第一审裁判在依法宣布和送达后，就立即发生法律效力，当事人不得对其提出上诉，检察院也不得对其提出抗诉。

建议与提示 两审终审，是我国刑事诉讼的一项基本制度。即刑事案件经过一审、二审程序审理，案件终结。也就是说，案件非经再审程序，不会发生更改。而再审程序属于特殊救济程序，由法院、检察院依职权启动或当事人申请启动，仅针对已生效但确有错误的裁判，目的是维护司法公正。当事人及其家属为争取自己的合法权益，应全力以赴于案件的一审、二审程序。只有确有错误的，需要通过启动再审程序这一特殊程序去解决，而启动这一特殊程序，显然是不容易的。

法律依据

《刑事诉讼法》

第十条 人民法院审判案件,实行两审终审制。

142 什么是刑事审判的二审程序,审理期限是多久?

答 二审程序又叫上诉审程序,是二审法院根据上诉人的上诉或者检察院的抗诉,就一审法院尚未发生法律效力的判决或裁定认定的事实和适用法律进行审理时,所应当遵循的步骤和方式、方法。

二审审理期限是2个月。特殊情况可以延长2个月,因特殊情况还需要延长的,报请最高人民法院批准。但是最高人民法院受理上诉、抗诉案件的审理期限,由最高人民法院决定。

解析 在法院作出一审判决后,当事人不服的,可以在法定期限内提出上诉,由上一级法院再次进行审理。上诉的理由包括原判决事实不清、证据不足、审判程序违法等。上诉的目的主要是改变原审判决结果,维护司法公正。为了保护上诉人的上诉权,法律明确规定了上诉不加刑原则。当然,同级人民检察院认为原判决错误的,也可以提出抗诉,抗诉案件审理,则不受上诉不加刑原则限制。

上诉可以上诉状的形式提出,也可以口头提出。上诉人上诉可以通过原审法院提出,也可以直接向二审法院提出。

建议与提示 我国目前实行两审终审的司法体制,对于一审判决不服的,当事人拥有上诉权。这是一项法定的权利。目的在于保证被告人获得公正审判,避免出现冤假错案,防止罪及无辜。因此,无论是对于案件的定性,还是量刑,包括财产刑,只要当事人认为一审判决不公,都可以提出上诉。被告人本人及其家属在获得一审判决后,可以及时与所聘请的律师咨询商量,以通过法定程序维护自己的合法权益。

法律依据

《刑事诉讼法》

第二百二十七条　被告人、自诉人和他们的法定代理人，不服地方各级人民法院第一审的判决、裁定，有权用书状或者口头向上一级人民法院上诉。被告人的辩护人和近亲属，经被告人同意，可以提出上诉。

附带民事诉讼的当事人和他们的法定代理人，可以对地方各级人民法院第一审的判决、裁定中的附带民事诉讼部分，提出上诉。

对被告人的上诉权，不得以任何借口加以剥夺。

第二百二十八条　地方各级人民检察院认为本级人民法院第一审的判决、裁定确有错误的时候，应当向上一级人民法院提出抗诉。

第二百二十九条　被害人及其法定代理人不服地方各级人民法院第一审的判决的，自收到判决书后五日以内，有权请求人民检察院提出抗诉。人民检察院自收到被害人及其法定代理人的请求后五日以内，应当作出是否抗诉的决定并且答复请求人。

第二百三十条　不服判决的上诉和抗诉的期限为十日，不服裁定的上诉和抗诉的期限为五日，从接到判决书、裁定书的第二日起算。

第二百三十三条　第二审人民法院应当就第一审判决认定的事实和适用法律进行全面审查，不受上诉或者抗诉范围的限制。

共同犯罪的案件只有部分被告人上诉的，应当对全案进行审查，一并处理。

第二百三十六条　第二审人民法院对不服第一审判决的上诉、抗诉案件，经过审理后，应当按照下列情形分别处理：

（一）原判决认定事实和适用法律正确、量刑适当的，应当裁定驳回上诉或者抗诉，维持原判；

（二）原判决认定事实没有错误，但适用法律有错误，或者量刑不当的，应当改判；

（三）原判决事实不清楚或者证据不足的，可以在查清事实后改判；也可以裁定撤销原判，发回原审人民法院重新审判。

原审人民法院对于依照前款第三项规定发回重新审判的案件作出判决

后，被告人提出上诉或者人民检察院提出抗诉的，第二审人民法院应当依法作出判决或者裁定，不得再发回原审人民法院重新审判。

第二百三十七条 第二审人民法院审理被告人或者他的法定代理人、辩护人、近亲属上诉的案件，不得加重被告人的刑罚。第二审人民法院发回原审人民法院重新审判的案件，除有新的犯罪事实，人民检察院补充起诉的以外，原审人民法院也不得加重被告人的刑罚。

人民检察院提出抗诉或者自诉人提出上诉的，不受前款规定的限制。

第二百三十八条 第二审人民法院发现第一审人民法院的审理有下列违反法律规定的诉讼程序的情形之一的，应当裁定撤销原判，发回原审人民法院重新审判：

（一）违反本法有关公开审判的规定的；

（二）违反回避制度的；

（三）剥夺或者限制了当事人的法定诉讼权利，可能影响公正审判的；

（四）审判组织的组成不合法的；

（五）其他违反法律规定的诉讼程序，可能影响公正审判的。

第二百四十三条 第二审人民法院受理上诉、抗诉案件，应当在二个月以内审结。对于可能判处死刑的案件或者附带民事诉讼的案件，以及有本法第一百五十八条规定情形之一的，经省、自治区、直辖市高级人民法院批准或者决定，可以延长二个月；因特殊情况还需要延长的，报请最高人民法院批准。

最高人民法院受理上诉、抗诉案件的审理期限，由最高人民法院决定。

第二百四十四条 第二审的判决、裁定和最高人民法院的判决、裁定，都是终审的判决、裁定。

143 上诉不加刑是什么意思？

答 上诉不加刑，是指对于被告人提出上诉的刑事案件，上诉法院不得加重被告人刑罚的诉讼原则。

解析 对于被告人及其法定代理人、辩护人、近亲属提起上诉的案件，二审法院经过审理决定改判时只能适用比原判决更轻的刑罚，而不能适用比原判决更重的刑罚，也不得变相加重被告人的刑罚。

上诉不加刑原则的主要表现包括以下几点：(1)同一刑种，不得加重刑罚的数量；(2)不得改变刑罚执行的方法，如将缓刑改为实刑，将死刑缓期执行改为立即执行；(3)不得在主刑上增加附加刑；(4)不得改判较重的刑种，如将拘役6个月改为有期徒刑6个月；(5)对于构成数罪并罚的上诉案件，既不能加重决定执行的刑罚，也不能在执行原刑罚不变的情况下，加重数罪中某一罪或几个罪的刑罚；(6)不得加重共同犯罪中未提出上诉的被告人的刑罚。

上诉不加刑原则旨在解除被告人的顾虑，保障其依法行使上诉权，以利于案件的正确处理。

建议与提示 上诉不加刑原则存在以下例外情况：当检察院提出抗诉时，不受上诉不加刑原则的限制。自诉人提出上诉的，不受上诉不加刑原则的限制。既有被告人一方上诉，又有检察院提出抗诉或者自诉人提出上诉的，同样不受上诉不加刑原则的限制。

法律依据

《刑事诉讼法》

第二百三十七条 第二审人民法院审理被告人或者他的法定代理人、辩护人、近亲属上诉的案件，不得加重被告人的刑罚。第二审人民法院发回原审人民法院重新审判的案件，除有新的犯罪事实，人民检察院补充起诉的以外，原审人民法院也不得加重被告人的刑罚。

人民检察院提出抗诉或者自诉人提出上诉的，不受前款规定的限制。

144 外国人在我国犯罪，我国有没有管辖权？

答 对于外国人犯罪应当追究刑事责任的，我国依法享有管辖权。对于享有外交特权和豁免权的外国人犯罪应当追究刑事责任的，则需通过外交途径解决。

解析 根据我国《刑法》的属地管辖权原则和保护管辖权原则，凡在我国领域内犯罪的，无论是本国人还是外国人，都受我国法律管辖。凡在我国船舶或者航空器内犯罪的，也适用我国《刑法》。犯罪的行为或者结果有一项发生在我国领域内就认为是在我国领域内犯罪。但是对于外国人犯罪的管辖有个例外情形：限于我国《刑法》规定最低刑为 3 年以上有期徒刑的，且按照犯罪地的法律也应当受到刑法处罚的行为。

建议与提示 根据我国法律的规定，对任何人犯罪在适用法律上一律平等。外国国籍身份不是影响事实认定、犯罪构成和判决刑期的法定事由。因此，外国人在我国从事各种活动，也应当遵守我国法律，要了解与学习我国法律，这也是国际通例。外国人在我国从事活动，一旦触犯我国《刑法》，建议尽快聘请我国律师参与辩护，以维护其合法权益。对于享有外交特权和豁免权的外国人犯罪应当追究刑事责任的，则通过外交途径解决。

法律依据

《刑法》

第六条 凡在中华人民共和国领域内犯罪的，除法律有特别规定的以外，都适用本法。

凡在中华人民共和国船舶或者航空器内犯罪的，也适用本法。

犯罪的行为或者结果有一项发生在中华人民共和国领域内的，就认为是在中华人民共和国领域内犯罪。

第八条 外国人在中华人民共和国领域外对中华人民共和国国家或者公民犯罪，而按本法规定的最低刑为三年以上有期徒刑的，可以适用本法，但是按照犯罪地的法律不受处罚的除外。

《刑事诉讼法》

第十七条 对于外国人犯罪应当追究刑事责任的，适用本法的规定。

对于享有外交特权和豁免权的外国人犯罪应当追究刑事责任的，通过外交途径解决。

第六篇

刑罚与刑事执行

145 什么是管制刑？对管制的判决如何执行？

答 管制刑是我国《刑法》规定的一种刑罚种类，具体是指对犯罪分子不实行关押，但依法实行社区矫正，限制其一定自由的刑罚方法。管制由社区矫正机构执行。

解析 管制刑具有以下特征：对犯罪分子不予关押，不剥夺其人身自由；被判管制的犯罪分子可以自谋生计，在劳动中与普通公民同工同酬。管制适用的对象主要是罪行性质轻、危害小，以及人身危险性较小的犯罪分子。

管制的期限为3个月以上2年以下，但在数罪并罚时，可以延长到3年。被判处管制的犯罪分子，由法院将判决书和执行通知书送到犯罪分子户口所在地或者常年居住地的公安机关，由公安机关执行。公安机关可以委托犯罪分子户口所在地或者常年居住地的基层组织或者其所在单位的保卫部门协助执行。

在执行管制时，执行机关会向犯罪分子所在单位或者所在地的有关群众宣布该犯罪分子的犯罪事实、管制的期间长短、对犯罪分子的要求等。被管制的犯罪分子，在执行过程中，必须遵守法律、法规，服从群众监督，积极参加集体劳动和生产；向执行机关报告自己的活动情况；迁居或者外出必须报告并经过执行机关的批准。执行时间到期的，由执行机关通知本人，并向有关单位和群众宣布解除管制。

建议与提示 管制刑的执行涉及法律程序和规定，具体执行方式可能会因案件的具体情况和当地的司法实践而有所不同。被判处管制，仍然属于有罪判决，只是因为其罪行性质轻、危害小、人身危险性小。这种刑罚重在教育挽救，而不是惩罚，所以服刑人员应该认真吸取教训，在管制执行期间认真接受教育与挽救，遵守法律、法规，服从群众监督，积极参加集体劳动和生产。对自己的执行情况及时向执行机关与监管机关汇报、反馈，以便可以及时解除管制，回归社会。家属也应积极配合管制对象的执行与管教。

法律依据

《刑法》

第三十八条 管制的期限,为三个月以上二年以下。

判处管制,可以根据犯罪情况,同时禁止犯罪分子在执行期间从事特定活动,进入特定区域、场所,接触特定的人。

对判处管制的犯罪分子,依法实行社区矫正。

违反第二款规定的禁止令的,由公安机关依照《中华人民共和国治安管理处罚法》的规定处罚。

第三十九条 被判处管制的犯罪分子,在执行期间,应当遵守下列规定:

(一)遵守法律、行政法规,服从监督;

(二)未经执行机关批准,不得行使言论、出版、集会、结社、游行、示威自由的权利;

(三)按照执行机关规定报告自己的活动情况;

(四)遵守执行机关关于会客的规定;

(五)离开所居住的市、县或者迁居,应当报经执行机关批准。

对于被判处管制的犯罪分子,在劳动中应当同工同酬。

146 什么是拘役,对拘役的判决如何执行?

答 拘役是一种刑事处罚手段,是我国《刑法》规定的刑罚种类之一,指短期剥夺犯罪分子人身自由,就近拘禁并强制劳动的刑罚。被判处拘役的犯罪分子,由公安机关就近执行。

解析 拘役的期限为1个月以上6个月以下,数罪并罚时最高不能超过1年。拘役的执行是由犯罪分子所在地的县、市或市辖区的公安机关设置的拘役所执行。如果当地没有建立拘役所,则可以在公安机关的看守所执行拘役。在执行拘役期间,被判处拘役的犯罪分子每月可以回家1至2天;参加劳动的,可以酌量发给报酬。

此外，拘役与行政拘留、刑事拘留、司法拘留在法律属性、适用对象、适用机关、适用依据、适用程序、适用期限上都有明显区别。拘役的追诉时效是5年，如果在20年以后认为必须追诉的，须报请最高人民检察院核准。

总的来说，拘役是一种短期剥夺人身自由的刑罚，其执行方式体现了对犯罪分子的惩罚与教育相结合的原则。

建议与提示 相比大多数有期徒刑来说，拘役相对刑期较短，罪行不严重。但即便如此，司法机关也会留存犯罪记录，该案底终身不能取消。

法律依据

《刑法》

第四十二条 拘役的期限，为一个月以上六个月以下。

第四十三条 被判处拘役的犯罪分子，由公安机关就近执行。

在执行期间，被判处拘役的犯罪分子每月可以回家一天至两天；参加劳动的，可以酌量发给报酬。

147 对宣告缓刑的判决，在缓刑考验期内如何执行刑罚？哪些情形会撤销缓刑？

答 对宣告缓刑的判决，在缓刑考验期内执行刑罚的方式如下。

首先，犯罪分子在缓刑考验期限内会由特定的考察机关进行考察，这主要是为了确保其在考验期内遵守相关规定，并评估其是否适合继续适用缓刑。如果在考验期内表现良好，没有再犯新罪或违反相关规定，那么原判刑罚就不再执行。

其次，犯罪分子在缓刑期间需要遵守一系列规定，包括遵守法律、行政法规，服从监督；按照考察机关的规定报告自己的活动情况；遵守考察机关关于会客的规定；离开所居住的市、县或者迁居时，报经考察机关批准。

至于撤销缓刑的情形，主要分为以下几种。

(1)在缓刑考验期限内犯新罪或者发现判决宣告以前还有其他罪没有

判决的，这种情况下会立即撤销缓刑，对新犯的罪或新发现的罪进行判决，并执行相应的刑罚。

(2)在缓刑考验期限内，违反法律、行政法规或者国务院相关部门关于缓刑的监督管理规定，且情节严重的，会撤销缓刑，执行原判刑罚。

(3)如果犯罪分子被宣告禁止在缓刑考验期限内从事特定活动，进入特定区域、场所，接触特定的人，违反此禁令且情节严重的，同样会撤销缓刑。

解析 总的来说，缓刑的执行是一个严格的过程，旨在确保犯罪分子在考验期间能够遵守法律法规，积极改正错误，并为社会所接受。如果犯罪分子在缓刑期间再次犯罪或违反相关规定，将会面临撤销缓刑，执行原判刑罚的严重后果。

建议与提示 缓刑不等于免除处罚，不用收监也不等于人身获得了自由。被宣告缓刑的被告人一定要在社区矫正期间遵守监督管理规定，不要把社区矫正当作儿戏。如果不加以珍惜，最终将会受到撤销缓刑的法律制裁。

法律依据

《刑法》

第七十五条 被宣告缓刑的犯罪分子，应当遵守下列规定：

(一)遵守法律、行政法规，服从监督；

(二)按照考察机关的规定报告自己的活动情况；

(三)遵守考察机关关于会客的规定；

(四)离开所居住的市、县或者迁居，应当报经考察机关批准。

第七十七条 被宣告缓刑的犯罪分子，在缓刑考验期限内犯新罪或者发现判决宣告以前还有其他罪没有判决的，应当撤销缓刑，对新犯的罪或者新发现的罪作出判决，把前罪和后罪所判处的刑罚，依照本法第六十九条的规定，决定执行的刑罚。

被宣告缓刑的犯罪分子，在缓刑考验期限内，违反法律、行政法规或者国务院有关部门关于缓刑的监督管理规定，或者违反人民法院判决中的禁止令，情节严重的，应当撤销缓刑，执行原判刑罚。

148 对有期徒刑的判决如何执行?

答 首先,被判处有期徒刑的罪犯,在判决生效后的规定时间内,由公安机关依法将该罪犯送交监狱执行刑罚。这是有期徒刑执行的主要方式,确保了刑罚的严肃性和有效性。

其次,对于剩余刑期在3个月以下的罪犯,在被交付执行刑罚前,由看守所代为执行。这一规定考虑到了短期刑期的特殊情况,提高了刑罚执行的灵活性和效率。

最后,法院在判决生效后10日以内,会将有关的法律文书送达公安机关、监狱或者其他执行机关。这确保了刑罚执行的及时性和准确性,避免了执行过程中的混乱和错误。

需要注意的是,未成年犯的刑罚执行有所不同。未成年犯应当在未成年犯管教所执行刑罚,这是为了保护未成年犯的权益,促进其改过自新。

解析 在整个执行过程中,执行机关会严格按照法律规定和判决内容进行,以确保刑罚的公正、公平和有效。同时,也会关注罪犯的改造情况,提供必要的帮助和教育,促使其早日回归社会。

对有期徒刑的判决的执行是一个严谨而有序的过程,涉及多个环节和部门,旨在确保刑罚的顺利执行和罪犯的有效改造。

建议与提示 被判处有期徒刑的犯罪分子不要过于恐惧从而对生活失去信心,在服刑期间要充分发挥自身的特长,多做有益的工作,争取有好的表现或争取立功、创造更多经济价值,争取减刑,早日回归社会,回归家庭。

法律依据

《刑法》

第四十六条 被判处有期徒刑、无期徒刑的犯罪分子,在监狱或者其他执行场所执行;凡有劳动能力的,都应当参加劳动,接受教育和改造。

149 对无期徒刑的判决如何执行?

答 首先,无期徒刑应在监狱或其他执行场所执行。所有具有劳动能力的罪犯都应参与劳动,接受教育和改造。这不仅是刑罚的一部分,也是帮助罪犯改过自新、重新融入社会的重要过程。

其次,在执行期间,如果罪犯认真遵守监规,接受教育改造,并表现出悔改或立功行为,有可能获得减刑的机会。这体现了刑罚的目的不仅在于惩罚,更在于教育和改造罪犯。

最后,法院在判决生效后的规定时间内,会将相关的法律文书送达监狱等执行机关,启动刑罚执行程序。执行机关在接收到罪犯后,会严格按照法律规定和判决内容执行刑罚,确保刑罚的公正、公平和有效。

解析 无期徒刑并不意味着罪犯将在监狱中度过余生。在实际执行中,根据罪犯的表现和改造情况,以及法律的规定,罪犯也有可能获得减刑或假释,从而提前结束刑罚执行。

总的来说,对无期徒刑的判决的执行是一个严谨而有序的过程,旨在确保刑罚的顺利执行和罪犯的有效改造,同时,体现了对罪犯人权的尊重和保障,以及对社会公正和安全的维护。

建议与提示 因为减刑或假释都有严格的法律规定,被判处无期徒刑的犯罪分子应该认真遵守监规,接受教育改造,以争取获得减刑与假释。法律规定,对于改造得好,确有悔改表现,没有再犯罪的危险的,可以依法予以假释。如果有特殊情况,经最高人民法院核准,亦可以突破常规的执行刑期的限制。

法律依据

《刑法》

第四十六条 被判处有期徒刑、无期徒刑的犯罪分子,在监狱或者其他执行场所执行;凡有劳动能力的,都应当参加劳动,接受教育和改造。

第七十八条 被判处管制、拘役、有期徒刑、无期徒刑的犯罪分子,在执行期间,如果认真遵守监规,接受教育改造,确有悔改表现的,或者有立功表现的，可以减刑；有下列重大立功表现之一的，应当减刑：

（一）阻止他人重大犯罪活动的；

（二）检举监狱内外重大犯罪活动，经查证属实的；

（三）有发明创造或者重大技术革新的；

（四）在日常生产、生活中舍己救人的；

（五）在抗御自然灾害或者排除重大事故中，有突出表现的；

（六）对国家和社会有其他重大贡献的。

减刑以后实际执行的刑期不能少于下列期限：

（一）判处管制、拘役、有期徒刑的，不能少于原判刑期的二分之一；

（二）判处无期徒刑的，不能少于十三年；

（三）人民法院依照本法第五十条第二款规定限制减刑的死刑缓期执行的犯罪分子，缓期执行期满后依法减为无期徒刑的，不能少于二十五年，缓期执行期满后依法减为二十五年有期徒刑的，不能少于二十年。

第八十一条 被判处有期徒刑的犯罪分子，执行原判刑期二分之一以上，被判处无期徒刑的犯罪分子，实际执行十三年以上，如果认真遵守监规，接受教育改造，确有悔改表现，没有再犯罪的危险的，可以假释。如果有特殊情况，经最高人民法院核准，可以不受上述执行刑期的限制。

对累犯以及因故意杀人、强奸、抢劫、绑架、放火、爆炸、投放危险物质或者有组织的暴力性犯罪被判处十年以上有期徒刑、无期徒刑的犯罪分子，不得假释。

对犯罪分子决定假释时，应当考虑其假释后对所居住社区的影响。

150 对死刑缓期二年执行的判决如何执行？

答 死刑缓期二年执行，是指在对犯罪分子判处死刑的情况下，不立即执行，而是给予2年的缓刑期，观察犯罪分子在缓刑期内的表现，再决定是否执行死刑。这2年期间，犯罪分子须遵守法律法规，不得再犯罪，且须配合相关部门的监管和考察。

解析 死刑缓期二年执行的判决是一种严厉的刑罚，但给予了犯罪分子改过自新的机会。在缓期期间，相关部门会对犯罪分子进行严格的监管和考察，包括其行为表现、是否遵守法律法规、是否有再犯罪倾向等。同时，犯罪分子也需积极配合，遵守相关规定，努力表现自己的改过自新之意。

2 年后，如果犯罪分子没有故意犯罪，其刑罚会减为无期徒刑；如果犯罪分子有重大立功表现，其刑罚会减为 25 年有期徒刑。但如果犯罪分子在缓期期间故意犯罪，且情节恶劣，则需要报请最高人民法院核准后执行死刑。若犯罪分子在缓期期间故意犯罪但未执行死刑，则死刑缓期执行的期间将重新计算，并须报最高人民法院备案。

建议与提示 面对死刑缓期二年执行的判决，家属往往会感到无助和困惑。以下是对家属的三条建议。

（1）保持冷静与理智：虽然判决结果可能令人难以接受，但过度的情绪化只会增加家庭的负担。家属应冷静分析判决结果，了解相关法律法规，为接下来的应对做好准备。

（2）提供心理支持：面对这样的判决，家属应给予犯罪分子充分的心理支持，鼓励其积极改造自己，遵守法律法规，争取减刑。同时，家属也要关注自身的心理健康，必要时寻求专业心理咨询师的帮助。

（3）配合监管与考察：在缓期期间，家属应积极配合相关部门的监管和考察工作。提供犯罪分子的日常生活情况、行为表现等信息，协助相关部门全面了解犯罪分子的改造情况。同时，家属也要监督犯罪分子遵守法律法规，防止其再犯罪。

法律依据

《刑法》

第五十条 判处死刑缓期执行的，在死刑缓期执行期间，如果没有故意犯罪，二年期满以后，减为无期徒刑；如果确有重大立功表现，二年期满以后，减为二十五年有期徒刑；如果故意犯罪，情节恶劣的，报请最高人民法院核准后执行死刑；对于故意犯罪未执行死刑的，死刑缓期执行的期间重新计算，并报最高人民法院备案。

对被判处死刑缓期执行的累犯以及因故意杀人、强奸、抢劫、绑架、放火、爆炸、投放危险物质或者有组织的暴力性犯罪被判处死刑缓期执行的犯罪分子,人民法院根据犯罪情节等情况可以同时决定对其限制减刑。

第五十一条 死刑缓期执行的期间,从判决确定之日起计算。死刑缓期执行减为有期徒刑的刑期,从死刑缓期执行期满之日起计算。

第五十七条 对于被判处死刑、无期徒刑的犯罪分子,应当剥夺政治权利终身。

在死刑缓期执行减为有期徒刑或者无期徒刑减为有期徒刑的时候,应当把附加剥夺政治权利的期限改为三年以上十年以下。

151 对死刑立即执行的判决如何执行?

答 死刑立即执行,是指在对犯罪分子判处死刑的情况下,法院在判决生效后立即将犯罪分子予以处决的刑罚制度。其执行过程严谨而庄重,需要经过多个环节,以确保判决的公正性和准确性。一旦判决生效,相关部门将严格按照法律规定的时间节点和操作程序执行死刑。

解析 死刑立即执行作为最严厉的刑罚,其执行过程体现了对法律的尊重和生命价值的慎重。从判决生效到执行死刑,其间需要经过最高人民法院的核准、签发执行命令、通知同级检察院临场监督、选择执行方法等多个环节。这些规定确保了死刑执行的公正性和透明度,同时体现了对犯罪分子人权的尊重。

建议与提示 面对死刑立即执行的判决,家属往往会承受巨大的心理压力和痛苦。尽管情感上难以接受,但法律的判决是经过严格程序和证据支持的结果,希望犯罪分子及其家属都能尊重法律判决的权威性和公正性。如果认为确有疑惑与错误,应及时申诉。

法律依据

《刑法》

第四十八条 死刑只适用于罪行极其严重的犯罪分子。对于应当判处死刑的犯罪分子,如果不是必须立即执行的,可以判处死刑同时宣告缓期二年执行。

死刑除依法由最高人民法院判决的以外，都应当报请最高人民法院核准。死刑缓期执行的，可以由高级人民法院判决或者核准。

第四十九条 犯罪的时候不满十八周岁的人和审判的时候怀孕的妇女，不适用死刑。

审判的时候已满七十五周岁的人，不适用死刑，但以特别残忍手段致人死亡的除外。

《刑事诉讼法》

第二百六十一条第一款 最高人民法院判处和核准的死刑立即执行的判决，应当由最高人民法院院长签发执行死刑的命令。

第二百六十二条第一款 下级人民法院接到最高人民法院执行死刑的命令后，应当在七日以内交付执行。但是发现有下列情形之一的，应当停止执行，并且立即报告最高人民法院，由最高人民法院作出裁定：

（一）在执行前发现判决可能有错误的；

（二）在执行前罪犯揭发重大犯罪事实或者有其他重大立功表现，可能需要改判的；

（三）罪犯正在怀孕。

第二百六十三条 人民法院在交付执行死刑前，应当通知同级人民检察院派员临场监督。

死刑采用枪决或者注射等方法执行。

……

执行死刑应当公布，不应示众。

执行死刑后，在场书记员应当写成笔录。交付执行的人民法院应当将执行死刑情况报告最高人民法院。

执行死刑后，交付执行的人民法院应当通知罪犯家属。

152 对未成年人判处无期徒刑、有期徒刑的判决如何执行刑罚？

答 未成年人犯罪后，根据罪行的严重程度，可能被判处无期徒刑或有期徒刑。然而,未成年人的刑罚执行有其特殊之处,通常强调教育、改造和保护,而不是单纯的惩罚。判决后,未成年人将在专门的教育改造机构中接受教育和改造,同时保留其基本权利和生活保障。

解析 对于未成年人的刑罚执行,我国法律有明确的保护性原则。

首先,未成年人犯罪的处罚通常从轻或减轻,这体现了对未成年人的特殊保护。

其次,在执行刑罚时,注重教育改造,而非简单的惩罚。未成年人在专门的教育改造机构中,不仅应接受必要的惩罚,更重要的是接受教育和心理辅导,以使其认识到自己的错误,能够重新融入社会。

最后,对于未成年人的刑罚执行,还注重保护其基本权利和生活保障。例如,未成年人在执行刑罚期间,仍然享有受教育权、通信权等基本权利。同时,他们的生活会得到必要的保障,如提供适当的住宿、饮食和医疗等。

建议与提示 对于未成年人的家庭而言,面对孩子的犯罪和刑罚的执行,无疑是一次巨大的挑战。对于家属来说,首先,应与孩子保持积极沟通,了解他们的内心世界,帮助他们认识错误,并树立正确的价值观。其次,要关注孩子的心理健康,必要时寻求专业心理咨询师的帮助。在孩子执行完刑罚后,家长应积极引导他们回归社会。可以通过参加社区活动、志愿服务等方式,让孩子重新建立社会关系,增强社会责任感。

法律依据

《刑法》

第十七条 已满十六周岁的人犯罪,应当负刑事责任。

已满十四周岁不满十六周岁的人,犯故意杀人、故意伤害致人重伤或者死亡、强奸、抢劫、贩卖毒品、放火、爆炸、投放危险物质罪的,应当负刑事责任。

已满十二周岁不满十四周岁的人,犯故意杀人、故意伤害罪,致人死亡或者以特别残忍手段致人重伤造成严重残疾,情节恶劣,经最高人民检察院核准追诉的,应当负刑事责任。

对依照前三款规定追究刑事责任的不满十八周岁的人,应当从轻或者减轻处罚。

因不满十六周岁不予刑事处罚的，责令其父母或者其他监护人加以管教；在必要的时候，依法进行专门矫治教育。

《刑事诉讼法》

第二百八十一条 对于未成年人刑事案件，在讯问和审判的时候，应当通知未成年犯罪嫌疑人、被告人的法定代理人到场。无法通知、法定代理人不能到场或者法定代理人是共犯的，也可以通知未成年犯罪嫌疑人、被告人的其他成年亲属，所在学校、单位、居住地基层组织或者未成年人保护组织的代表到场，并将有关情况记录在案。到场的法定代理人可以代为行使未成年犯罪嫌疑人、被告人的诉讼权利。

到场的法定代理人或者其他人员认为办案人员在讯问、审判中侵犯未成年人合法权益的，可以提出意见。讯问笔录、法庭笔录应当交给到场的法定代理人或者其他人员阅读或者向他宣读。

讯问女性未成年犯罪嫌疑人，应当有女工作人员在场。

审判未成年人刑事案件，未成年被告人最后陈述后，其法定代理人可以进行补充陈述。

询问未成年被害人、证人，适用第一款、第二款、第三款的规定。

《未成年人保护法》

第一百零二条 公安机关、人民检察院、人民法院和司法行政部门办理涉及未成年人案件，应当考虑未成年人身心特点和健康成长的需要，使用未成年人能够理解的语言和表达方式，听取未成年人的意见。

第一百一十条 公安机关、人民检察院、人民法院讯问未成年犯罪嫌疑人、被告人，询问未成年被害人、证人，应当依法通知其法定代理人或者其成年亲属、所在学校的代表等合适成年人到场，并采取适当方式，在适当场所进行，保障未成年人的名誉权、隐私权和其他合法权益。

人民法院开庭审理涉及未成年人案件，未成年被害人、证人一般不出庭作证；必须出庭的，应当采取保护其隐私的技术手段和心理干预等保护措施。

153 对未成年判处管制、拘役、宣告缓刑的判决如何执行？

答 对于未成年人被判处管制、拘役或宣告缓刑的情况，其刑罚的执行一般遵循教育、感化、挽救的方针，并充分考虑未成年人的身心发展特点。执行过程中，将采取一系列措施来保障未成年人的合法权益，促进其改过自新，重新融入社会。

解析 未成年犯罪者的判决的执行，重点在于教育改造和社会融入。管制、拘役的执行会考虑未成年人的身心特点，采取适宜的教育和感化措施。宣告缓刑的，将设立考验期，其间未成年人须遵守相关规定，不得再次犯罪。同时，会加强对未成年人的保护措施，确保其合法权益不受侵犯。

建议与提示 未成年犯罪者的家属，应积极配合执行机关的工作，了解和掌握孩子的改造情况，加强与执行机关的沟通，以便共同促进孩子的教育改造。在家庭教育中加强对孩子的引导和教育，帮助孩子树立正确的世界观、人生观和价值观，培养孩子良好的道德品质和行为习惯。鼓励孩子参与社会公益活动，增强其社会责任感和法律意识，促进其重新融入社会。

法律依据

《刑法》

第三十八条 管制的期限，为三个月以上二年以下。

判处管制，可以根据犯罪情况，同时禁止犯罪分子在执行期间从事特定活动，进入特定区域、场所，接触特定的人。

对判处管制的犯罪分子，依法实行社区矫正。

违反第二款规定的禁止令的，由公安机关依照《中华人民共和国治安管理处罚法》的规定处罚。

第三十九条 被判处管制的犯罪分子，在执行期间，应当遵守下列规定：

（一）遵守法律、行政法规，服从监督；

（二）未经执行机关批准，不得行使言论、出版、集会、结社、游行、示威自由的权利；

（三）按照执行机关规定报告自己的活动情况；

（四）遵守执行机关关于会客的规定；

（五）离开所居住的市、县或者迁居，应当报经执行机关批准。

对于被判处管制的犯罪分子，在劳动中应当同工同酬。

第四十条 被判处管制的犯罪分子，管制期满，执行机关应即向本人和其所在单位或者居住地的群众宣布解除管制。

第四十三条 被判处拘役的犯罪分子，由公安机关就近执行。

在执行期间，被判处拘役的犯罪分子每月可以回家一天至两天；参加劳动的，可以酌量发给报酬。

第七十五条 被宣告缓刑的犯罪分子，应当遵守下列规定：

（一）遵守法律、行政法规，服从监督；

（二）按照考察机关的规定报告自己的活动情况；

（三）遵守考察机关关于会客的规定；

（四）离开所居住的市、县或者迁居，应当报经考察机关批准。

第七十六条 对宣告缓刑的犯罪分子，在缓刑考验期限内，依法实行社区矫正，如果没有本法第七十七条规定的情形，缓刑考验期满，原判的刑罚就不再执行，并公开予以宣告。

《刑事诉讼法》

第二百八十六条 犯罪的时候不满十八周岁，被判处五年有期徒刑以下刑罚的，应当对相关犯罪记录予以封存。

犯罪记录被封存的，不得向任何单位和个人提供，但司法机关为办案需要或者有关单位根据国家规定进行查询的除外。依法进行查询的单位，应当对被封存的犯罪记录的情况予以保密。

154 对依法不负刑事责任的精神病人的强制医疗如何执行？

答 当精神病人因不能辨认或不能控制自己的行为而造成危害时，如果经法定程序鉴定为不负刑事责任的精神病人，应依据相关法律规定进行强制医疗。强制医疗的执行需要遵循严格的法律程序，这样既能确保患者的权益得到保障，也能保障社会的安全。

解析 强制医疗的条件：首先，被强制医疗的人必须经法定程序鉴定为不负刑事责任的精神病人；其次，其实施了危害公共安全或严重危害公民人身安全的行为；最后，必须有继续危害社会的可能性。

强制医疗的决定程序：公安机关发现精神病人符合强制医疗条件的，应当出具强制医疗意见书，并移送检察院。对于公安机关移送的或者在审查起诉过程中发现的精神病人符合强制医疗条件的，检察院应当向法院提出强制医疗的申请。法院在审理案件过程中发现被告人符合强制医疗条件的，可以作出强制医疗的决定。

强制医疗的执行场所：强制医疗的决定机关为法院，执行机关为公安机关。被决定强制医疗的人应当在公安机关指定的强制医疗机构接受治疗。

强制医疗的解除程序：强制医疗机构应当定期对被强制医疗的人进行诊断评估，对于已不具有人身危险性，不需要继续强制医疗的人，应当及时提出解除意见，并报决定强制医疗的法院批准。被强制医疗的人及其近亲属有权申请解除强制医疗。

建议与提示 家属应积极配合医疗机构对精神病人的治疗，确保他们得到适当的医疗照顾以便康复。在强制医疗期间，家属应关注患者的权益保障，确保他们在医疗、生活、通信等方面得到基本保障，同时，家属应关注强制医疗的解除程序，一旦患者病情稳定，不再具有社会危险性，应及时申请解除强制医疗，保障患者回归社会的权利。

法律依据

《刑法》

第十八条第一款 精神病人在不能辨认或者不能控制自己行为的时候造成危害结果，经法定程序鉴定确认的，不负刑事责任，但是应当责令他的家属或者监护人严加看管和医疗；在必要的时候，由政府强制医疗。

《刑事诉讼法》

第三百零二条 实施暴力行为，危害公共安全或者严重危害公民人身安全，经法定程序鉴定依法不负刑事责任的精神病人，有继续危害社会可能的，可以予以强制医疗。

155 什么是剥夺政治权利？如何执行？

答 剥夺政治权利，是指依法剥夺犯罪分子一定期限内参加国家管理和政治活动权利的刑罚方法。剥夺政治权利既可以附加适用，也可以独立适用。法律规定附加适用剥夺政治权利的，一般是较重的犯罪；独立适用剥夺政治权利的，一般是较轻的犯罪。

解析 剥夺政治权利包括剥夺以下四项权利：

（1）选举权和被选举权。选举权，是指《选举法》规定的，公民可以参加选举活动，按照本人的自由意志投票选举人民代表等职务的权利，即参加投票选举的权利；被选举权，是指根据《选举法》的规定，公民可以被提名为人民代表等职务的候选人，当选为人民代表等职务的权利。

（2）言论、出版、集会、结社、游行、示威自由的权利。言论自由，是指公民以言语表达意思的自由；出版自由，是指以文字、音像、绘画等形式出版作品，向社会表达思想的自由；结社自由，是指公民为一定宗旨组成某种社会组织的自由；集会自由和游行、示威自由，都是公民表达自己见解和意愿的自由，只是表达的方式不同。这6项自由，是我国《宪法》规定的公民的基本政治自由，是人民发表意见、参加政治活动和国家管理的自由权利，被依法剥夺政治权利的人不能行使这些自由。

（3）担任国家机关职务的权利。国家机关包括国家各级权力机关、行政机关、司法机关、监察机关以及军事机关。担任国家机关职务，是指在上述国家机关中担任领导、管理以及其他工作职务。也就是说，被剥夺政治权利的人，不能担任国家机关中的任何职务。

（4）担任国有公司、企业、事业单位和人民团体领导职务的权利。被剥夺政治权利的人可以在国有公司、企业、事业单位和人民团体中继续工作，但是不能担任领导职务。

对犯罪分子判处剥夺政治权利的刑罚时，应当根据犯罪的性质、危害程度以及情节轻重，决定剥夺政治权利的期限，尤其是附加剥夺政治权利的刑期，应与所判处的主刑轻重相适应。

剥夺政治权利的执行期限和方式根据判决的具体情况有所不同，具体如下：

（1）独立适用剥夺政治权利的，应按照执行判决的一般原则，从判决执行之日起计算并执行。

（2）被判处管制附加剥夺政治权利的刑期，应与管制的期限同时起算、同时执行。

（3）被判处有期徒刑、拘役附加剥夺政治权利的刑期，以及死缓、无期徒刑减为有期徒刑附加剥夺政治权利的刑期，应从徒刑、拘役执行完毕之日起或者从假释之日起开始计算；剥夺政治权利的效力当然适用于主刑执行期间。

（4）被判处死刑、无期徒刑因而剥夺政治权利终身的，应从主刑执行之日起开始执行剥夺政治权利的刑罚。

除剥夺政治权利终身的以外，剥夺政治权利的期限届满时，应宣布恢复政治权利；恢复政治权利后，便可享有法律赋予的政治权利。

建议与提示 虽然剥夺政治权利的期限届满时会恢复政治权利的享有与行使（除剥夺政治权利终身的以外），但有的政治权利可能会因为法律的特别规定而不再享有。例如，根据《人民法院组织法》《检察官法》的规定，受过刑事处罚的人（当然包括被剥夺过政治权利的人），不能担任法官、检察官，因此，公民一旦触犯《刑法》并被裁定有罪，可能带来终身的就业影响或某些公民权利的丧失。每个公民都应该在法律许可的范围内行使其公民权利，切不可触犯《刑法》，以免带来终身影响。

法律依据

《刑法》

第五十四条 剥夺政治权利是剥夺下列权利：

（一）选举权和被选举权；

（二）言论、出版、集会、结社、游行、示威自由的权利；

（三）担任国家机关职务的权利；

（四）担任国有公司、企业、事业单位和人民团体领导职务的权利。

第五十五条 剥夺政治权利的期限，除本法第五十七条规定外，为一年以上五年以下。

判处管制附加剥夺政治权利的，剥夺政治权利的期限与管制的期限相等，同时执行。

第五十六条 对于危害国家安全的犯罪分子应当附加剥夺政治权利；对于故意杀人、强奸、放火、爆炸、投毒、抢劫等严重破坏社会秩序的犯罪分子，可以附加剥夺政治权利。

独立适用剥夺政治权利的，依照本法分则的规定。

第五十七条 对于被判处死刑、无期徒刑的犯罪分子，应当剥夺政治权利终身。

在死刑缓期执行减为有期徒刑或者无期徒刑减为有期徒刑的时候，应当把附加剥夺政治权利的期限改为三年以上十年以下。

第五十八条 附加剥夺政治权利的刑期，从徒刑、拘役执行完毕之日或者从假释之日起计算；剥夺政治权利的效力当然施用于主刑执行期间。

被剥夺政治权利的犯罪分子，在执行期间，应当遵守法律、行政法规和国务院公安部门有关监督管理的规定，服从监督；不得行使本法第五十四条规定的各项权利。

《刑事诉讼法》

第二百七十条 对被判处剥夺政治权利的罪犯，由公安机关执行。执行期满，应当由执行机关书面通知本人及其所在单位、居住地基层组织。

156 什么是没收财产？如何执行？

答 没收财产，是指法院依据《刑法》的规定，将犯罪分子所有财产的一部分或者全部强制无偿地收归国有的刑罚方法。

没收财产的执行主要包括以下几个步骤：对犯罪分子的正当债务进行清偿，并为犯罪分子个人及其扶养的家属保留必需的生活费用，然后由法院对犯罪分子的财产进行查封、冻结、拍卖，并收归国库。

解析 没收财产刑罚的适用对象主要是危害国家安全的犯罪分子和严

重破坏社会秩序的犯罪分子以及严重贪污、盗窃、抢劫、抢夺、诈骗、敲诈勒索、聚众赌博等犯罪分子。

没收财产的执行程序通常由法院负责执行，并在必要的时候，可以会同公安机关执行。

建议与提示 在司法机关执行没收财产的过程中，家属应当积极配合相关部门的工作，同时可以依法维护自己的合法权益。对于不属于犯罪分子个人所有或者应有的财产，应积极提供相应的证据并作出及时的说明，避免造成不必要的损失。

同时犯罪分子有权要求保留个人的生活费用，并要求保留其扶养的家属的生活费用。必要时可以依法提出申诉或寻求法律援助。

法律依据

《刑法》

第五十九条 没收财产是没收犯罪分子个人所有财产的一部或者全部。没收全部财产的，应当对犯罪分子个人及其扶养的家属保留必需的生活费用。

在判处没收财产的时候，不得没收属于犯罪分子家属所有或者应有的财产。

第六十条 没收财产以前犯罪分子所负的正当债务，需要以没收的财产偿还的，经债权人请求，应当偿还。

《刑事诉讼法》

第二百七十二条 没收财产的判决，无论附加适用或者独立适用，都由人民法院执行；在必要的时候，可以会同公安机关执行。

157 法院判处罚金是什么意思？如何执行？

答 法院判处罚金，是指在刑事诉讼中，法院根据被告人犯罪的事实、性质、情节和对社会的危害程度，判处犯罪分子向国家缴纳一定数额金钱的刑罚方法，属于财产刑的一种。罚金是一种附加刑，通常是在法院的判决生效后，由法院的执行部门负责具体执行。

解析 在具体执行罚金时，法院会根据判决书中确定的罚金数额和缴纳期限，通知被告人限期缴纳。如果被告人在规定期限内未缴纳罚金，法院可以采取强制措施进行执行，如查封、扣押、拍卖财产等。在司法实践中，从有利于判决执行的角度出发，法院在裁量罚金数额时会考虑犯罪分子缴纳罚金的能力。

建议与提示 判处罚金主要适用于经济犯罪、财产型犯罪以及其他一些故意犯罪，其目的既有经济惩罚性质，亦有剥夺犯罪分子继续犯罪的经济基础的性质。但如果罚金过高超过犯罪分子个人的承受能力，甚至拖累其家庭，亦不利于犯罪分子的教育改造，因此，在案件审理中，辩护人亦应就财产刑的处理根据案件情节及犯罪分子的财产承受能力，一并发表相应的辩护意见，以维护犯罪分子及其家属的合法权益。涉案当事人及其家属亦应及时就自己及家庭的财产状况提供真实的信息与材料，便于法庭作出公正合理的判决。

法律依据

《刑法》

第三十四条 附加刑的种类如下：

（一）罚金；

（二）剥夺政治权利；

（三）没收财产。

附加刑也可以独立适用。

第五十二条 判处罚金，应当根据犯罪情节决定罚金数额。

第五十三条 罚金在判决指定的期限内一次或者分期缴纳。期满不缴纳的，强制缴纳。对于不能全部缴纳罚金的，人民法院在任何时候发现被执行人有可以执行的财产，应当随时追缴。

由于遭遇不能抗拒的灾祸等原因缴纳确实有困难的，经人民法院裁定，可以延期缴纳、酌情减少或者免除。

《刑事诉讼法》

第二百七十一条　被判处罚金的罪犯，期满不缴纳的，人民法院应当强制缴纳；如果由于遭遇不能抗拒的灾祸等原因缴纳确实有困难的，经人民法院裁定，可以延期缴纳、酌情减少或者免除。

158 刑事附带民事诉讼的判决如何执行？

答 刑事附带民事诉讼，是指司法机关在刑事诉讼过程中，在解决被告人刑事责任问题的同时，附带解决因被告人的犯罪行为所造成的物质损失的赔偿问题而进行的诉讼活动。

附带民事诉讼在整个刑事诉讼过程中都可以提起，如刑事案件已审结，则应单独作为民事案件审理。一般情况下附带民事诉讼应同刑事案件一并审判，但有时为防止刑事案件审判的过分延迟，也可以在刑事案件审判后，由同一审判组织继续审理附带民事诉讼部分。

刑事附带民事的判决，由法院执行。执行法院可以采取多种措施来确保判决的执行，包括但不限于查封、扣押、拍卖被执行人的财产，冻结被执行人的银行存款，限制被执行人出境等。同时，执行法院还会对被执行人的财产状况进行调查，以确保判决能够得到充分执行。

解析 法院执行刑事附带民事判决，包括申请执行、立案、执行等阶段。申请人需要依照已生效的裁判文书，向一审法院或者与一审法院同级的被执行的财产所在地的法院提出执行申请。法院在接到申请后，会进行立案审查，并依法启动执行程序。

在法院执行过程中，被执行人或利害关系人对执行有异议的，可以向执行法院提出书面异议。执行法院在收到异议后，会进行审查，并在规定时间内作出处理。此外，被执行人认为执行行为违反法律规定的，还可以依法向上一级法院申请复议。

建议与提示 作为刑事附带民事诉讼的权利人或其家属，应当了解执行程序的相关规定，以便在判决生效后能够及时申请执行，保障自身合法权益的实现。无论是执行申请人还是被执行人，在执行过程中遇到困难或问题时,均可以寻求法律援助,向律师或法律服务机构咨询相关法律问题,或者聘请律师代理其法律事务,以便更好地维护自身合法权益。

法律依据

《刑事诉讼法》

第一百零一条 被害人由于被告人的犯罪行为而遭受物质损失的,在刑事诉讼过程中,有权提起附带民事诉讼。被害人死亡或者丧失行为能力的,被害人的法定代理人、近亲属有权提起附带民事诉讼。

如果是国家财产、集体财产遭受损失的,人民检察院在提起公诉的时候,可以提起附带民事诉讼。

第一百零二条 人民法院在必要的时候,可以采取保全措施,查封、扣押或者冻结被告人的财产。附带民事诉讼原告人或者人民检察院可以申请人民法院采取保全措施。人民法院采取保全措施,适用民事诉讼法的有关规定。

第一百零三条 人民法院审理附带民事诉讼案件,可以进行调解,或者根据物质损失情况作出判决、裁定。

第一百零四条 附带民事诉讼应当同刑事案件一并审判,只有为了防止刑事案件审判的过分迟延,才可以在刑事案件审判后,由同一审判组织继续审理附带民事诉讼。

《民事诉讼法》

第二百三十五条第一款 发生法律效力的民事判决、裁定,以及刑事判决、裁定中的财产部分,由第一审人民法院或者与第一审人民法院同级的被执行的财产所在地人民法院执行。

159 哪些情形可以暂予监外执行?

答 被判处有期徒刑或者拘役的,有以下情形可以暂予监外执行:(1)有严重疾病需要保外就医的;(2)怀孕或者正在哺乳自己婴儿的妇女;

(3)生活不能自理,适用暂予监外执行不致危害社会的罪犯。

解析 需要注意的是,被判处无期徒刑的罪犯,系怀孕或者正在哺乳自己婴儿的妇女,也可以暂予监外执行。但是,对适用保外就医可能有社会危险性的罪犯,或者自伤自残的罪犯,不得保外就医。

有严重疾病需要保外就医中的"严重疾病"通常是指危及生命安全的疾病,如癌症晚期、严重的心脑血管疾病等。需要由省级人民政府指定的医院开具证明文件。对于怀孕或者正在哺乳自己婴儿的妇女可以暂予监外执行,是基于人道主义和保障妇女及婴儿权益的考虑。这里的"哺乳"一般指的是被哺育的婴儿在一周岁以内的时期。生活不能自理,适用暂予监外执行不致危害社会,通常是指罪犯因为年老、年幼、身体残疾等,无法自主生活,且其暂予监外执行不会对社会造成危害。

需要强调的是,暂予监外执行是一种例外措施,其适用需要严格遵循法律规定,同时确保不会对社会造成不良影响。

此外,暂予监外执行的决定由法院作出,公安机关负责执行,其间仍须遵守相关法律规定,一旦暂予监外执行的条件消失,罪犯仍需要回归监所继续执行刑罚。

建议与提示 对于有严重疾病的罪犯,家属应积极协助其准备相关医疗证明文件,确保暂予监外执行的申请能够得到法院的认可。

法律依据

《刑事诉讼法》

第二百六十五条 对被判处有期徒刑或者拘役的罪犯,有下列情形之一的,可以暂予监外执行:

(一)有严重疾病需要保外就医的;

(二)怀孕或者正在哺乳自己婴儿的妇女;

(三)生活不能自理,适用暂予监外执行不致危害社会的。

对被判处无期徒刑的罪犯,有前款第二项规定情形的,可以暂予监外执行。

对适用保外就医可能有社会危险性的罪犯,或者自伤自残的罪犯,不得保外就医。

对罪犯确有严重疾病,必须保外就医的,由省级人民政府指定的医院诊断并开具证明文件。

在交付执行前,暂予监外执行由交付执行的人民法院决定;在交付执行后,暂予监外执行由监狱或者看守所提出书面意见,报省级以上监狱管理机关或者设区的市一级以上公安机关批准。

第二百六十八条 对暂予监外执行的罪犯,有下列情形之一的,应当及时收监:

(一)发现不符合暂予监外执行条件的;

(二)严重违反有关暂予监外执行监督管理规定的;

(三)暂予监外执行的情形消失后,罪犯刑期未满的。

对于人民法院决定暂予监外执行的罪犯应当予以收监的,由人民法院作出决定,将有关的法律文书送达公安机关、监狱或者其他执行机关。

不符合暂予监外执行条件的罪犯通过贿赂等非法手段被暂予监外执行的,在监外执行的期间不计入执行刑期。罪犯在暂予监外执行期间脱逃的,脱逃的期间不计入执行刑期。

罪犯在暂予监外执行期间死亡的,执行机关应当及时通知监狱或者看守所。

第二百六十九条 对被判处管制、宣告缓刑、假释或者暂予监外执行的罪犯,依法实行社区矫正,由社区矫正机构负责执行。

160 哪些情形可以减刑?

答 被判处管制、拘役、有期徒刑、无期徒刑的犯罪分子,在执行期间,认真遵守监规,接受教育改造,确有悔改表现的,或者有立功表现的,可以减刑。

有下列重大立功表现之一的,应当减刑:(1)阻止他人重大犯罪活动的;(2)检举监狱内外重大犯罪活动,经查证属实的;(3)有发明创造或者重大技术革新的;(4)在日常生产、生活中舍己救人的;(5)在抗御自然灾害或者排除重大事故中,有突出表现的;(6)对国家和社会有其他重大贡献的。

减刑以后实际执行的刑期,判处管制、拘役、有期徒刑的,不能少于原判刑期的1/2;判处无期徒刑的,不能少于13年。

解析 犯罪分子在服刑期间能够认识到自己的错误,遵守监规,接受教育改造,并且表现出真诚的悔改态度,可以认定为有悔改表现。这要求犯罪分子不仅要口头认错,更要在行动上有所体现,如遵守监规、积极参加改造等。

犯罪分子在执行期间,如果通过自身的努力或者其他方式,为国家、社会或者他人作出了积极贡献,可以认定为有立功表现。立功表现的形式多种多样,如揭发他人的犯罪行为、提供破案线索、协助司法机关抓捕罪犯等。

重大立功表现是相对一般立功表现而言的,它要求犯罪分子所做出的贡献必须达到一定的程度。如阻止他人重大犯罪活动、检举监狱内外重大犯罪活动等,都属于重大立功表现的范畴。

建议与提示 刑罚的终极目的不是惩罚,而是教育、改造与挽救。因此,作为家属应鼓励犯罪分子积极接受教育改造,认识到自己的错误,并努力改正。同时,家属可以积极与司法机关保持沟通,了解犯罪分子的改造情况,为其提供帮助和支持,以争取获得减刑,帮助其早日回归社会。

法律依据

《刑法》

第七十八条　被判处管制、拘役、有期徒刑、无期徒刑的犯罪分子,在执行期间,如果认真遵守监规,接受教育改造,确有悔改表现的,或者有立功表现的,可以减刑;有下列重大立功表现之一的,应当减刑:

(一)阻止他人重大犯罪活动的;

(二)检举监狱内外重大犯罪活动,经查证属实的;

(三)有发明创造或者重大技术革新的;

(四)在日常生产、生活中舍己救人的;

(五)在抗御自然灾害或者排除重大事故中,有突出表现的;

(六)对国家和社会有其他重大贡献的。

减刑以后实际执行的刑期不能少于下列期限:

（一）判处管制、拘役、有期徒刑的，不能少于原判刑期的二分之一；

（二）判处无期徒刑的，不能少于十三年；

（三）人民法院依照本法第五十条第二款规定限制减刑的死刑缓期执行的犯罪分子，缓期执行期满后依法减为无期徒刑的，不能少于二十五年，缓期执行期满后依法减为二十五年有期徒刑的，不能少于二十年。

161 服刑过程中的减刑由哪个部门负责？

答 服刑过程中的减刑主要是由法院负责，同时监狱和检察院也参与其中。

解析 具体而言，服刑过程中的减刑，是由刑罚执行机关（通常是监狱）提出减刑建议书，然后报送法院进行裁定。这表明法院在减刑过程中具有最终的裁定权。同时，检察院对减刑过程具有监督权。如果检察院认为法院减刑的裁定不当，可以提出书面纠正意见。这种制度安排旨在确保减刑过程的公正性、专业性和合法性。

建议与提示 减刑并不意味着罪犯可以提前无条件释放，而是根据罪犯在服刑期间的表现和改造程度，在一定幅度内减少其应服刑期。

法律依据

《刑法》

第七十九条 对于犯罪分子的减刑，由执行机关向中级以上人民法院提出减刑建议书。人民法院应当组成合议庭进行审理，对确有悔改或者立功事实的，裁定予以减刑。非经法定程序不得减刑。

162 被减刑后，是否还会被撤销减刑？

答 被减刑后，一般情况下，减刑不会被撤销。但是，在一些特定情况下，减刑可能会被撤销。这主要取决于减刑的条件是否依然满足，以及犯罪分子是否重新犯罪或存在其他违反监规的行为。

解析 检察院发现已经生效的减刑裁定确有错误的，应当向法院提出纠正意见，提请法院重新审理并作出裁定。如果罪犯是基于认真遵守监规、接受教育改造、确有悔改表现而减刑，但在获得减刑后消极对抗、违反监规、不服管教甚至犯罪的，这足以表明罪犯其实并无悔改，或者减刑依据没有真实反映罪犯的悔改程度。在这种情况下，减刑就可能被撤销或变更。如果罪犯是基于立功而减刑，但后来发现其立功是虚假的、不真实的，那么就与减刑条件相悖，说明减刑适用错误，应当予以纠正。

建议与提示 获得减刑之后，犯罪分子应严格遵守监规，避免重新犯罪或违反相关规定，以维护减刑的成果。

法律依据

《刑事诉讼法》

第二百七十四条 人民检察院认为人民法院减刑、假释的裁定不当，应当在收到裁定书副本后二十日以内，向人民法院提出书面纠正意见。人民法院应当在收到纠正意见后一个月以内重新组成合议庭进行审理，作出最终裁定。

第二百七十六条 人民检察院对执行机关执行刑罚的活动是否合法实行监督。如果发现有违法的情况，应当通知执行机关纠正。

最高人民检察院《关于印发〈人民检察院办理减刑、假释案件规定〉的通知》

第二十条 人民检察院经审查认为人民法院减刑、假释裁定不当的，应当在收到裁定书副本后二十日以内，依法向作出减刑、假释裁定的人民法院提出书面纠正意见。

第二十一条 人民检察院对人民法院减刑、假释裁定提出纠正意见的，应当监督人民法院在收到纠正意见后一个月以内重新组成合议庭进行审理并作出最终裁定。

第二十二条 人民检察院发现人民法院已经生效的减刑、假释裁定确有错误的，应当向人民法院提出书面纠正意见，提请人民法院按照审判监督程序依法另行组成合议庭重新审理并作出裁定。

第二十三条 人民检察院收到控告、举报或者发现司法工作人员在办理减刑、假释案件中涉嫌违法的，应当依法进行调查，并根据情况，向有关单位提出纠正违法意见，建议更换办案人，或者建议予以纪律处分；构成犯罪的，依法追究刑事责任。

163 符合哪些条件可以假释？

答 犯罪分子被判处有期徒刑、无期徒刑，执行了一定刑期，其间，认真遵守监规，接受教育改造，确有悔改表现，没有再犯罪的危险时，可以适用假释。

解析 假释是附条件地将犯罪分子予以提前释放的制度。

假释的适用条件中，“认真遵守监规，接受教育改造，确有悔改表现，没有再犯罪的危险”是假释的核心条件，这要求犯罪分子不仅在行为上遵守监规，而且在思想上有深刻的反省和转变。

建议与提示 服刑中的犯罪分子，或家属均应及时学习与了解有关假释的法律规定，对于确实符合假释条件的，依法及时提出申请。

法律依据

《刑法》

第八十一条 被判处有期徒刑的犯罪分子，执行原判刑期二分之一以上，被判处无期徒刑的犯罪分子，实际执行十三年以上，如果认真遵守监规，接受教育改造，确有悔改表现，没有再犯罪的危险的，可以假释。如果有特殊情况，经最高人民法院核准，可以不受上述执行刑期的限制。

对累犯以及因故意杀人、强奸、抢劫、绑架、放火、爆炸、投放危险物质或者有组织的暴力性犯罪被判处十年以上有期徒刑、无期徒刑的犯罪分子，不得假释。

对犯罪分子决定假释时，应当考虑其假释后对所居住社区的影响。

第八十二条 对于犯罪分子的假释，依照本法第七十九条规定的程序进行。非经法定程序不得假释。

第八十三条 有期徒刑的假释考验期限，为没有执行完毕的刑期；无期徒刑的假释考验期限为十年。

假释考验期限，从假释之日起计算。

第八十五条 对假释的犯罪分子，在假释考验期限内，依法实行社区矫正，如果没有本法第八十六条规定的情形，假释考验期满，就认为原判刑罚已经执行完毕，并公开予以宣告。

164 哪些情形会被撤销假释？

答 会被撤销假释的情形有以下三种：(1)在假释考验期限内犯新罪的；(2)在假释考验期限内，发现被假释的犯罪分子在判决宣告以前还有其他罪没有判决的；(3)在假释考验期限内，有违反法律、行政法规或者国务院有关部门关于假释的监督管理规定的行为，尚未构成新的犯罪的。

解析 如果在假释考验期限内，发现被假释的犯罪分子犯有新罪，或者在判决宣告前还有其他罪未判决，都应当撤销假释。新罪的认定须符合刑法关于犯罪构成的要件，而漏罪则是指在原判决宣告前已经实施但未被发现的犯罪。

建议与提示 假释人员应严格遵守法律法规和监管要求，不得从事任何违法活动。同时，对于假释人员可能遇到的困难和问题，家属可积极协助并通过合法途径解决，必要时亦可向法律专业人士咨询了解，防止其因无法适应社会而再次走上犯罪的道路。

法律依据

《刑法》

第七十条 判决宣告以后，刑罚执行完毕以前，发现被判刑的犯罪分子在判决宣告以前还有其他罪没有判决的，应当对新发现的罪作出判决，把前后两个判决所判处的刑罚，依照本法第六十九条的规定，决定执行的刑罚。已经执行的刑期，应当计算在新判决决定的刑期以内。

第七十一条 判决宣告以后，刑罚执行完毕以前，被判刑的犯罪分子又犯罪的，应当对新犯的罪作出判决，把前罪没有执行的刑罚和后罪所判处的刑罚，依照本法第六十九条的规定，决定执行的刑罚。

第八十四条 被宣告假释的犯罪分子，应当遵守下列规定：

（一）遵守法律、行政法规，服从监督；

（二）按照监督机关的规定报告自己的活动情况；

（三）遵守监督机关关于会客的规定；

（四）离开所居住的市、县或者迁居，应当报经监督机关批准。

第八十六条 被假释的犯罪分子，在假释考验期限内犯新罪，应当撤销假释，依照本法第七十一条的规定实行数罪并罚。

在假释考验期限内，发现被假释的犯罪分子在判决宣告以前还有其他罪没有判决的，应当撤销假释，依照本法第七十条的规定实行数罪并罚。

被假释的犯罪分子，在假释考验期限内，有违反法律、行政法规或者国务院有关部门关于假释的监督管理规定的行为，尚未构成新的犯罪的，应当依照法定程序撤销假释，收监执行未执行完毕的刑罚。

《刑事诉讼法》

第二百七十四条 人民检察院认为人民法院减刑、假释的裁定不当，应当在收到裁定书副本后二十日以内，向人民法院提出书面纠正意见。人民法院应当在收到纠正意见后一个月以内重新组成合议庭进行审理，作出最终裁定。

第二百七十六条 人民检察院对执行机关执行刑罚的活动是否合法实行监督。如果发现有违法的情况，应当通知执行机关纠正。

165 法院作出判决后，多久会将犯罪分子送交监狱？

答 法院在判决生效后 10 日内应将执行通知书、判决书等有关的法律文书送达羁押该罪犯的公安机关,公安机关应在收到执行通知书、判决书之日起1个月内将该罪犯送交监狱执行刑罚。

解析 法院作出判决并不代表判决即刻生效。

如果被告人在法定期限内没有对一审判决提起上诉,或同级检察院没有对一审判决提起抗诉,则该一审判决生效。

如果有上诉或者抗诉,就要等待二审法院的裁判结果。二审法院维持原判或改判的,则其作出的二审判决就是生效判决,且自送达之日起生效。二审法院发回重审的,要根据重新审理的情况才能确定判决生效时间。如果是判处死刑缓期2年执行的案件,则其判决要等高级人民法院核准后才能生效,即自高级人民法院核准裁定送达之日起生效。而只有生效的判决才具有执行效力,才能将罪犯交付执行刑罚。依照法律的规定,法院应当在判决生效后10日以内将执行通知书、判决书送达羁押该罪犯的公安机关,公安机关应当在收到执行通知书、判决书之日起1个月内将该罪犯送交监狱执行刑罚。

建议与提示 依照法律的规定,对被判处死刑缓期二年执行、无期徒刑、有期徒刑的罪犯,应当送往监狱执行刑罚。但如果被交付执行刑罚前,剩余刑期在3个月以下,则可以由看守所代为执行。

法律依据

《刑事诉讼法》

第二百六十四条 罪犯被交付执行刑罚的时候,应当由交付执行的人民法院在判决生效后十日以内将有关的法律文书送达公安机关、监狱或者其他执行机关。

对被判处死刑缓期二年执行、无期徒刑、有期徒刑的罪犯,由公安机关依法将该罪犯送交监狱执行刑罚。对被判处有期徒刑的罪犯,在被交付执行刑罚前,剩余刑期在三个月以下的,由看守所代为执行。对被判处拘役的罪犯,由公安机关执行。

对未成年犯应当在未成年犯管教所执行刑罚。

执行机关应当将罪犯及时收押,并且通知罪犯家属。

判处有期徒刑、拘役的罪犯,执行期满,应当由执行机关发给释放证明书。

《监狱法》

第十五条 人民法院对被判处死刑缓期二年执行、无期徒刑、有期徒刑的罪犯,应当将执行通知书、判决书送达羁押该罪犯的公安机关,公安机关应当自收到执行通知书、判决书之日起一个月内将该罪犯送交监狱执行刑罚。

罪犯在被交付执行刑罚前,剩余刑期在三个月以下的,由看守所代为执行。

166 什么是生效判决?

答 生效判决书又称发生法律效力的判决书,是指法院就诉讼案件的实体问题所作的具有强制执行效力的决定的法律文书。

解析 我国实行两审终审制度,即一起案件经过两级法院审判终结审判。例如,地方各级法院依照管辖规定对由其审判的一审案件作出判决或裁定以后,若当事人不服,可以在法定期限内向上一级法院提起上诉;若同级的检察院不服,可以在法定期限内向上一级法院提起抗诉。上一级法院受理上诉或抗诉后,通过对案件的审理,改变或维持一审法院的判决或裁定。此时,上级法院的二审判决、裁定,就是终审判决、裁定,当事人或检察院不得再上诉或抗诉。

若当事人或检察院没有在法律规定的期限内向一审法院的上一级法院提起上诉或抗诉,则在上诉期限或抗诉期限到期后,一审法院的判决、裁定就是终审判决、裁定。

建议与提示 在收到法院的一审判决时,一定要特别留意具体案件的上诉期限,防止错过上诉期。刑事案件一审判决的上诉和抗诉期限是 10 天,自收到判决书的第 2 日开始计算。如在法律规定的上诉期限内没有对一审判决提起上诉(检察院也没有抗诉),则到期后该一审判决就是生效判决。

法律依据

《刑事诉讼法》

第十条 人民法院审判案件，实行两审终审制。

第二百三十条 不服判决的上诉和抗诉的期限为十日，不服裁定的上诉和抗诉的期限为五日，从接到判决书、裁定书的第二日起算。

第二百五十九条 判决和裁定在发生法律效力后执行。

下列判决和裁定是发生法律效力的判决和裁定：

（一）已过法定期限没有上诉、抗诉的判决和裁定；

（二）终审的判决和裁定；

（三）最高人民法院核准的死刑的判决和高级人民法院核准的死刑缓期二年执行的判决。

167 服刑中的人可以结婚吗？

答 可以结婚。

解析 服刑中的人只是因其犯罪行为而被判处了刑罚，但并未被剥夺婚姻自由的权利，法律也没有禁止服刑人员不能登记结婚，因此只要符合法律规定的结婚条件，在服刑期间也是可以登记结婚的。

根据民政部《关于贯彻执行〈婚姻登记条例〉若干问题的意见》，公民申请办理婚姻登记，应当亲自到婚姻登记机关提出申请。但是被判处执行刑罚的服刑人员的人身自由受到限制，通常无法亲自前往婚姻登记机关办理手续，因此，虽然服刑人员在理论上是可以结婚的，但在实际操作中面临着很大的困难。该类人员想登记结婚的，必要时可与当地监管机关、民政部门、公证部门协调办理。

建议与提示 由于被判处实际刑罚的服刑人员的人身自由受到限制，建议服刑人员的伴侣向其常住户口所在地的民政部门或者服刑人员监狱所在地的民政部门咨询，看是否可以指派工作人员协助前往监狱进行婚姻登记。

法律依据

《民法典》

第一千零四十九条 要求结婚的男女双方应当亲自到婚姻登记机关申请结婚登记。符合本法规定的，予以登记，发给结婚证。完成结婚登记，即确立婚姻关系。未办理结婚登记的，应当补办登记。

民政部《关于贯彻执行〈婚姻登记条例〉若干问题的意见》

十、关于服刑人员的婚姻登记问题

服刑人员申请办理婚姻登记，应当亲自到婚姻登记机关提出申请并出具有效的身份证件；服刑人员无法出具身份证件的，可由监狱管理部门出具有关证明材料。

办理服刑人员婚姻登记的机关可以是一方当事人常住户口所在地或服刑监狱所在地的婚姻登记机关。

168 犯罪嫌疑人被拘留或被判刑后，还可以行使民事权利吗？

答 犯罪嫌疑人被拘留或被判刑，并不影响其民事权利的行使，其仍然享有公民的民事权利，可委托近亲属或者委托律师代为行使。

解析 公民的民事权利不会因为刑事犯罪而当然丧失，若经法院判决被剥夺政治权利，亦不影响民事权利的享有与行使。

建议与提示 依照《宪法》的规定，我国公民享有以下权利：(1)政治权利与自由，如选举权和被选举权、政治自由等；(2)人身与人格权，涵盖生命权、身体权、健康权、姓名权、肖像权、名誉权、荣誉权、隐私权等；(3)社会经济权利，包括劳动权利、休息权利、社会保障权利；(4)社会文化权利与自由，如受教育权、文化自由；(5)其他权利，如监督权、妇女保护权、婚姻家庭保护权及华侨归侨侨眷权益。除被判决剥夺政治权利的外，服刑人员依然享有其他权利是，在服刑期间，除文化自由、通讯自由等要遵守服刑监管机关的管理外,服刑人员仍然可以有效行使自己的民事权利,服刑人员的家属也可以积极协助服刑人员行使好自己的合法权益,以利于服刑人员的教育改造。

法律依据

《宪法》

第三十三条 凡具有中华人民共和国国籍的人都是中华人民共和国公民。

中华人民共和国公民在法律面前一律平等。

国家尊重和保障人权。

任何公民享有宪法和法律规定的权利,同时必须履行宪法和法律规定的义务。

《民法典》

第十四条 自然人的民事权利能力一律平等。

《刑法》

第五十四条 剥夺政治权利是剥夺下列权利:

(一)选举权和被选举权;

(二)言论、出版、集会、结社、游行、示威自由的权利;

(三)担任国家机关职务的权利;

(四)担任国有公司、企业、事业单位和人民团体领导职务的权利。

附录1

法律文书样式

受案登记表

（受案单位名称和印章） ×公（ ）受案字〔 〕 号

<table>
<tr><td>案件来源</td><td colspan="7">□110 指令□工作中发现□报案□投案□移送□扭送□其他</td></tr>
<tr><td rowspan="4">报案人</td><td>姓 名</td><td></td><td>性别</td><td></td><td>出生日期</td><td colspan="2"></td></tr>
<tr><td>身份证件种类</td><td></td><td colspan="2">证件号码</td><td colspan="3"></td></tr>
<tr><td>工作单位</td><td colspan="2"></td><td>联系方式</td><td colspan="3"></td></tr>
<tr><td>现住址</td><td colspan="6"></td></tr>
<tr><td>移送单位</td><td></td><td>移送人</td><td></td><td>联系方式</td><td colspan="3"></td></tr>
<tr><td>接报民警</td><td></td><td>接报时间</td><td>年 月 日
时 分</td><td>接报
地点</td><td colspan="3"></td></tr>
<tr><td colspan="8">简要案情或者报案记录（发案时间、地点、简要过程、涉案人基本情况、受害情况等）以及是否接受证据：</td></tr>
<tr><td>受案
意见</td><td colspan="7">□属本单位管辖的行政案件，建议及时调查处理
□属本单位管辖的刑事案件，建议及时立案侦查
□不属于本单位管辖，建议移送____________处理
□不属于公安机关职责范围，不予调查处理并当场书面告知当事人
□其他______________
受案民警： 年 月 日</td></tr>
<tr><td>受案
审批</td><td colspan="7">

受案部门负责人： 年 月 日</td></tr>
</table>

一式两份，一份留存，一份附卷。

受 案 回 执

____________________：

你(单位)于______年______月____日报称的____一案我单位已受理(受案登记表文号为×公(　　)受案字〔　　〕　号)。

你(单位)可通过__________________________________查询案件进展情况。

联系人、联系方式：__________________________。

受案单位(印)

年　月　日

报案人、控告人、

举报人、扭送人：

年　　月　　日

×××公安局

拘传证

×公（ ）拘传字〔 〕 号

根据《中华人民共和国刑事诉讼法》第六十六条之规定，兹决定对犯罪嫌疑人________________（性别____，出生日期________________，住址____________________________________）执行拘传。

公安局（印）

年 月 日

本证已于______年____月____日____时向我宣布。

被拘传人： （捺指印）

拘传到案时间__________年______月______日____时。

被拘传人： （捺指印）

拘传结束时间__________年______月______日____时。

被拘传人： （捺指印）

×××公安局

取保候审决定书

×公（ ）取保字〔 〕 号

犯罪嫌疑人__________性别____，出生日期__________，

住址______________________________，

单位及职业______________________________，

联系方式______________________________。

我局正在侦查______________________________案，

因犯罪嫌疑人______________________________

______________________________，

根据《中华人民共和国刑事诉讼法》第____条之规定，决定对其取保候审，期限从______年____月____日起算。犯罪嫌疑人应当接受保证人__________________的监督/交纳保证金（大写）________元。

公安局（印）

年 月 日

× × × 公安局

解除取保候审决定书

×公(　)解保字〔　　〕号

被取保候审人＿＿＿＿＿＿＿＿，性别＿＿，出生日期＿＿＿＿＿＿，住址＿＿＿＿＿＿＿＿＿＿＿＿＿＿＿＿＿＿＿＿＿＿＿＿＿＿＿。

我局于＿＿年＿＿月＿＿日起对其执行取保候审，现因＿＿＿＿＿＿＿＿＿＿＿＿＿＿＿＿＿＿＿＿＿＿＿＿＿＿＿＿＿＿＿＿＿＿＿＿，根据《中华人民共和国刑事诉讼法》第七十九条第二款之规定，决定予以解除。

公安局(印)

年　月　日

× × × 公安局

拘留通知书

×公(　)拘通字〔　　〕号

____________________:

根据《中华人民共和国刑事诉讼法》第________条之规定,我局已于______年____月__日__时将涉嫌____________________________罪的______________刑事拘留,现羁押在________________看守所。

公安局(印)

年　月　日

注:看守所地址____

× × × 公安局

逮捕通知书

×公(　)捕通字〔　　〕号

____________:

经____________批准,我局于____年____月____日____时对涉嫌____________罪的____________执行逮捕,现羁押在____________看守所。

公安局(印)

年　月　日

注:看守所地址____________________________

× × ×公安局

传　唤　证

×公(　)传唤字〔　　　〕号

根据《中华人民共和国刑事诉讼法》第一百一十九条之规定，兹传唤涉嫌________罪的犯罪嫌疑人__________(性别____，出生日期________，住址__________________)于________年____月____日____时到__________________________接受讯问。无正当理由拒不接受传唤的，可以依法拘传。

公安局(印)

年　月　日

×　×　×人民检察院

批准逮捕决定书

检　　批捕〔　　〕　　号

____________________：

你______于________年____月____日以______________号提请批准逮捕书提请批准逮捕犯罪嫌疑人____________________，经本院审查认为，该犯罪嫌疑人涉嫌________________________犯罪，符合《中华人民共和国刑事诉讼法》第____条第____款之规定的逮捕条件，决定批准逮捕犯罪嫌疑人____________________。请依法立即执行，并将执行情况三日内通知本院。

年　月　日

× × × × 人民检察院

不批准逮捕决定书

（存根）

××检××不捕〔20××〕×号

案由＿＿＿＿＿＿＿＿＿＿＿＿＿＿＿＿＿＿＿＿＿＿＿＿＿＿＿＿

犯罪嫌疑人基本情况＿＿＿＿＿＿＿＿＿＿＿＿＿＿＿＿＿＿＿＿＿

不批准逮捕原因＿＿＿＿＿＿＿＿＿＿＿＿＿＿＿＿＿＿＿＿＿＿＿

送达机关＿＿＿＿＿＿＿＿＿＿＿＿＿＿＿＿＿＿＿＿＿＿＿＿＿＿

批准人＿＿＿＿＿＿＿＿＿＿＿＿＿＿＿＿＿＿＿＿＿＿＿＿＿＿＿

承办人＿＿＿＿＿＿＿＿＿＿＿＿＿＿＿＿＿＿＿＿＿＿＿＿＿＿＿

填发人＿＿＿＿＿＿＿＿＿＿＿＿＿＿＿＿＿＿＿＿＿＿＿＿＿＿＿

填发时间＿＿＿＿＿＿＿＿＿＿＿＿＿＿＿＿＿＿＿＿＿＿＿＿＿＿

××××人民检察院

取保候审决定书

（存根）

××检××保〔20××〕×号

案由________________

犯罪嫌疑人基本情况（姓名，性别，年龄，工作单位，住址，身份证号码，是否人大代表、政协委员）________________

____

保证人（保证金数额大写）________________

执行机关________________

批准人________________

承办人________________

填发人________________

填发时间________________

第一联　统一保存

××××人民检察院

解除取保候审决定书

（存根）

××检××解保〔20××〕×号

案由＿＿＿＿＿＿＿＿＿＿＿＿＿＿＿＿＿＿＿＿＿＿＿＿

犯罪嫌疑人基本情况（姓名，性别，年龄，工作单位，住址，身份证号码，是否人大代表、政协委员）＿＿＿＿＿＿＿＿＿＿＿＿＿＿＿＿＿＿

＿＿＿＿＿＿＿＿＿＿＿＿＿＿＿＿＿＿＿＿＿＿＿＿＿＿＿＿

解除原因＿＿＿＿＿＿＿＿＿＿＿＿＿＿＿＿＿＿＿＿＿＿

解除时间＿＿＿＿＿＿＿＿＿＿＿＿＿＿＿＿＿＿＿＿＿＿

批准人＿＿＿＿＿＿＿＿＿＿＿＿＿＿＿＿＿＿＿＿＿＿＿

承办人＿＿＿＿＿＿＿＿＿＿＿＿＿＿＿＿＿＿＿＿＿＿＿

填发人＿＿＿＿＿＿＿＿＿＿＿＿＿＿＿＿＿＿＿＿＿＿＿

填发时间＿＿＿＿＿＿＿＿＿＿＿＿＿＿＿＿＿＿＿＿＿＿

第一联 统一保存

××××人民检察院
不起诉决定书

××检××刑不诉〔20××〕×号

被不起诉人……[写明姓名、性别、出生年月日、身份证号码、民族、文化程度、职业或工作单位及职务(国家机关工作人员利用职权实施的犯罪,应当写明犯罪期间在何单位任何职)和户籍地、住址(被不起诉人住址写居住地,如果户籍所在地与暂住地不一致,应当写明户籍所在地和暂住地),是否受过刑事处罚,采取强制措施的种类、时间、决定机关等。]

(如系被不起诉单位,则应写明名称、住所地等)

辩护人……(写姓名、单位。)

本案由×××(侦查机关名称)侦查终结,以被不起诉人×××涉嫌××罪,于×年×月×日向本院移送审查起诉。

(如果是自侦案件,此处写"被不起诉人×××涉嫌××一案,由本院侦查终结,于×年×月×日移送审查起诉或不起诉";如果案件是其他人民检察院移送的,此处应当将指定管辖、移送单位以及移送时间等写清楚。)

(如果案件曾经退回补充侦查,应当写明退回补充侦查的日期、次数以及再次移送审查起诉的时间。)

经本院依法审查查明:……

××××人民检察院

年　月　日

××××人民检察院
起 诉 书

××检××刑诉〔20××〕×号

被告人……(写明姓名、性别、出生年月日、身份证号码、民族、文化程度、职业或者工作单位及职务、出生地、户籍地、住址、曾受到刑事处罚以及与本案定罪量刑相关的行政处罚的情况和因本案采取强制措施的情况等。)

本案由×××(侦查机关)侦查终结,以被告人×××涉嫌××罪,于××××年××月××日向本院移送审查起诉。本院受理后,于××××年××月××日已告知被告人有权委托辩护人,××××年××月××日已告知被害人及其法定代理人(近亲属)、附带民事诉讼的当事人及其法定代理人有权委托诉讼代理人,依法讯问了被告人,听取了辩护人×××、被害人×××及其诉讼代理人×××的意见,审查了全部案件材料……(写明退回补充侦查、延长审查起诉期限等情况。)

[对于侦查机关移送审查起诉的需变更管辖权的案件,表述为:"本案由×××(侦查机关)侦查终结,以被告人×××涉嫌××罪,于××××年××月××日向×××人民检察院移送审查起诉。×××人民检察院于××××年××月××日转至(交由)本院审查起诉。本院受理后,于××××年××月××日已告知被告人有权……"

对于本院侦查终结并移送审查起诉的案件,表述为:"被告人×××涉嫌××罪一案,由本院侦查终结,于××××年××月××日移送审查起诉。本院于××××年××月××日已告知被告人有权……"

对于其他人民检察院侦查终结的需变更管辖权的案件,表述为:"本案由×××人民检察院侦查终结,以被告人×××涉嫌××罪移送审查起诉,×××人民检察院于××××年××月××日转至(交由)本院审查起诉。本院受理后,于××××年××月××日已告知被告人有权……"]

经依法审查查明:……(写明经检察机关审查认定的犯罪事实包括犯罪时间、地点、经过、手段、目的、动机、危害后果等与定罪、量刑有关的事实要素。应当根据具体案件情况,围绕《刑法》规定的该罪的构成要件叙写。)

(对于只有一个犯罪嫌疑人的案件,犯罪嫌疑人实施多次犯罪的,犯罪事实应逐一列举;同时触犯数个罪名的犯罪嫌疑人的犯罪事实应该按照主次顺序分类列举。对于共同犯罪的案件,应在写明犯罪嫌疑人的共同犯罪事实及各自在共同犯罪中的地位和作用后,按照犯罪嫌疑人的主次顺序,分别叙明各个犯罪嫌疑人的单独犯罪事实。)

认定上述事实的证据如下:

……(针对上述犯罪事实,分别列举证据。)

本院认为,……(概述被告人行为的性质、危害程度、情节轻重),其行为触犯了《中华人民共和国刑法》第××条(引用罪状、法定刑条款),犯罪事实清楚,证据确实、充分,应当以××罪追究其刑事责任。根据《中华人民共和国刑事诉讼法》第一百七十六条第一款的规定,提起公诉,请依法判处。

××××人民检察院

年　月　日

人民检察院量刑建议书

检　量建〔　〕　号

被告人______涉嫌______犯罪一案，经本院审查认为，被告人______的行为已触犯《中华人民共和国刑法》第______条第______款第______项之规定，犯罪事实清楚，证据确实充分，应当以______罪追究其刑事责任，其法定刑为______。

因其具有以下量刑情节：

1. 法定从重处罚情节：____________

2. 法定从轻、减轻或者免除处罚情节：____________

3. 酌定从重处罚情节：____________

……

××××人民检察院

年　月　日

×××人民法院
刑事判决书

（××××）×刑初字第××号

公诉机关×××人民检察院。

被告人……（写明姓名、性别、出生年月日、民族、出生地、文化程度、职业或者工作单位和职务、住址和因本案所受强制措施情况等，现羁押处所。）

辩护人……（写明姓名、工作单位和职务。）

×××人民检察院以×检×诉〔　　〕××号起诉书指控被告人×××犯××罪，于××××年××月××日向本院提起公诉。本院依法组成合议庭，公开（或者不公开）开庭审理了本案。×××人民检察院指派检察员×××出庭支持公诉，被害人×××及其法定代理人×××、诉讼代理人×××，被告人×××及其法定代理人×××、辩护人×××，证人×××，鉴定人×××，翻译人员×××等到庭参加诉讼。现已审理终结。

×××人民检察院指控……（概述人民检察院指控被告人犯罪的事实、证据和适用法律的意见。）

被告人×××辩称……（概述被告人对指控的犯罪事实予以供述、辩解、自行辩护的意见和有关证据。）辩护人×××提出的辩护意见是……（概述辩护人的辩护意见和有关证据。）

经审理查明，……（首先写明经庭审查明的事实；其次写明经举证、质证定案的证据及其来源；最后对控辩双方有异议的事实、证据进行分析、认证。）

本院认为，……（根据查证属实的事实、证据和有关法律规定，论证公诉机关指控的犯罪是否成立，被告人的行为是否构成犯罪，犯的什么罪，应否从轻、减轻、免除处罚或者从重处罚。对于控辩双方关于适用法律方面的意见，应当有分析地表示是否予以采纳，并阐明理由。）依照……（写明判决的法律依据）的规定，判决如下：

……[写明判决结果。分三种情况：

第一，定罪判刑的，表述为："一、被告人×××犯××罪，判处……（写明主刑、附加刑。）（刑期从判决执行之日起计算。判决执行以前先行羁押的，羁押一日折抵刑期一日，即自××××年××月××日起至××××年××月××日止。）

"二、被告人×××……（写明决定追缴、退赔或者发还被害人，没收财物的名称、种类和数额。）"

第二，定罪免刑的，表述为："被告人×××犯××罪，免予刑事处罚（如有追缴、退赔或者没收财物的，续写第二项）。"

第三，宣告无罪的，无论是适用《中华人民共和国刑事诉讼法》第二百条第（二）项还是第（三）项，均应表述为："被告人×××无罪。"]

如不服本判决，可在接到判决书的第二日起十日内，通过本院或者直接向×××人民法院提出上诉。书面上诉的，应当提交上诉状正本一份，副本×份。

审判长 ×××

审判员 ×××

审判员 ×××

（院印）

××××年××月××日

本件与原本核对无异

书记员 ×××

附录 2

引用法律规定

1.《宪法》(2018 年修正)

2.《刑法》(2023 年修正)

3.《监察法》(2024 年修正)

4.《治安管理处罚法》(2012 年修正)

5.《刑事诉讼法》(2018 年修正)

6.《民事诉讼法》(2023 年修正)

7.《人民警察法》(2012 年修正)

8.《法律援助法》(2021 年通过)

9.《未成年人保护法》(2024 年修正)

10.《预防未成年人犯罪法》(2020 年修订)

11.《反间谍法》(2023 年修订)

12.《中华人民共和国监察法实施条例》(2021 年通过)

13.《婚姻登记条例》(2024 年修订)

14. 最高人民法院《关于适用〈中华人民共和国刑事诉讼法〉的解释》(2021 年发布)

15. 最高人民法院《关于处理自首和立功具体应用法律若干问题的解释》(1998 年发布)

16.《人民检察院刑事诉讼规则》(2019 年发布)

17. 最高人民检察院、公安部《关于印发〈人民检察院、公安机关羁押必要性审查、评估工作规定〉的通知》(2023 年发布)

18. 最高人民检察院《关于印发〈人民检察院办理认罪认罚案件开展量刑建议工作的指导意见〉的通知》(2021 年发布)

19. 最高人民检察院、公安部《关于印发〈最高人民检察院、公安部关于规范刑事案件"另案处理"适用的指导意见〉的通知》(2014 年发布)

20. 最高人民法院、最高人民检察院、公安部《关于如何处理有同案犯在逃的共同犯罪案件的通知》(1982 年发布)

21. 最高人民检察院《关于印发〈人民检察院办理减刑、假释案件规定〉的通知》(2014 年发布)

22.《公安机关办理刑事案件程序规定》(2020 年修正)

23. 公安部《关于印发〈公安机关现场执法视音频记录工作规定〉的通知》(2016 年发布)

24. 中华全国律师协会《关于印发〈律师办理刑事案件规范〉的通知》(2017 年发布)

25.《办理法律援助案件程序规定》(2023 年修订)

26.《中国共产党纪律检查机关监督执纪工作规则》(2018 年发布)

27. 民政部《关于贯彻执行〈婚姻登记条例〉若干问题的意见》(2004 年发布)

28. 福建省公安厅《关于印发〈福建省公安派出所出具无犯罪记录证明工作规范(试行)〉的通知》(2019 年发布)

29. 浙江省公安厅《关于印发〈浙江省公安机关出具有无违法犯罪记录证明工作规定〉(试行)的通知》(2015 年发布,已失效)